EDENS ZERO
24

DER NULLPUNKT

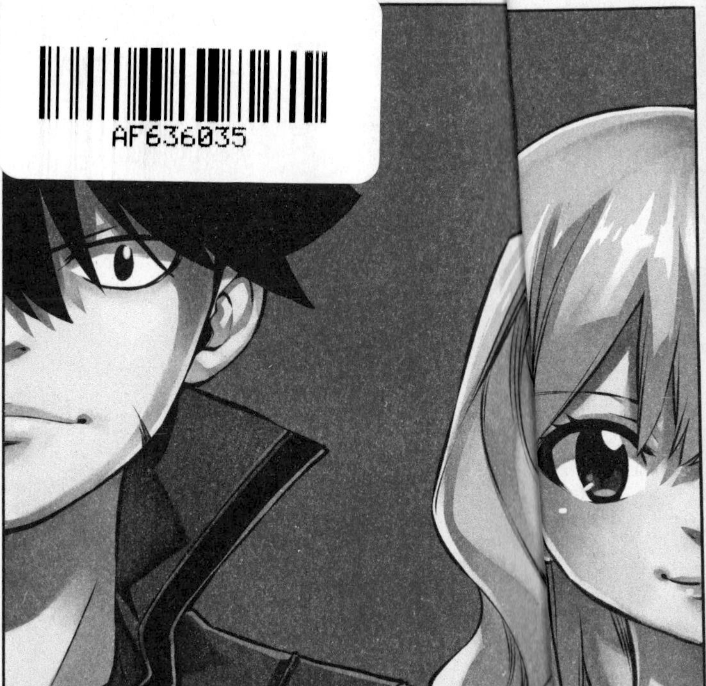

HIRO MASHIMA

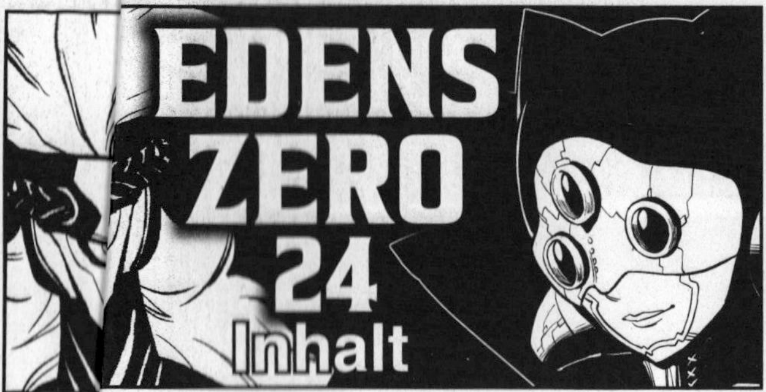
EDENS
ZERO
24
Inhalt

EDENS ZERO

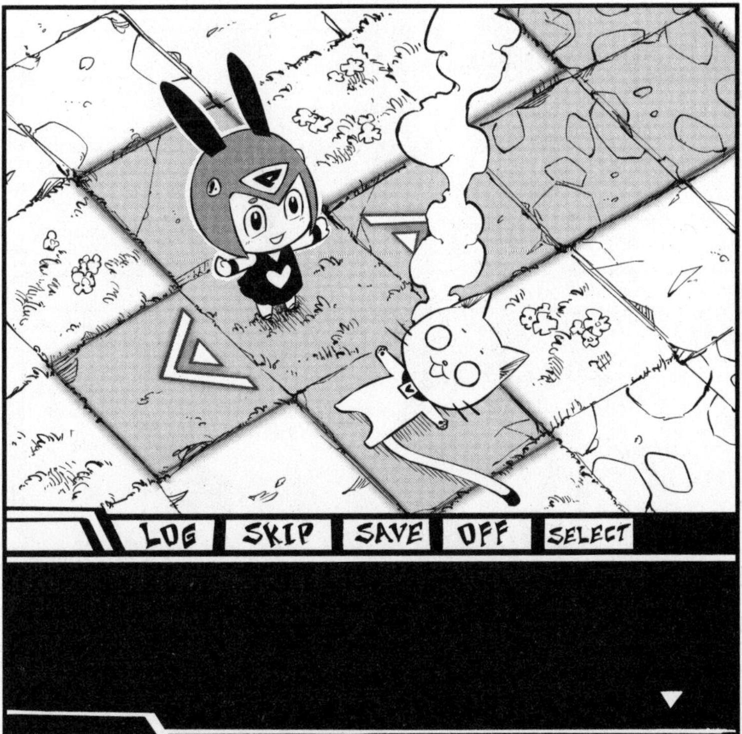

KAPITEL 204: DER NULLPUNKT

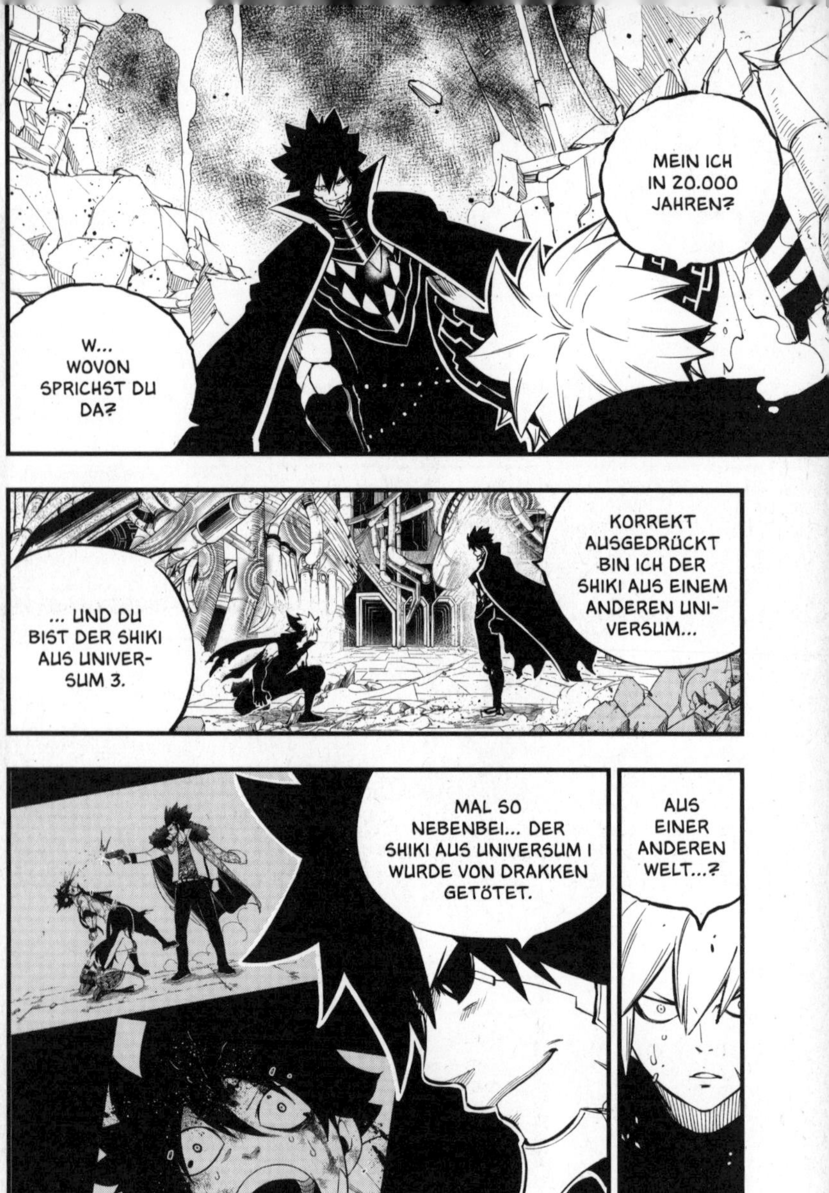
MEIN ICH IN 20.000 JAHREN?
W... WOVON SPRICHST DU DA?
KORREKT AUSGEDRÜCKT BIN ICH DER SHIKI AUS EINEM ANDEREN UNI-VERSUM...
... UND DU BIST DER SHIKI AUS UNIVER-SUM 3.
AUS EINER ANDEREN WELT...?
MAL SO NEBENBEI... DER SHIKI AUS UNIVERSUM I WURDE VON DRAKKEN GETÖTET.

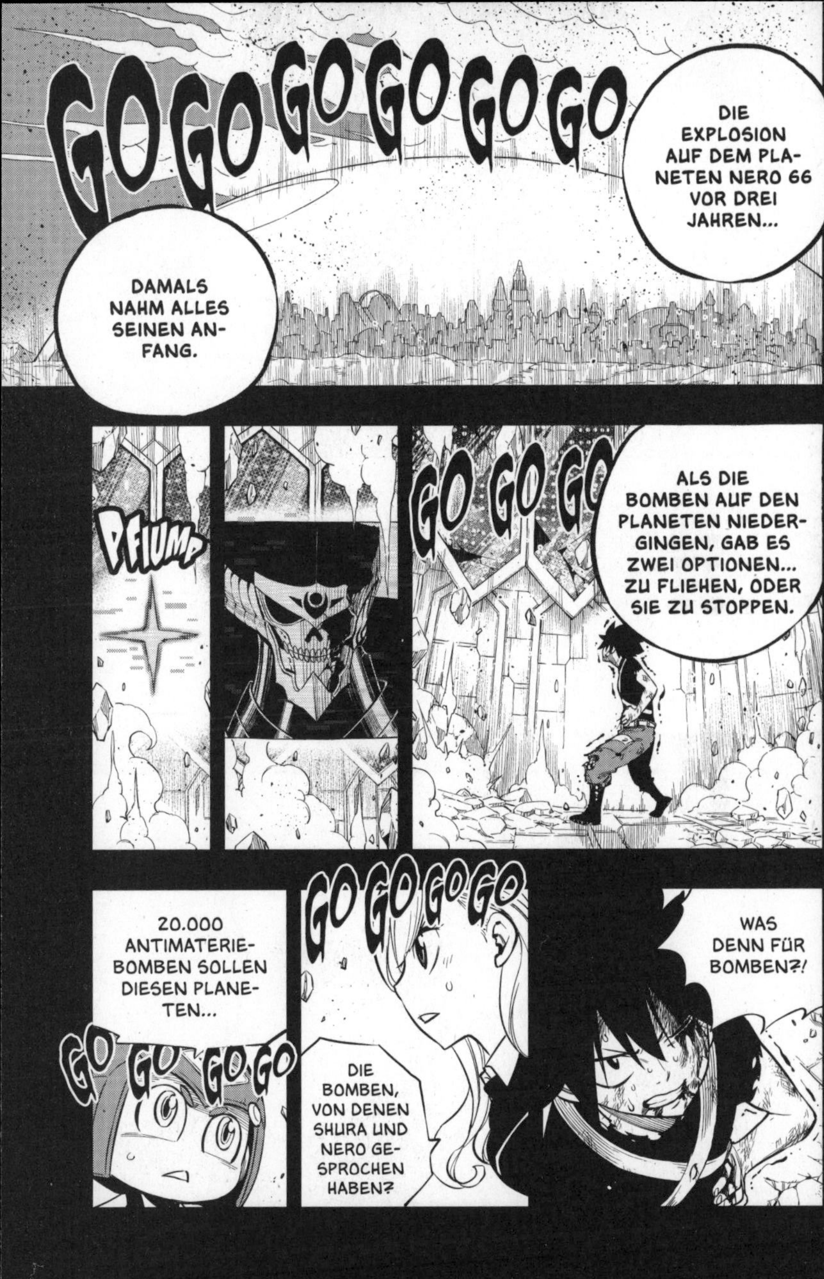

GO GO GO GO GO GO GO GO
DIE EXPLOSION AUF DEM PLANETEN NERO 66 VOR DREI JAHREN...
DAMALS NAHM ALLES SEINEN ANFANG.
GO GO GO
ALS DIE BOMBEN AUF DEN PLANETEN NIEDERGINGEN, GAB ES ZWEI OPTIONEN... ZU FLIEHEN, ODER SIE ZU STOPPEN.
PFLUMP
WAS DENN FÜR BOMBEN?!
GO GO GO GO
DIE BOMBEN, VON DENEN SHURA UND NERO GESPROCHEN HABEN?
20.000 ANTIMATERIEBOMBEN SOLLEN DIESEN PLANETEN...
GO GO GO GO

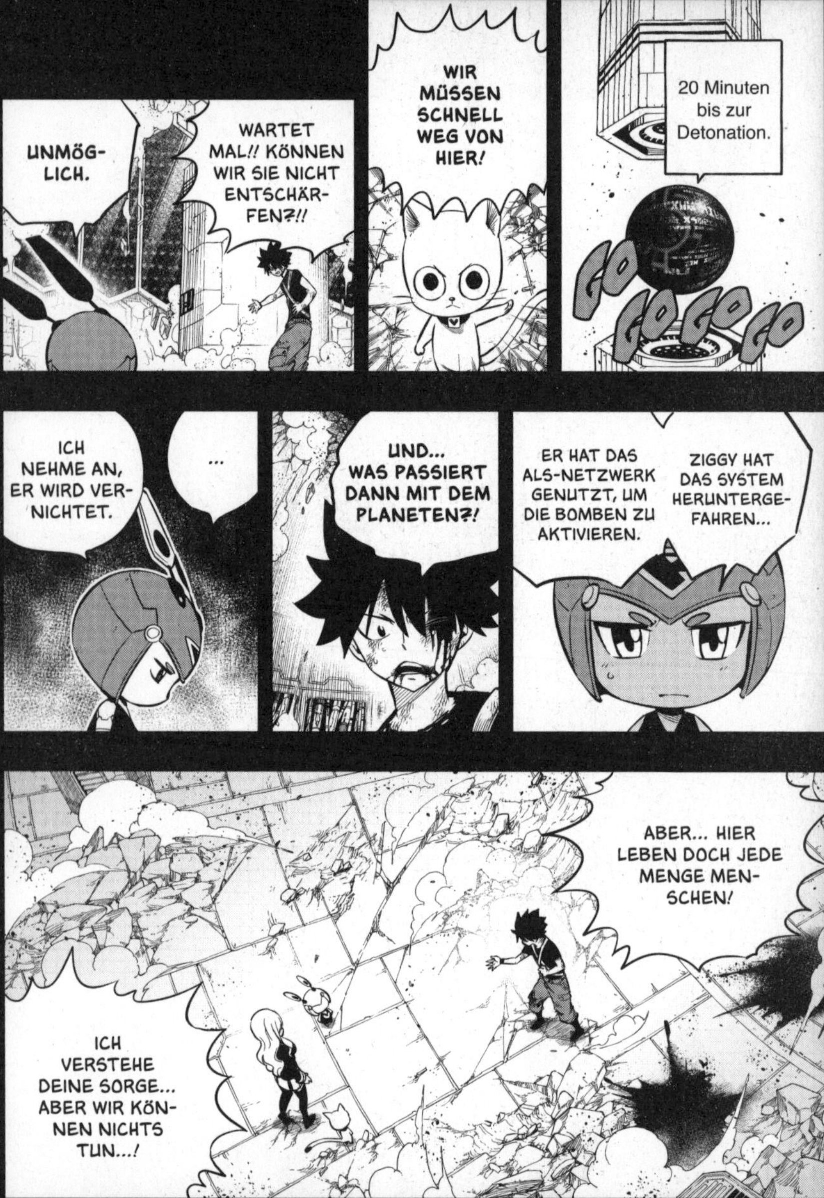
UNMÖG-LICH.
WARTET MAL!! KÖNNEN WIR SIE NICHT ENTSCHÄR-FEN?!!
WIR MÜSSEN SCHNELL WEG VON HIER!
20 Minuten bis zur Detonation.
GO GO GO GO GO
ICH NEHME AN, ER WIRD VER-NICHTET.
...
UND... WAS PASSIERT DANN MIT DEM PLANETEN?!
ER HAT DAS ALS-NETZWERK GENUTZT, UM DIE BOMBEN ZU AKTIVIEREN.
ZIGGY HAT DAS SYSTEM HERUNTERGE-FAHREN...
ABER... HIER LEBEN DOCH JEDE MENGE MEN-SCHEN!
ICH VERSTEHE DEINE SORGE... ABER WIR KÖN-NEN NICHTS TUN...!

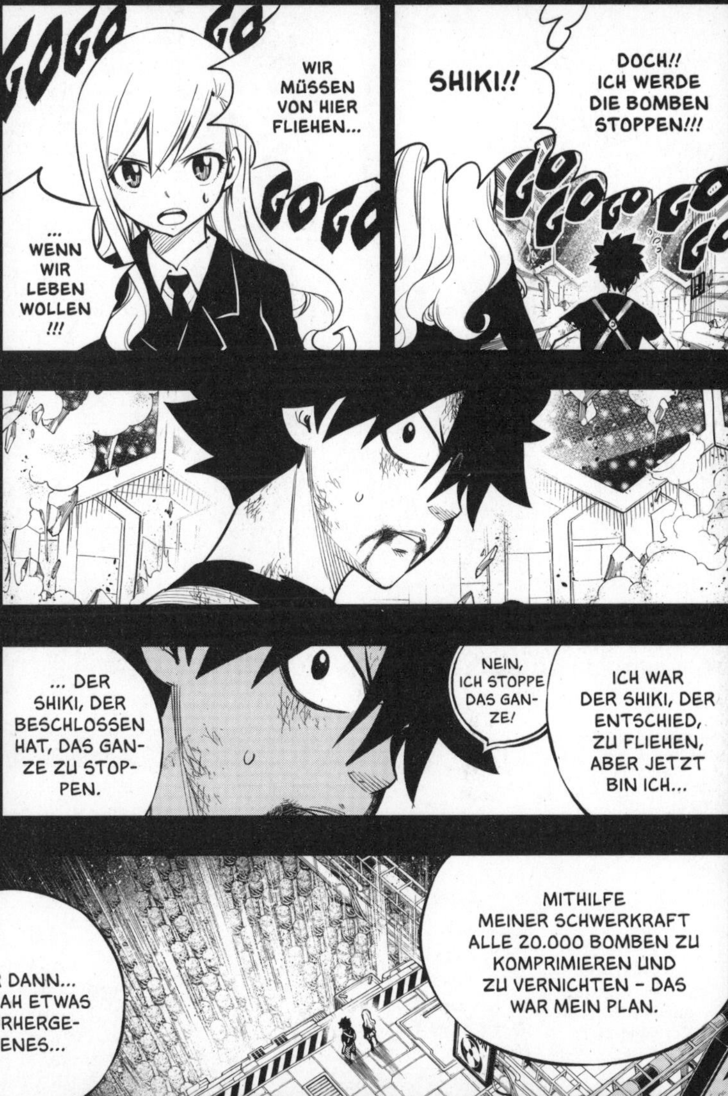
GOGO GO
WIR MÜSSEN VON HIER FLIEHEN...
GOGO
... WENN WIR LEBEN WOLLEN !!!
DOCH!! ICH WERDE DIE BOMBEN STOPPEN!!!
SHIKI!!
GO GO GO GO GO
ICH WAR DER SHIKI, DER ENTSCHIED, ZU FLIEHEN, ABER JETZT BIN ICH...
NEIN, ICH STOPPE DAS GANZE!
... DER SHIKI, DER BESCHLOSSEN HAT, DAS GANZE ZU STOPPEN.
MITHILFE MEINER SCHWERKRAFT ALLE 20.000 BOMBEN ZU KOMPRIMIEREN UND ZU VERNICHTEN – DAS WAR MEIN PLAN.
ABER DANN... GESCHAH ETWAS UNVORHERGESEHENES...

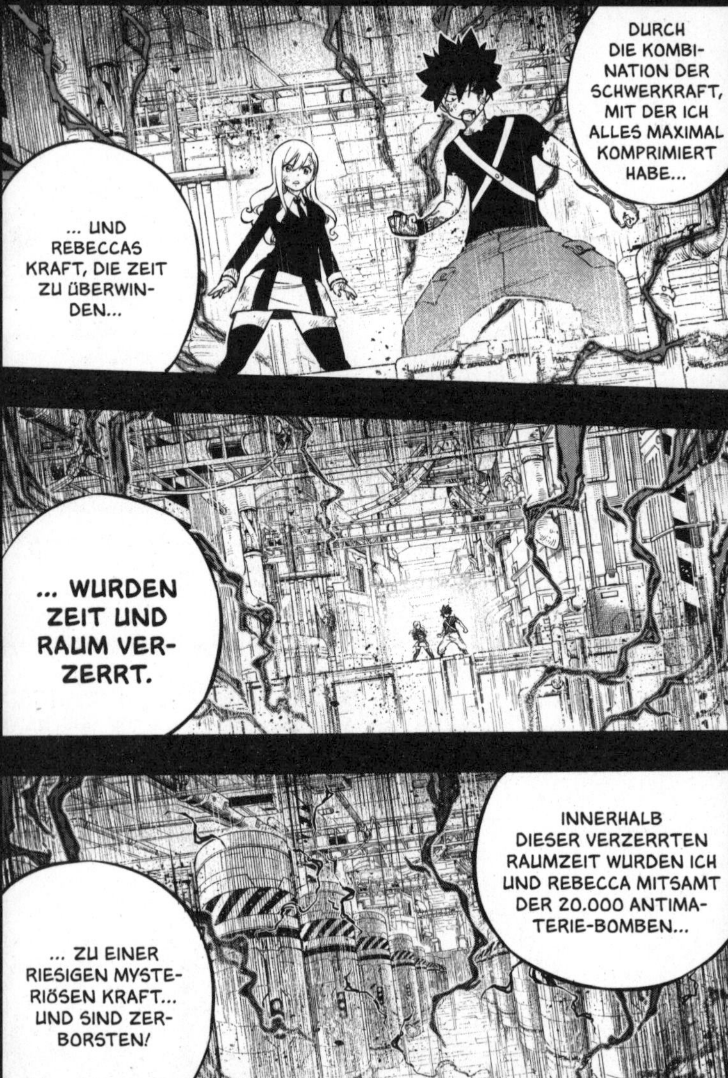
DURCH DIE KOMBI-
NATION DER SCHWERKRAFT, MIT DER ICH ALLES MAXIMAL KOMPRIMIERT HABE...
... UND REBECCAS KRAFT, DIE ZEIT ZU ÜBERWIN-
DEN...
... WURDEN ZEIT UND RAUM VER-
ZERRT.
INNERHALB DIESER VERZERRTEN RAUMZEIT WURDEN ICH UND REBECCA MITSAMT DER 20.000 ANTIMA-
TERIE-BOMBEN...
... ZU EINER RIESIGEN MYSTE-
RIÖSEN KRAFT... UND SIND ZER-
BORSTEN!

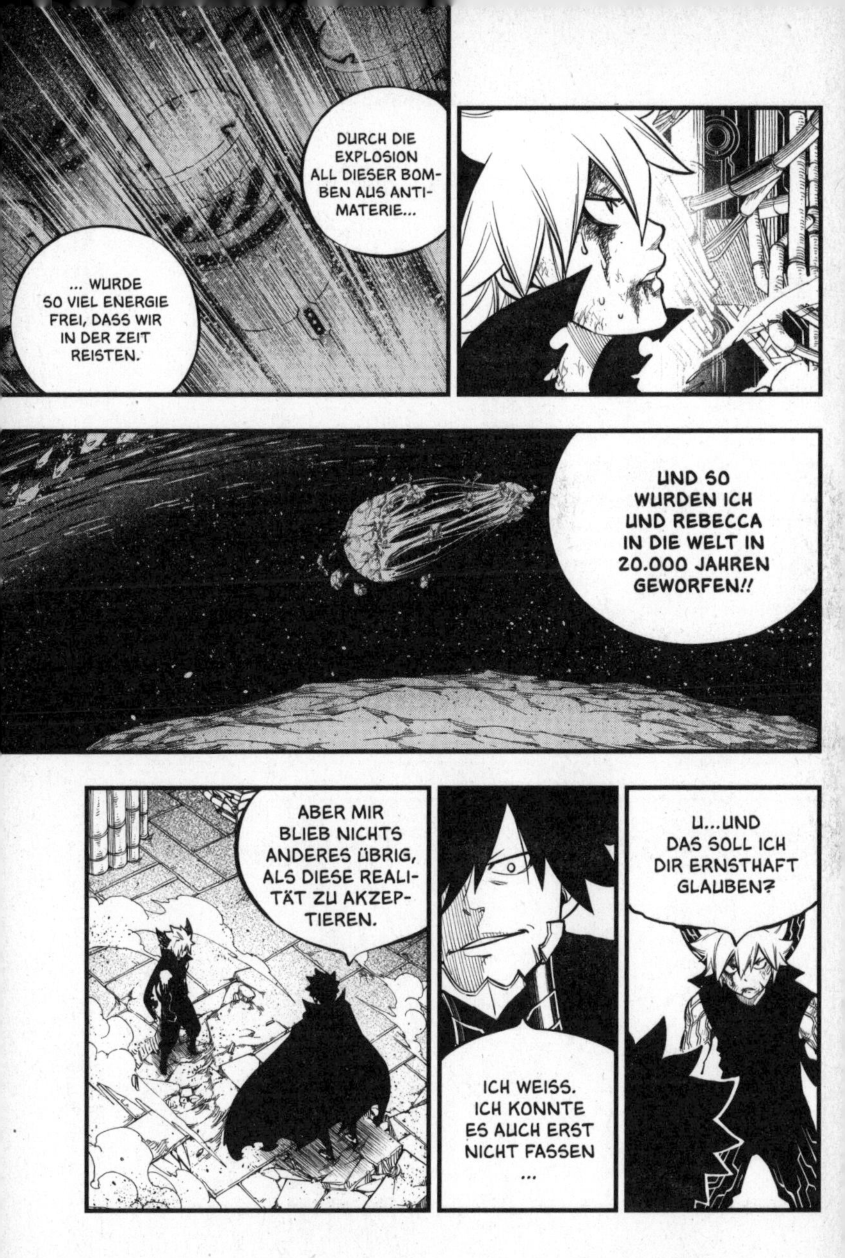
DURCH DIE EXPLOSION ALL DIESER BOMBEN AUS ANTIMATERIE...
... WURDE SO VIEL ENERGIE FREI, DASS WIR IN DER ZEIT REISTEN.
UND SO WURDEN ICH UND REBECCA IN DIE WELT IN 20.000 JAHREN GEWORFEN!!
ABER MIR BLIEB NICHTS ANDERES ÜBRIG, ALS DIESE REALITÄT ZU AKZEPTIEREN.
U...UND DAS SOLL ICH DIR ERNSTHAFT GLAUBEN?
ICH WEISS. ICH KONNTE ES AUCH ERST NICHT FASSEN ...

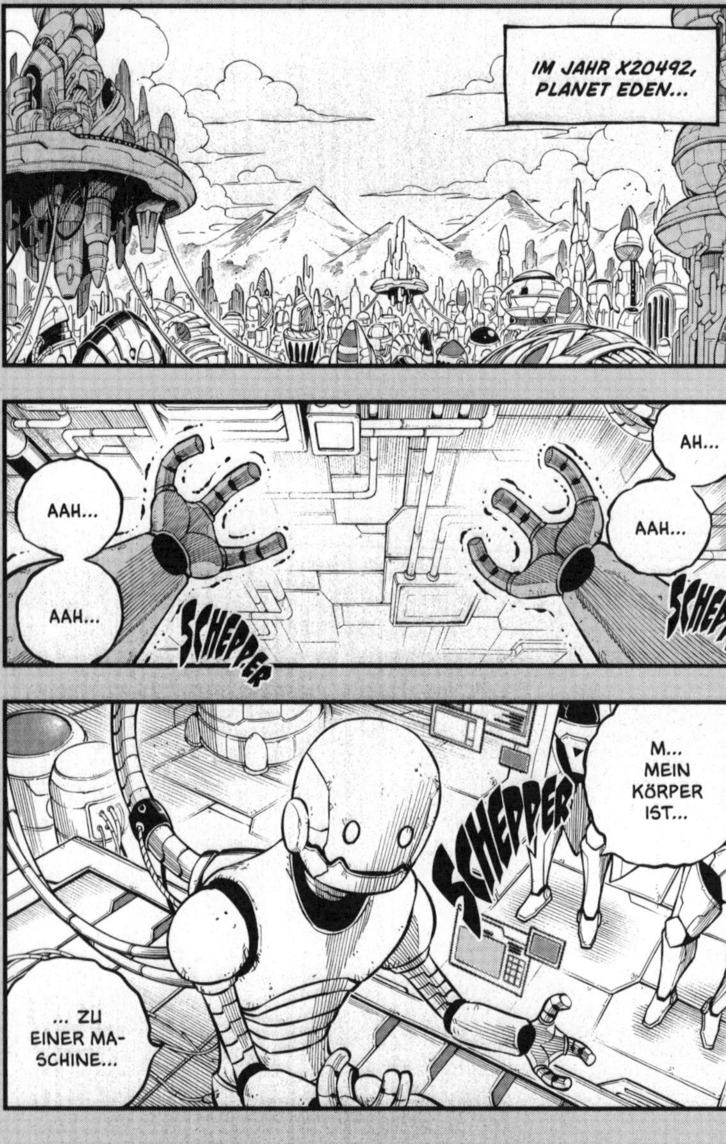
IM JAHR X20492, PLANET EDEN...
AH...
AAH...
AAH...
AAH...
SCHEPPER
SCHEPPER
M... MEIN KÖRPER IST...
SCHEPPER
... ZU EINER MA-SCHINE...

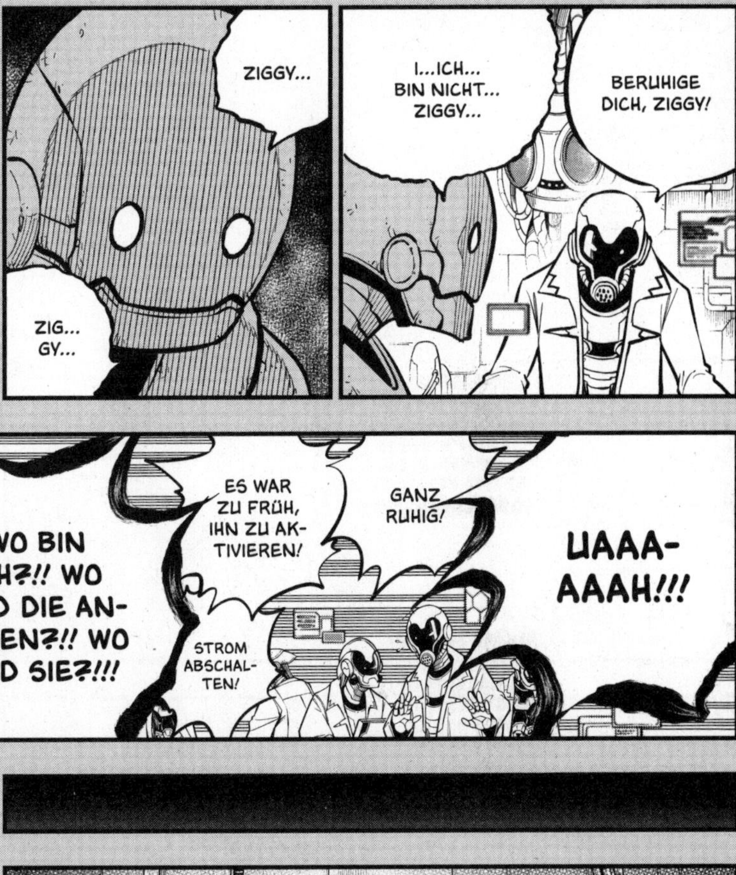

ZIGGY...
ZIG...
GY...
I...ICH...
BIN NICHT...
ZIGGY...
BERUHIGE
DICH, ZIGGY!
WO BIN
ICH?!! WO
SIND DIE AN-
DEREN?!! WO
SIND SIE?!!!
ES WAR
ZU FRÜH,
IHN ZU AK-
TIVIEREN!
STROM
ABSCHAL-
TEN!
GANZ
RUHIG!
UAAA-
AAAH!!!

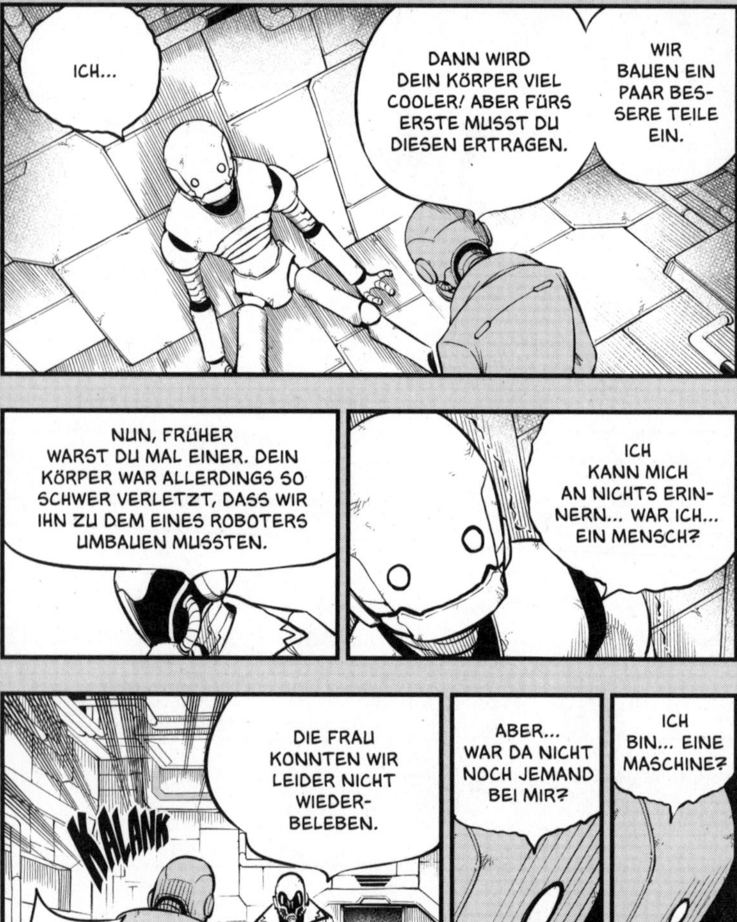
WIR BAUEN EIN PAAR BES-SERE TEILE EIN.
DANN WIRD DEIN KÖRPER VIEL COOLER! ABER FÜRS ERSTE MUSST DU DIESEN ERTRAGEN.
ICH...
ICH KANN MICH AN NICHTS ERIN-NERN... WAR ICH... EIN MENSCH?
NUN, FRÜHER WARST DU MAL EINER. DEIN KÖRPER WAR ALLERDINGS SO SCHWER VERLETZT, DASS WIR IHN ZU DEM EINES ROBOTERS UMBAUEN MUSSTEN.
ICH BIN... EINE MASCHINE?
ABER... WAR DA NICHT NOCH JEMAND BEI MIR?
DIE FRAU KONNTEN WIR LEIDER NICHT WIEDER-BELEBEN.
KALANK
REBECCA!!!

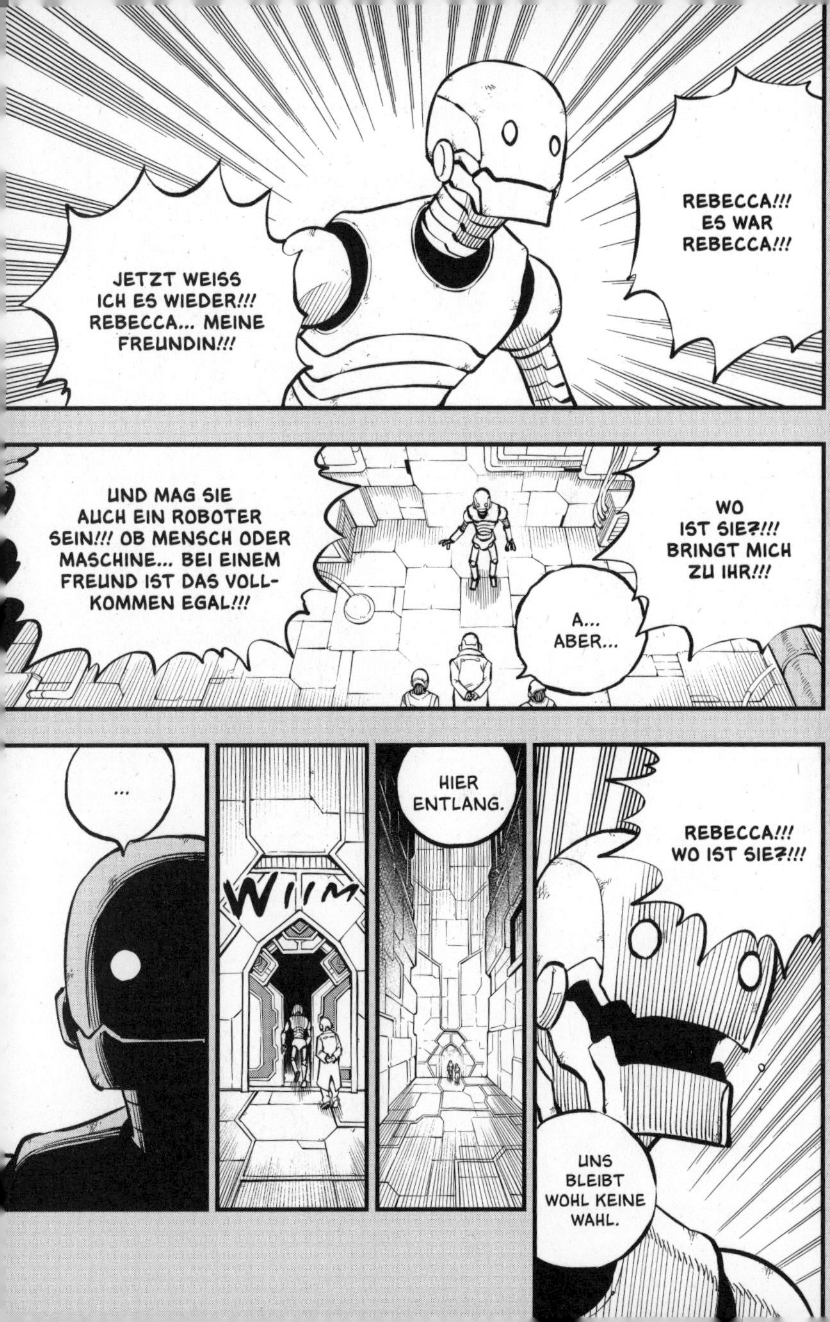
REBECCA!!! ES WAR REBECCA!!!
JETZT WEISS ICH ES WIEDER!!! REBECCA... MEINE FREUNDIN!!!
WO IST SIE?!!! BRINGT MICH ZU IHR!!!
UND MAG SIE AUCH EIN ROBOTER SEIN!!! OB MENSCH ODER MASCHINE... BEI EINEM FREUND IST DAS VOLL-KOMMEN EGAL!!!
A... ABER...
REBECCA!!! WO IST SIE?!!!
UNS BLEIBT WOHL KEINE WAHL.
HIER ENTLANG.
WIIM
...

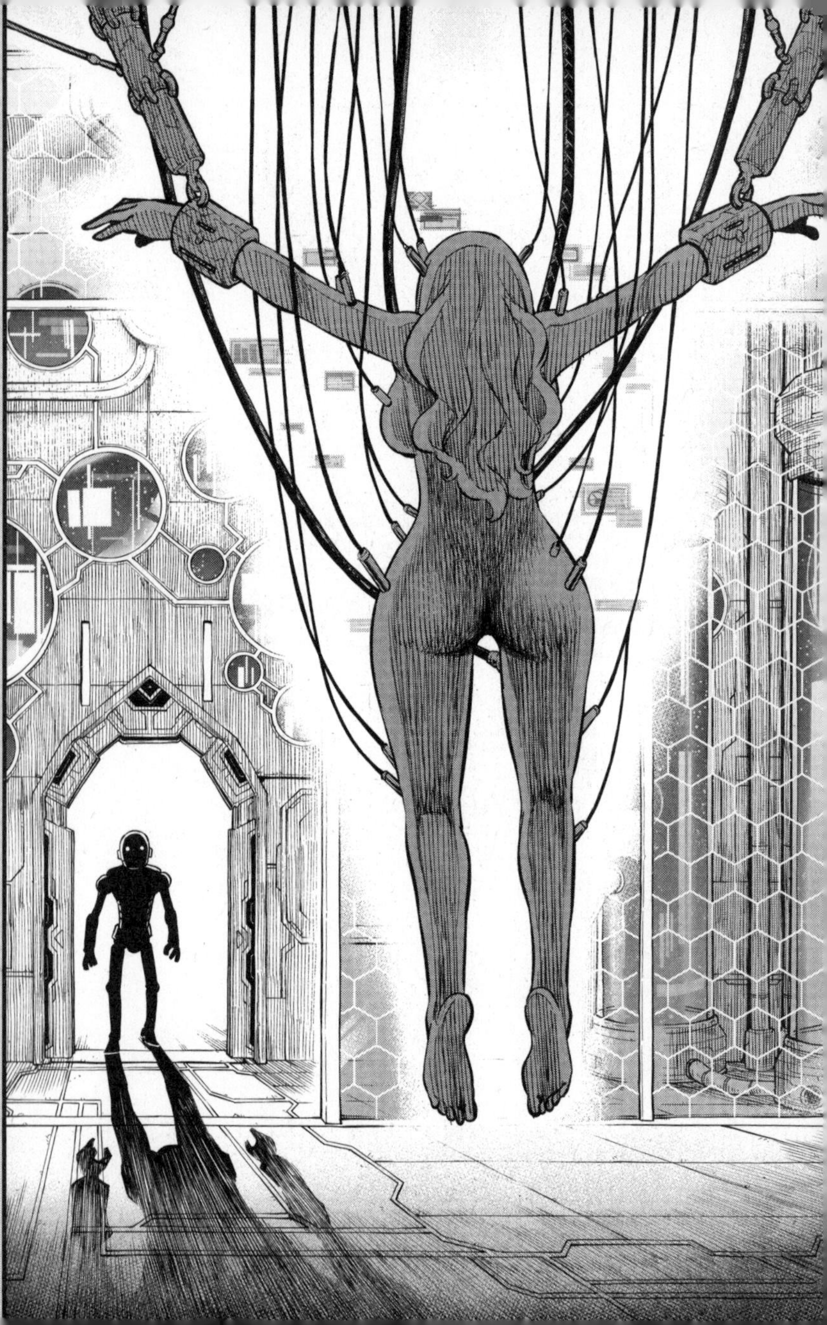

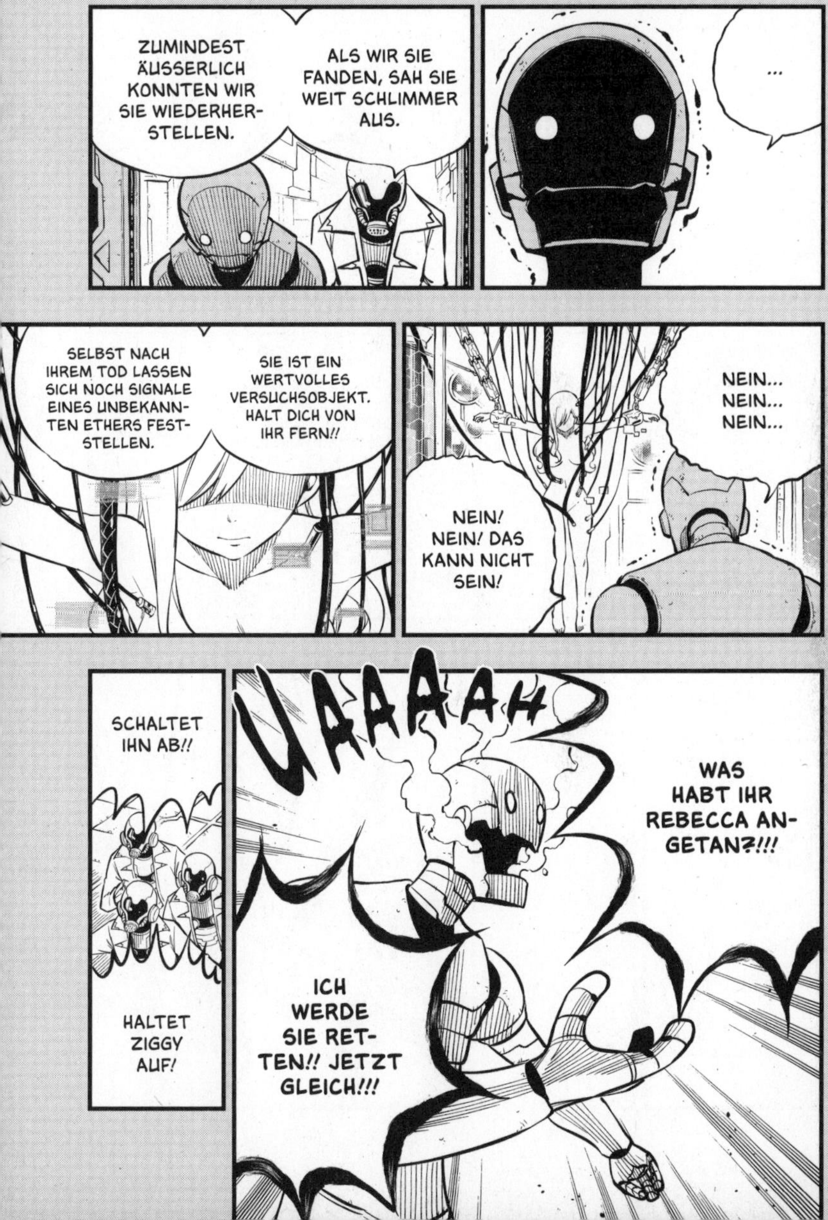
ALS WIR SIE FANDEN, SAH SIE WEIT SCHLIMMER AUS.
ZUMINDEST ÄUSSERLICH KONNTEN WIR SIE WIEDERHER-STELLEN.
...
SIE IST EIN WERTVOLLES VERSUCHSOBJEKT. HALT DICH VON IHR FERN!!
SELBST NACH IHREM TOD LASSEN SICH NOCH SIGNALE EINES UNBEKANN-TEN ETHERS FEST-STELLEN.
NEIN... NEIN... NEIN...
NEIN! NEIN! DAS KANN NICHT SEIN!
UAAAAH
WAS HABT IHR REBECCA AN-GETAN?!!!
ICH WERDE SIE RET-TEN!! JETZT GLEICH!!!
SCHALTET IHN AB!!
HALTET ZIGGY AUF!

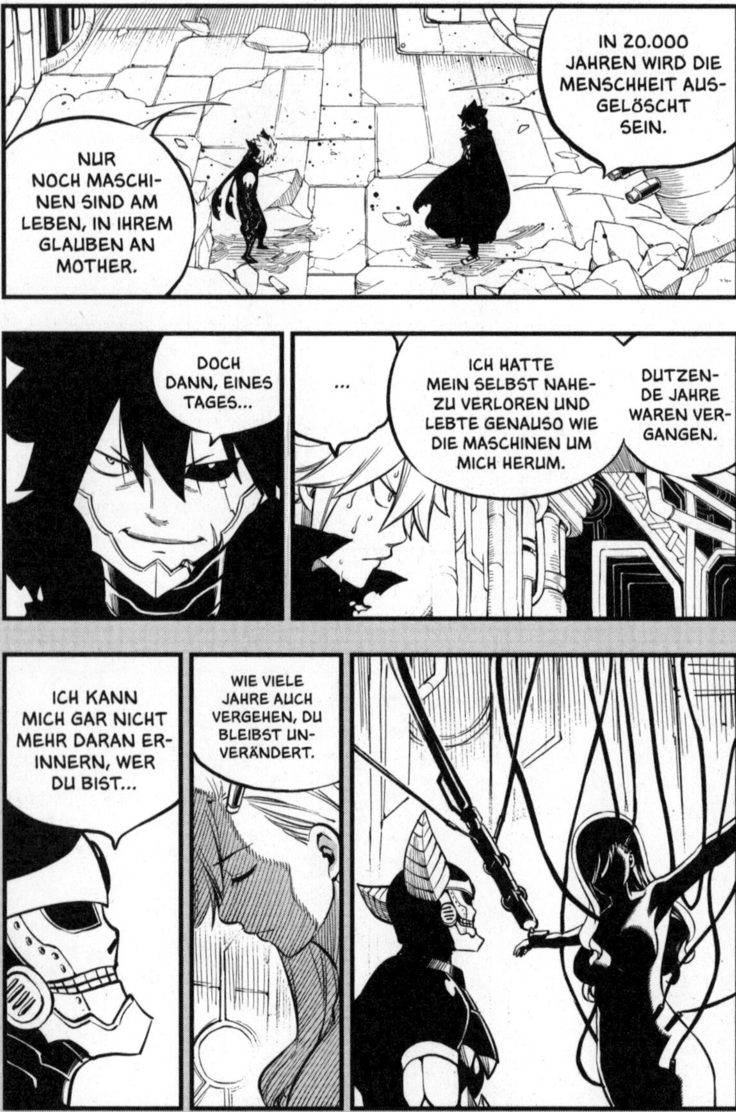
IN 20.000 JAHREN WIRD DIE MENSCHHEIT AUSGELÖSCHT SEIN.
NUR NOCH MASCHINEN SIND AM LEBEN, IN IHREM GLAUBEN AN MOTHER.
DUTZENDE JAHRE WAREN VERGANGEN.
ICH HATTE MEIN SELBST NAHEZU VERLOREN UND LEBTE GENAUSO WIE DIE MASCHINEN UM MICH HERUM.
...
DOCH DANN, EINES TAGES...
WIE VIELE JAHRE AUCH VERGEHEN, DU BLEIBST UNVERÄNDERT.
ICH KANN MICH GAR NICHT MEHR DARAN ERINNERN, WER DU BIST...

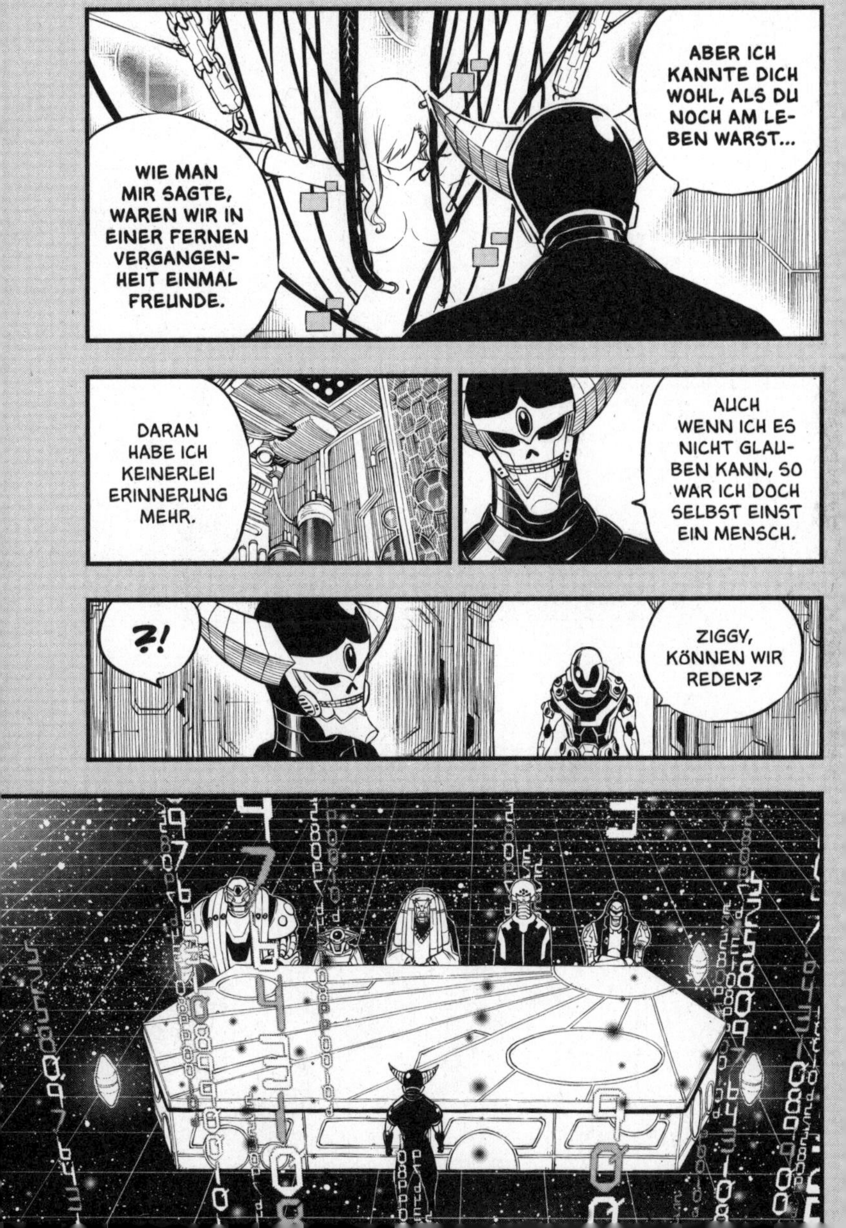
ABER ICH KANNTE DICH WOHL, ALS DU NOCH AM LEBEN WARST...
WIE MAN MIR SAGTE, WAREN WIR IN EINER FERNEN VERGANGENHEIT EINMAL FREUNDE.
AUCH WENN ICH ES NICHT GLAUBEN KANN, SO WAR ICH DOCH SELBST EINST EIN MENSCH.
DARAN HABE ICH KEINERLEI ERINNERUNG MEHR.
ZIGGY, KÖNNEN WIR REDEN?
?!

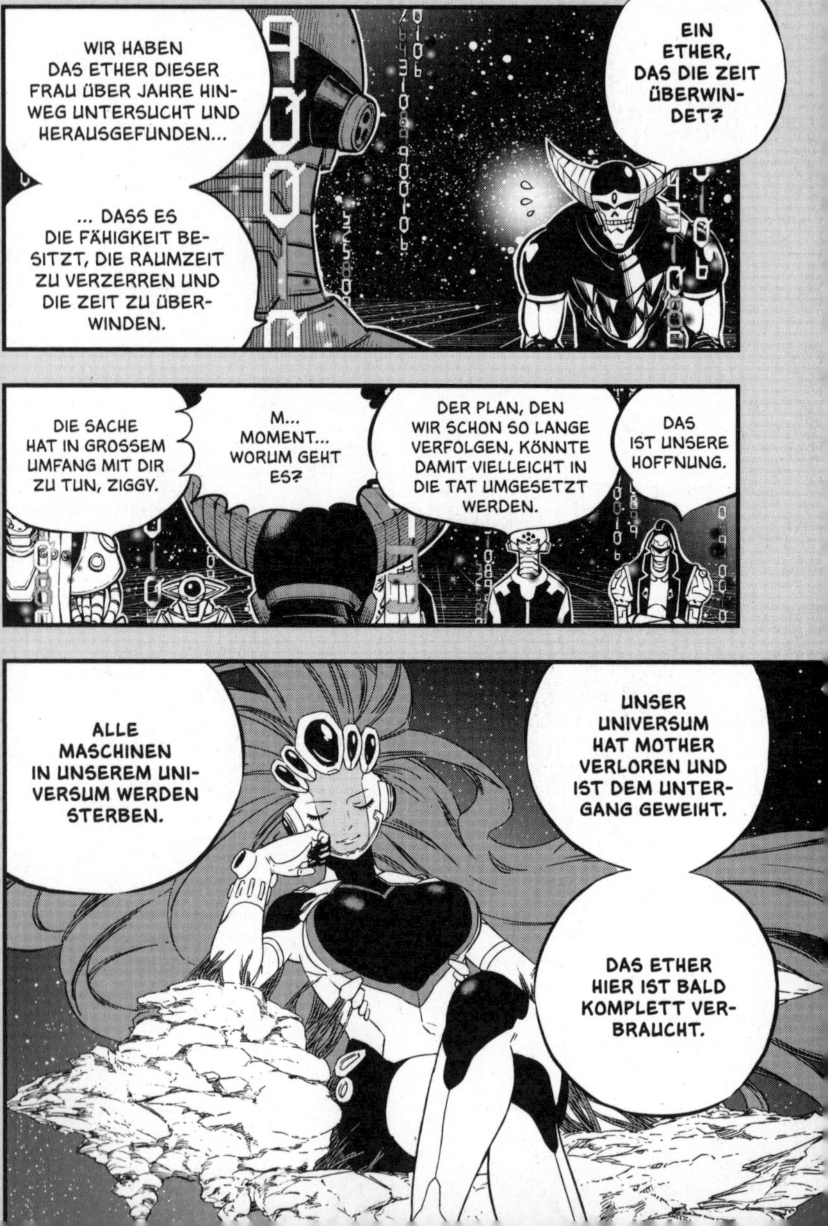
WIR HABEN DAS ETHER DIESER FRAU ÜBER JAHRE HIN-WEG UNTERSUCHT UND HERAUSGEFUNDEN...
... DASS ES DIE FÄHIGKEIT BE-SITZT, DIE RAUMZEIT ZU VERZERREN UND DIE ZEIT ZU ÜBER-WINDEN.
EIN ETHER, DAS DIE ZEIT ÜBERWIN-DET?
DIE SACHE HAT IN GROSSEM UMFANG MIT DIR ZU TUN, ZIGGY.
M... MOMENT... WORUM GEHT ES?
DER PLAN, DEN WIR SCHON SO LANGE VERFOLGEN, KÖNNTE DAMIT VIELLEICHT IN DIE TAT UMGESETZT WERDEN.
DAS IST UNSERE HOFFNUNG.
ALLE MASCHINEN IN UNSEREM UNI-VERSUM WERDEN STERBEN.
UNSER UNIVERSUM HAT MOTHER VERLOREN UND IST DEM UNTER-GANG GEWEIHT.
DAS ETHER HIER IST BALD KOMPLETT VER-BRAUCHT.

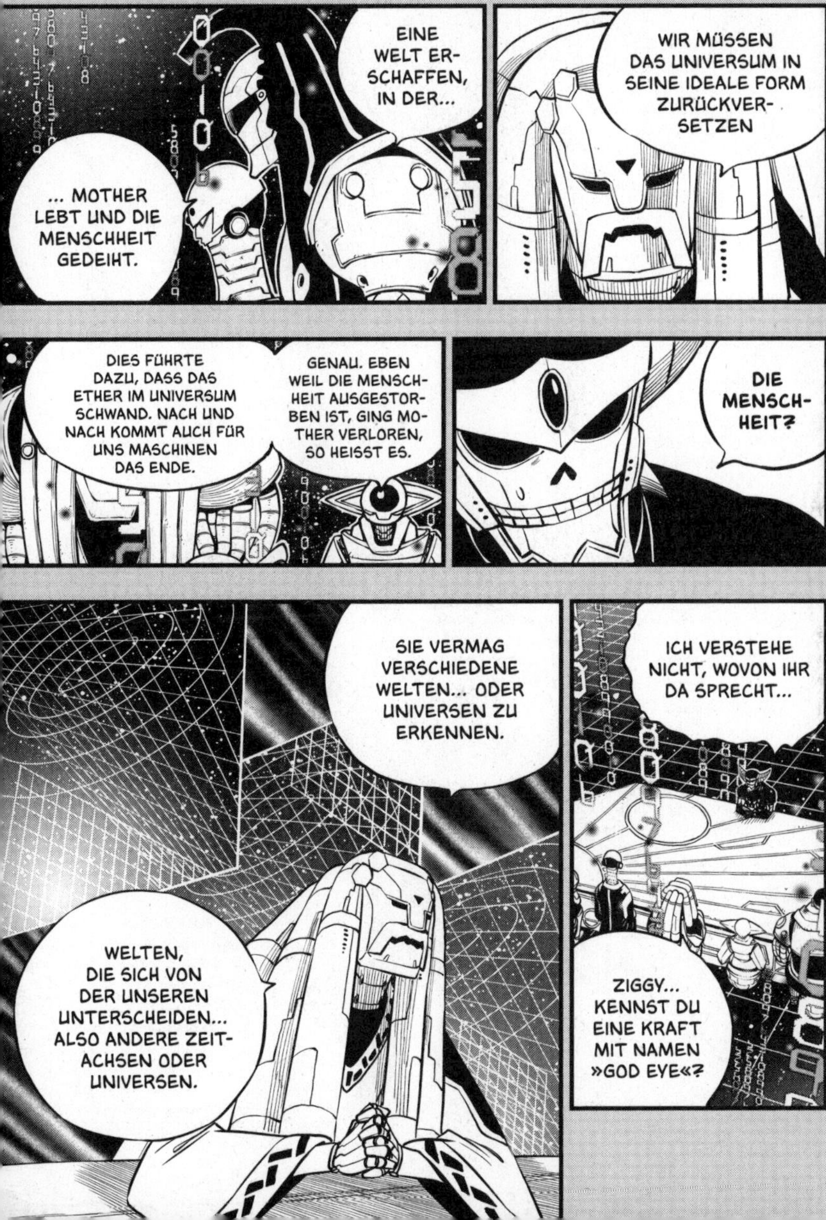
WIR MÜSSEN DAS UNIVERSUM IN SEINE IDEALE FORM ZURÜCKVERSETZEN
EINE WELT ERSCHAFFEN, IN DER...
... MOTHER LEBT UND DIE MENSCHHEIT GEDEIHT.
DIE MENSCHHEIT?
GENAU. EBEN WEIL DIE MENSCHHEIT AUSGESTORBEN IST, GING MOTHER VERLOREN, SO HEISST ES.
DIES FÜHRTE DAZU, DASS DAS ETHER IM UNIVERSUM SCHWAND. NACH UND NACH KOMMT AUCH FÜR UNS MASCHINEN DAS ENDE.
ICH VERSTEHE NICHT, WOVON IHR DA SPRECHT...
ZIGGY... KENNST DU EINE KRAFT MIT NAMEN »GOD EYE«?
SIE VERMAG VERSCHIEDENE WELTEN... ODER UNIVERSEN ZU ERKENNEN.
WELTEN, DIE SICH VON DER UNSEREN UNTERSCHEIDEN... ALSO ANDERE ZEITACHSEN ODER UNIVERSEN.

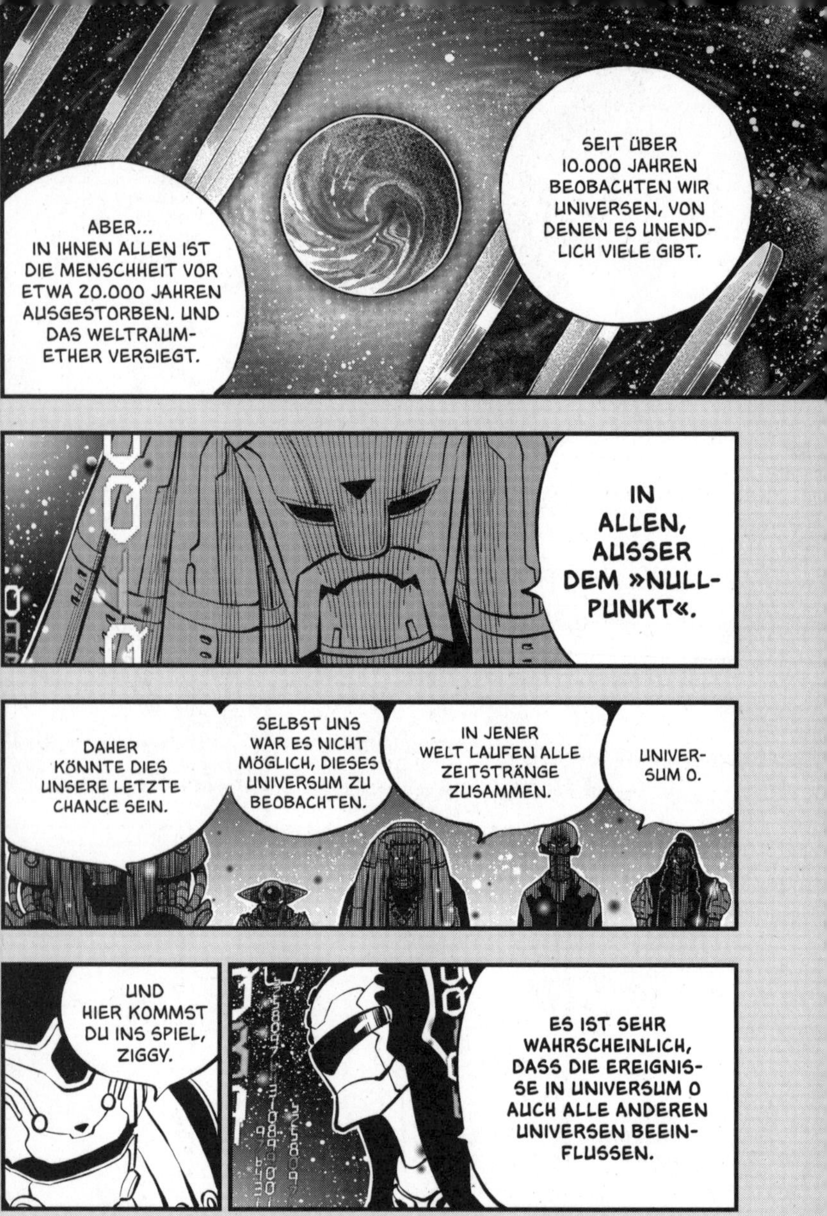
SEIT ÜBER 10.000 JAHREN BEOBACHTEN WIR UNIVERSEN, VON DENEN ES UNEND-LICH VIELE GIBT.
ABER... IN IHNEN ALLEN IST DIE MENSCHHEIT VOR ETWA 20.000 JAHREN AUSGESTORBEN. UND DAS WELTRAUM-ETHER VERSIEGT.
IN ALLEN, AUSSER DEM »NULL-PUNKT«.
UNIVER-SUM 0.
IN JENER WELT LAUFEN ALLE ZEITSTRÄNGE ZUSAMMEN.
SELBST UNS WAR ES NICHT MÖGLICH, DIESES UNIVERSUM ZU BEOBACHTEN.
DAHER KÖNNTE DIES UNSERE LETZTE CHANCE SEIN.
ES IST SEHR WAHRSCHEINLICH, DASS DIE EREIGNIS-SE IN UNIVERSUM 0 AUCH ALLE ANDEREN UNIVERSEN BEEIN-FLUSSEN.
UND HIER KOMMST DU INS SPIEL, ZIGGY.

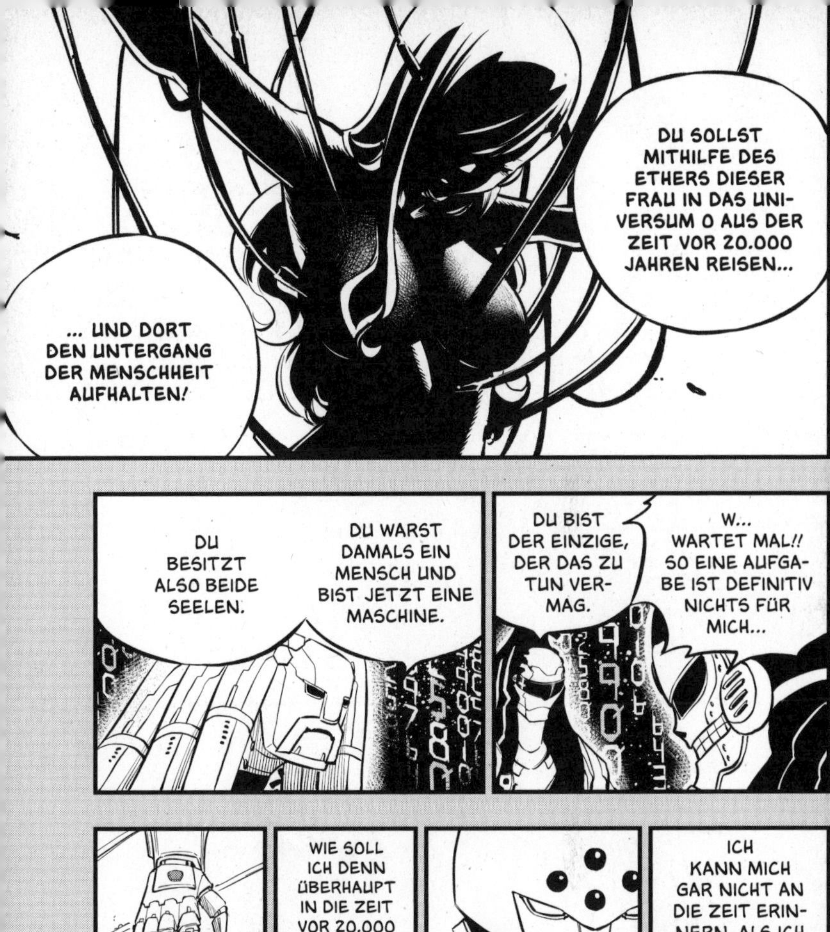
DU SOLLST MITHILFE DES ETHERS DIESER FRAU IN DAS UNIVERSUM 0 AUS DER ZEIT VOR 20.000 JAHREN REISEN...
... UND DORT DEN UNTERGANG DER MENSCHHEIT AUFHALTEN!
W... WARTET MAL!! SO EINE AUFGABE IST DEFINITIV NICHTS FÜR MICH...
DU BIST DER EINZIGE, DER DAS ZU TUN VERMAG.
DU WARST DAMALS EIN MENSCH UND BIST JETZT EINE MASCHINE.
DU BESITZT ALSO BEIDE SEELEN.
ICH KANN MICH GAR NICHT AN DIE ZEIT ERINNERN, ALS ICH EIN MENSCH WAR!!
NUR MUT. WENN ES JEMAND SCHAFFT, DANN DU!
WIE SOLL ICH DENN ÜBERHAUPT IN DIE ZEIT VOR 20.000 JAHREN GELANGEN?!
TKK
WIR BAUEN EIN SCHIFF.

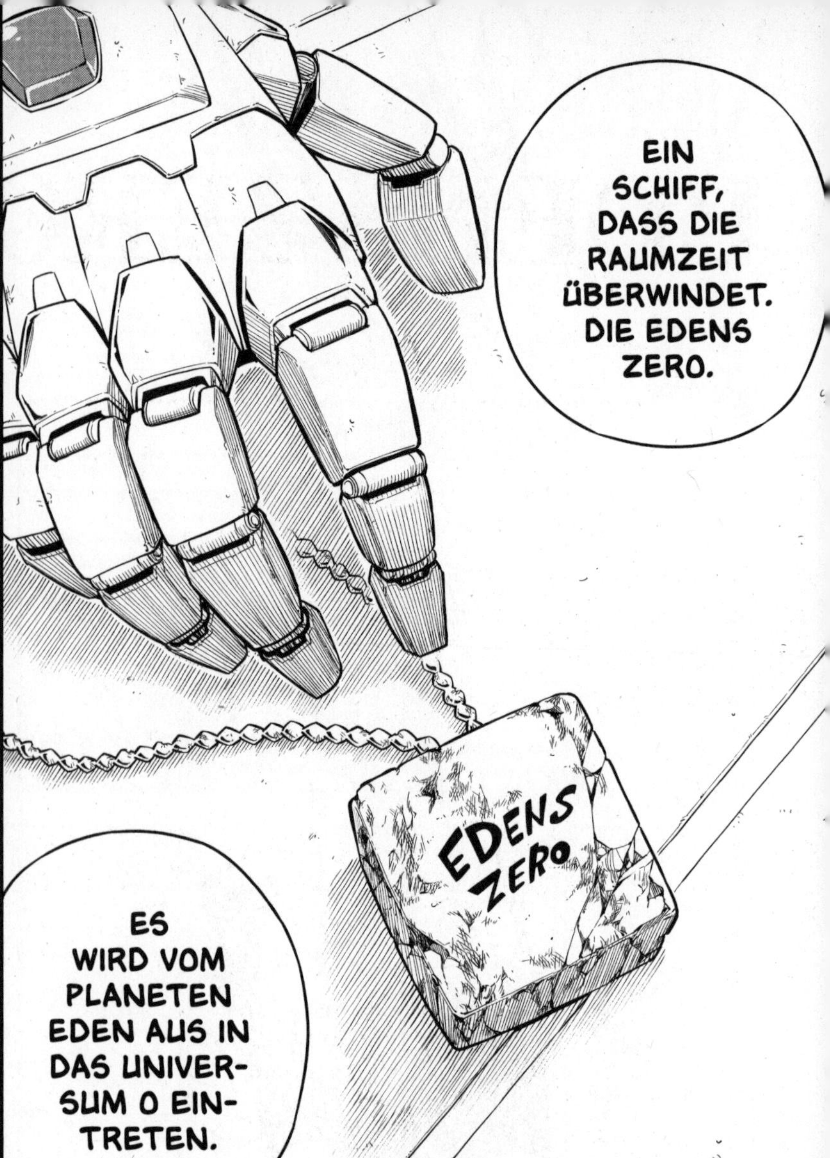
EIN SCHIFF, DASS DIE RAUMZEIT ÜBERWINDET. DIE EDENS ZERO.
EDENS ZERO
ES WIRD VOM PLANETEN EDEN AUS IN DAS UNIVERSUM 0 EINTRETEN.

EDENS ZERO

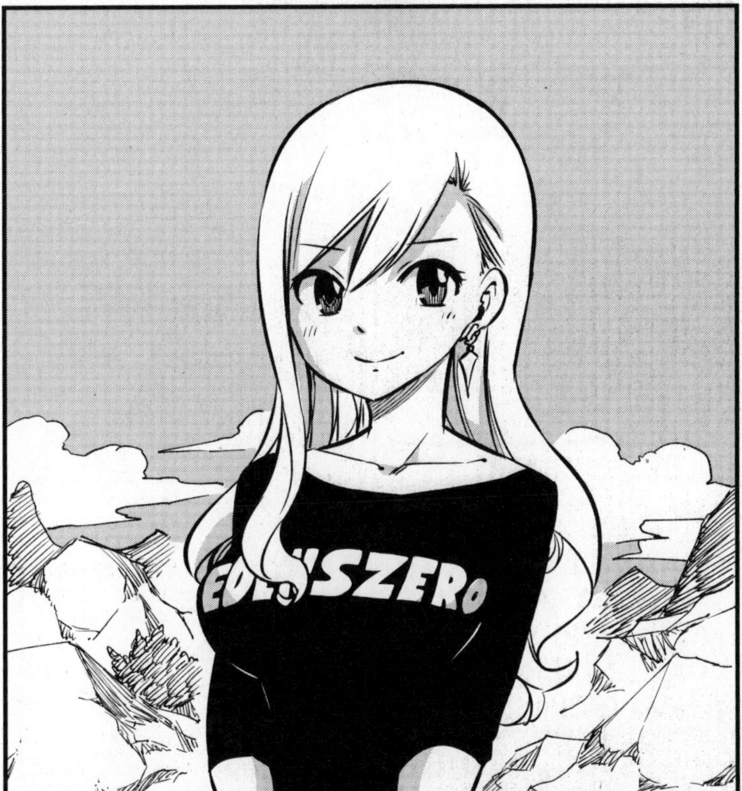

KAPITEL 205: 3173

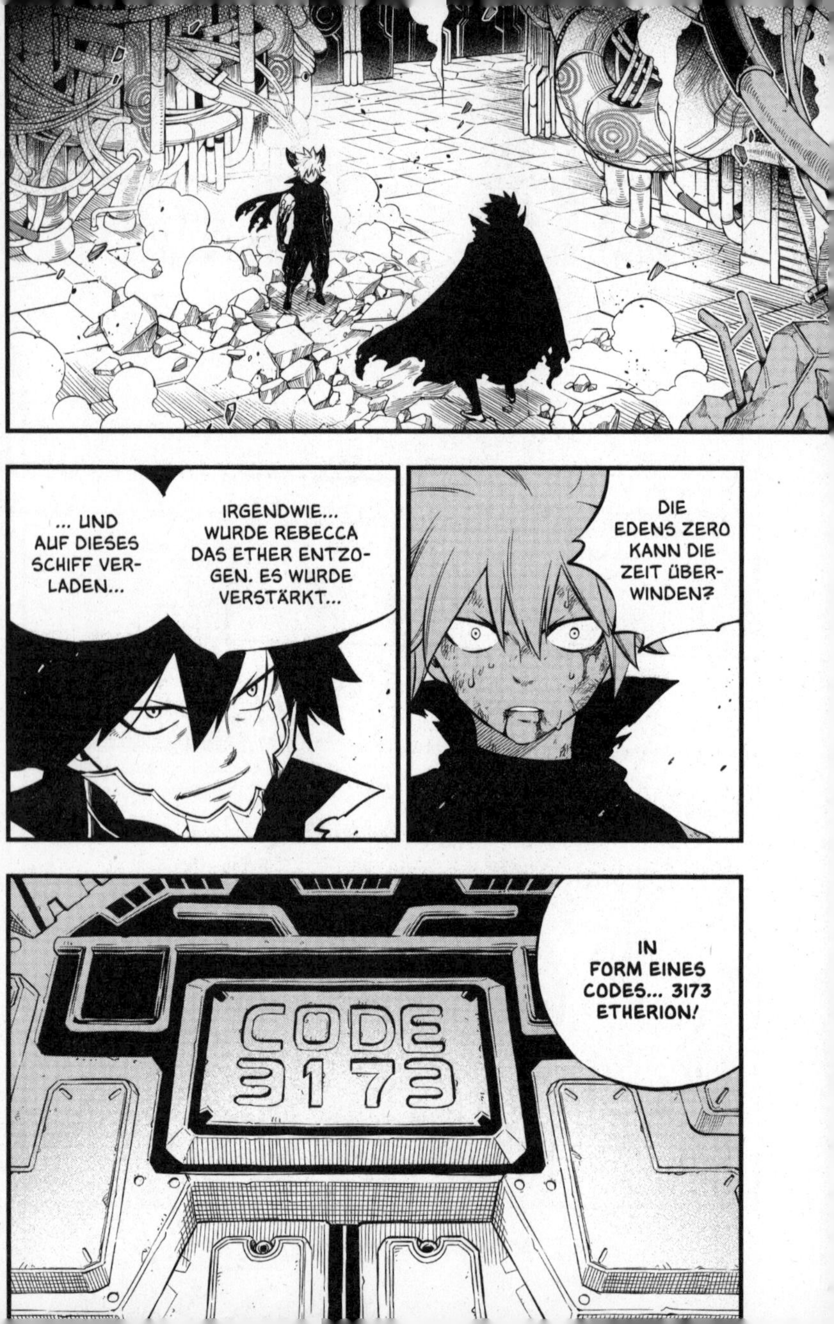
DIE EDENS ZERO KANN DIE ZEIT ÜBER-WINDEN?
IRGENDWIE... WURDE REBECCA DAS ETHER ENTZO-GEN. ES WURDE VERSTÄRKT...
... UND AUF DIESES SCHIFF VER-LADEN...
IN FORM EINES CODES... 3173 ETHERION!
CODE 3173

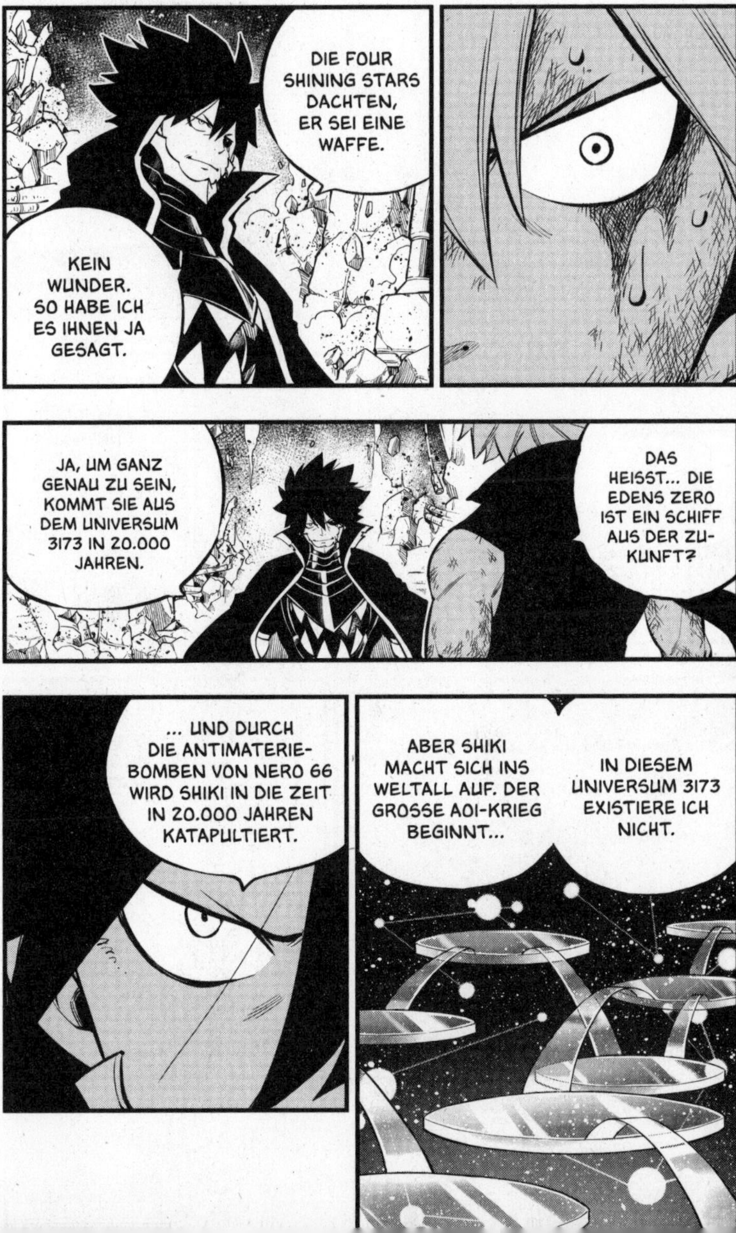
DIE FOUR SHINING STARS DACHTEN, ER SEI EINE WAFFE.
KEIN WUNDER. SO HABE ICH ES IHNEN JA GESAGT.
DAS HEISST... DIE EDENS ZERO IST EIN SCHIFF AUS DER ZUKUNFT?
JA, UM GANZ GENAU ZU SEIN, KOMMT SIE AUS DEM UNIVERSUM 3173 IN 20.000 JAHREN.
IN DIESEM UNIVERSUM 3173 EXISTIERE ICH NICHT.
ABER SHIKI MACHT SICH INS WELTALL AUF. DER GROSSE AOI-KRIEG BEGINNT...
... UND DURCH DIE ANTIMATERIE-BOMBEN VON NERO 66 WIRD SHIKI IN DIE ZEIT IN 20.000 JAHREN KATAPULTIERT.

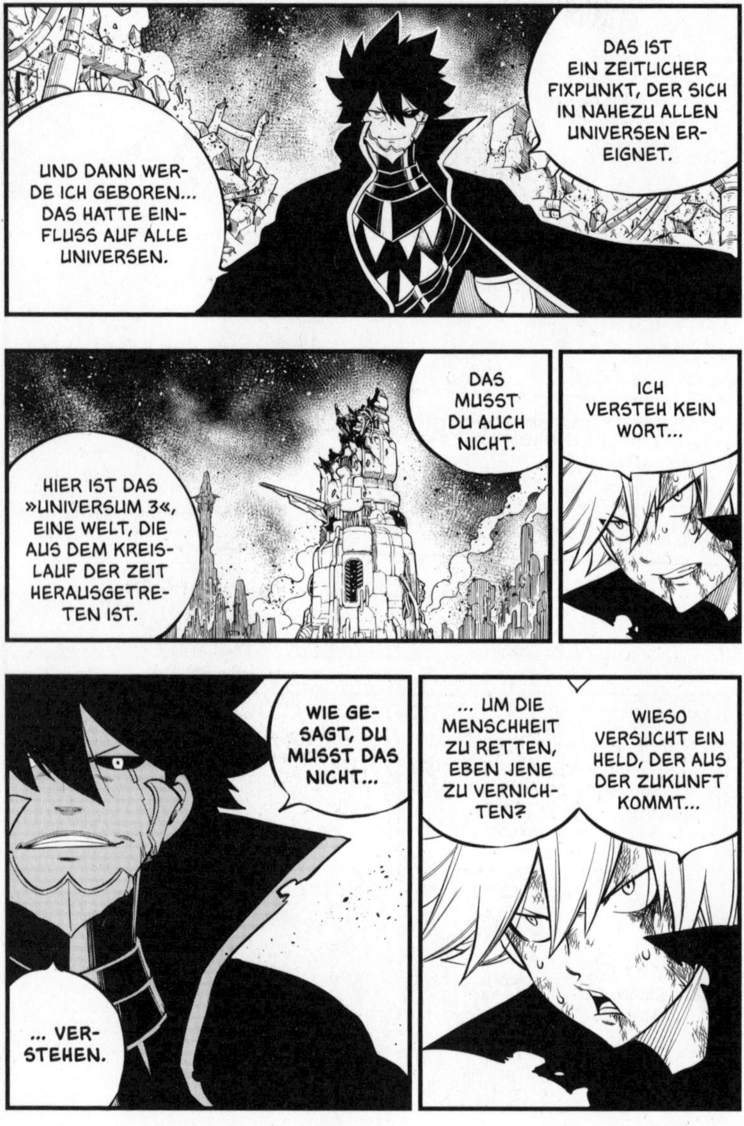
DAS IST EIN ZEITLICHER FIXPUNKT, DER SICH IN NAHEZU ALLEN UNIVERSEN ER-EIGNET.
UND DANN WER-DE ICH GEBOREN... DAS HATTE EIN-FLUSS AUF ALLE UNIVERSEN.
ICH VERSTEH KEIN WORT...
DAS MUSST DU AUCH NICHT.
HIER IST DAS »UNIVERSUM 3«, EINE WELT, DIE AUS DEM KREIS-LAUF DER ZEIT HERAUSGETRE-TEN IST.
WIESO VERSUCHT EIN HELD, DER AUS DER ZUKUNFT KOMMT...
... UM DIE MENSCHHEIT ZU RETTEN, EBEN JENE ZU VERNICH-TEN?
WIE GE-SAGT, DU MUSST DAS NICHT...
... VER-STEHEN.

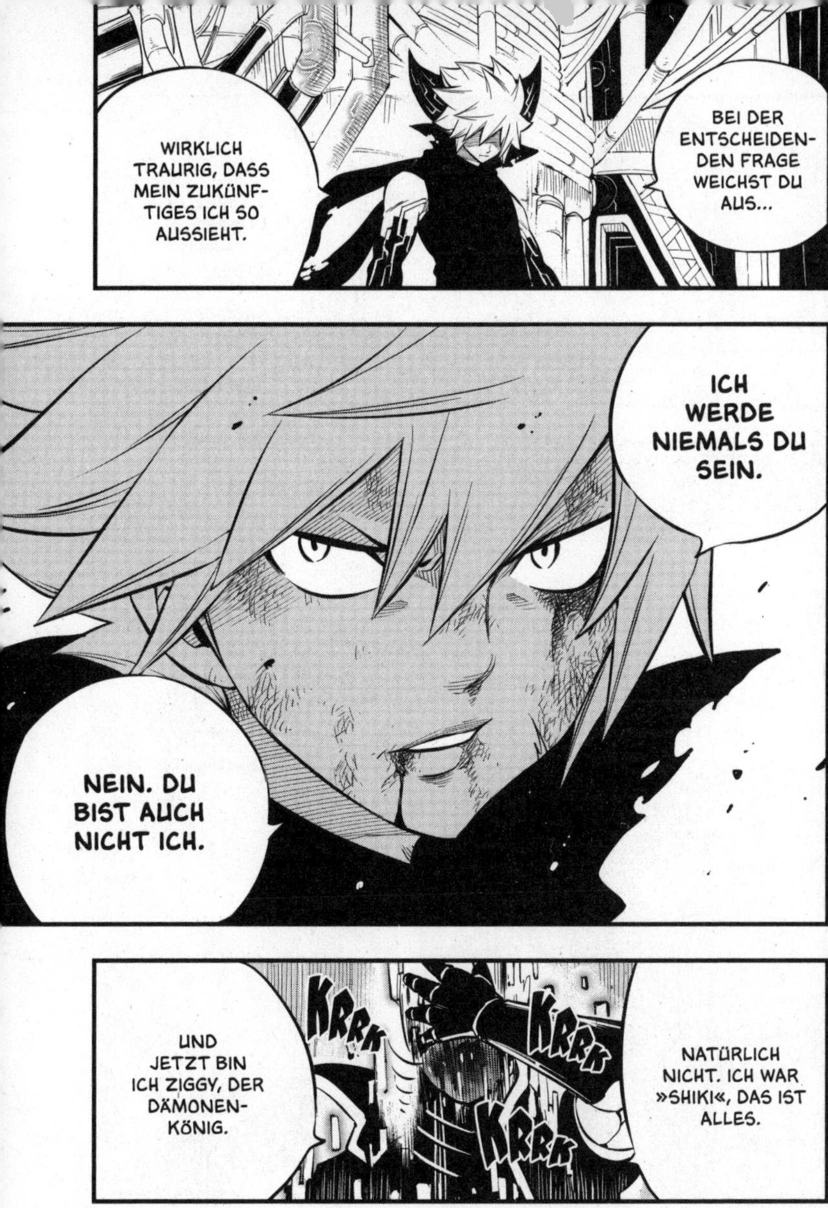
BEI DER ENTSCHEIDEN-DEN FRAGE WEICHST DU AUS...
WIRKLICH TRAURIG, DASS MEIN ZUKÜNF-TIGES ICH SO AUSSIEHT.
ICH WERDE NIEMALS DU SEIN.
NEIN. DU BIST AUCH NICHT ICH.
NATÜRLICH NICHT. ICH WAR »SHIKI«, DAS IST ALLES.
KRRK
KRRK
KRRK
UND JETZT BIN ICH ZIGGY, DER DÄMONEN-KÖNIG.

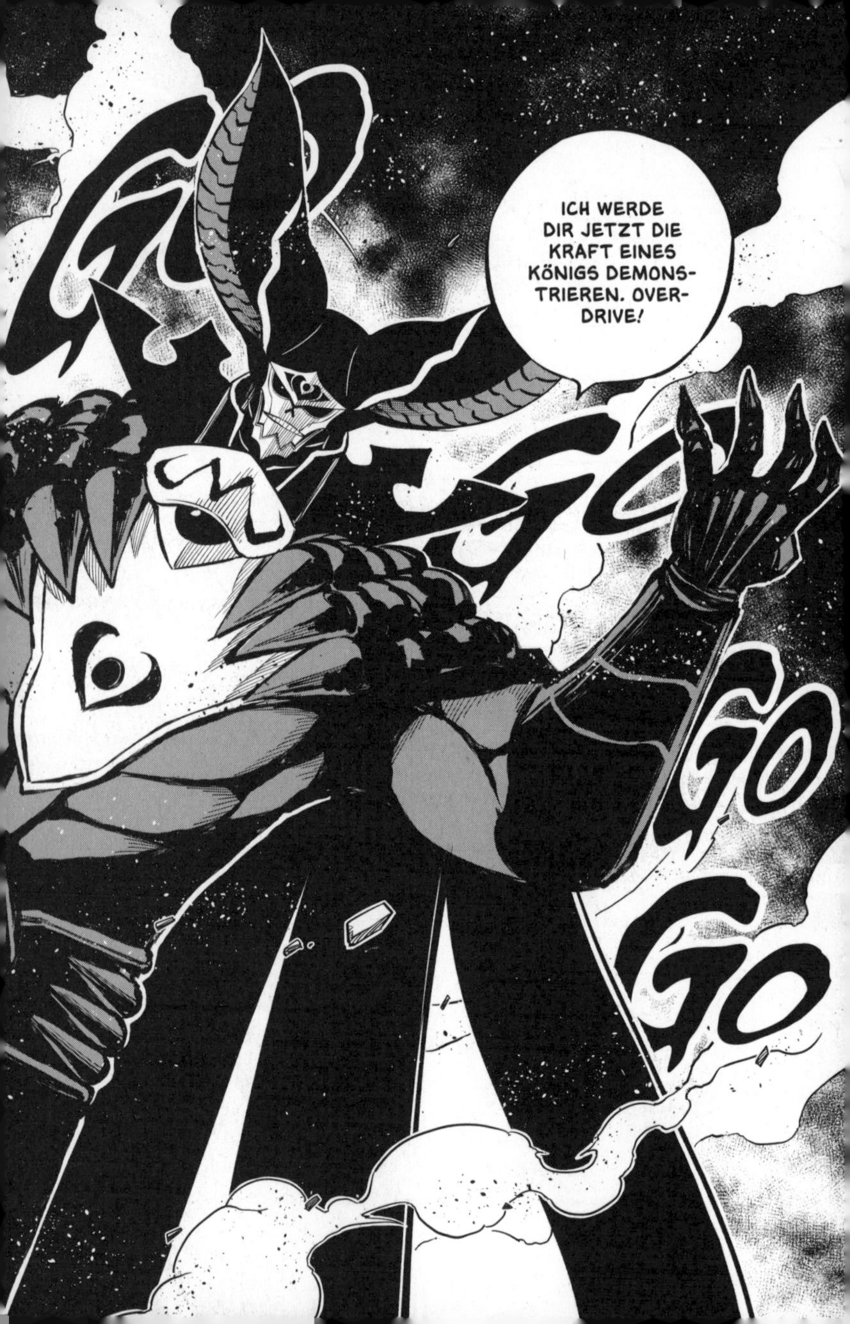
ICH WERDE DIR JETZT DIE KRAFT EINES KÖNIGS DEMONSTRIEREN. OVERDRIVE!
GO
GO
GO

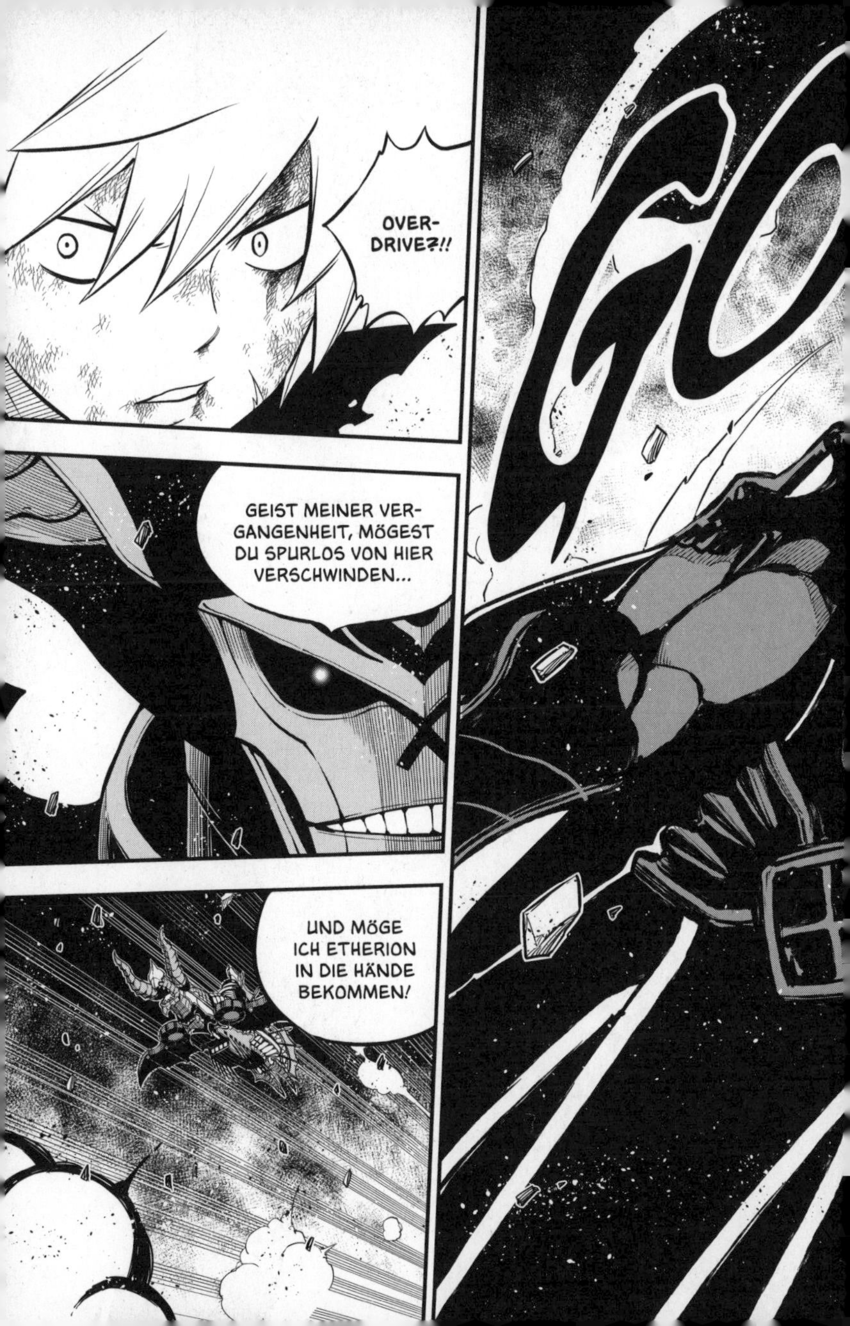
OVER-DRIVE?!!
GEIST MEINER VERGANGENHEIT, MÖGEST DU SPURLOS VON HIER VERSCHWINDEN...
UND MÖGE ICH ETHERION IN DIE HÄNDE BEKOMMEN!

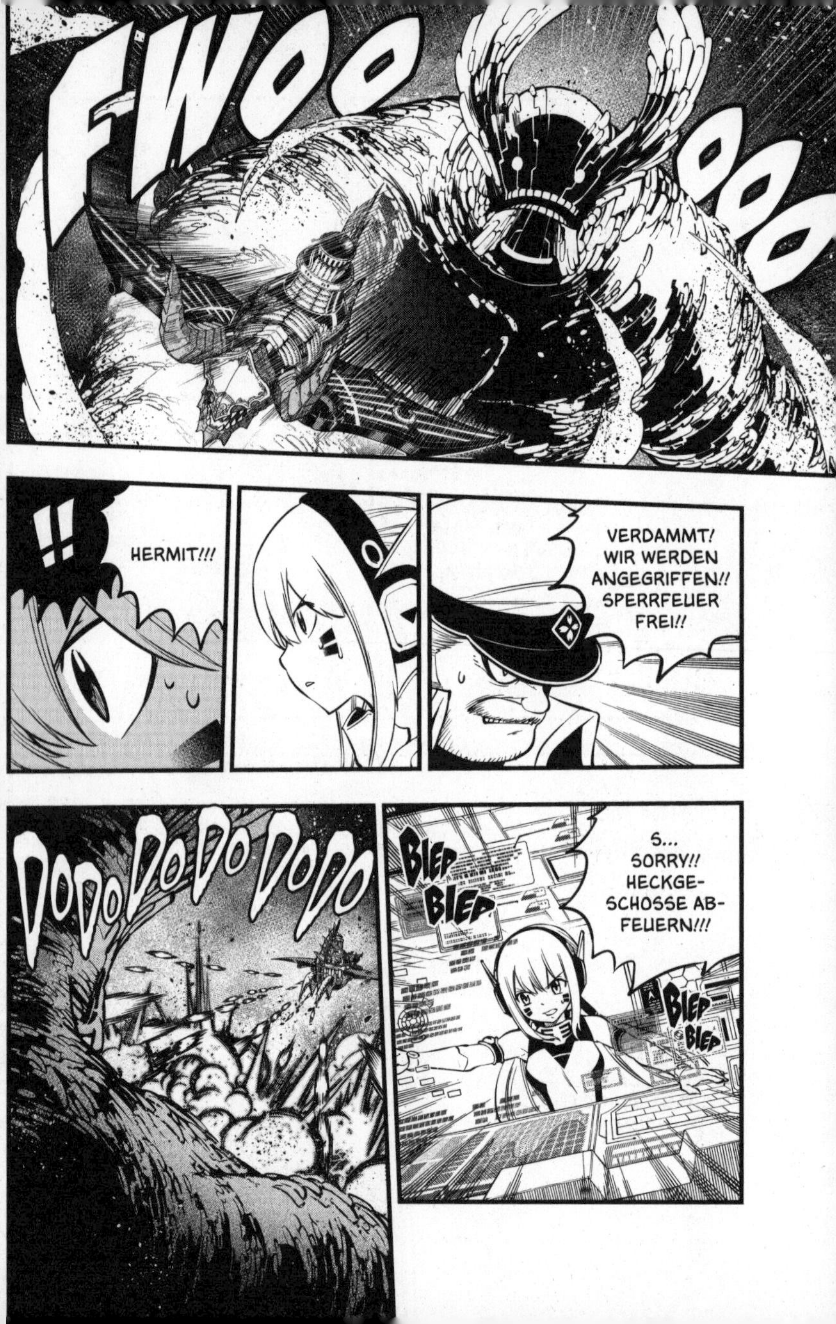
FWOOOOO
!!
HERMIT!!!
VERDAMMT! WIR WERDEN ANGEGRIFFEN!! SPERRFEUER FREI!!
DODODODODODODO
BIEP BIEP
S... SORRY!! HECKGE-SCHOSSE AB-FEUERN!!!
BIEP BIEP

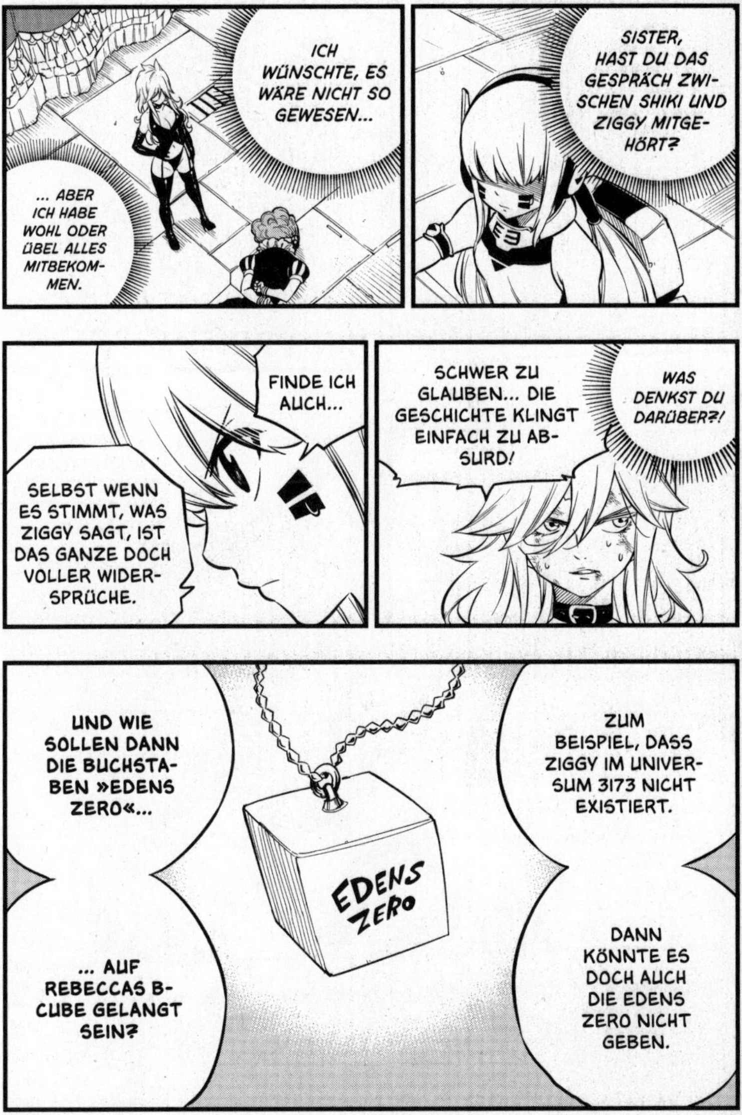
SISTER, HAST DU DAS GESPRÄCH ZWISCHEN SHIKI UND ZIGGY MITGEHÖRT?
ICH WÜNSCHTE, ES WÄRE NICHT SO GEWESEN...
... ABER ICH HABE WOHL ODER ÜBEL ALLES MITBEKOMMEN.
WAS DENKST DU DARÜBER?!
SCHWER ZU GLAUBEN... DIE GESCHICHTE KLINGT EINFACH ZU ABSURD!
FINDE ICH AUCH...
SELBST WENN ES STIMMT, WAS ZIGGY SAGT, IST DAS GANZE DOCH VOLLER WIDERSPRÜCHE.
ZUM BEISPIEL, DASS ZIGGY IM UNIVERSUM 3173 NICHT EXISTIERT.
DANN KÖNNTE ES DOCH AUCH DIE EDENS ZERO NICHT GEBEN.
UND WIE SOLLEN DANN DIE BUCHSTABEN »EDENS ZERO«...
EDENS ZERO
... AUF REBECCAS B-CUBE GELANGT SEIN?

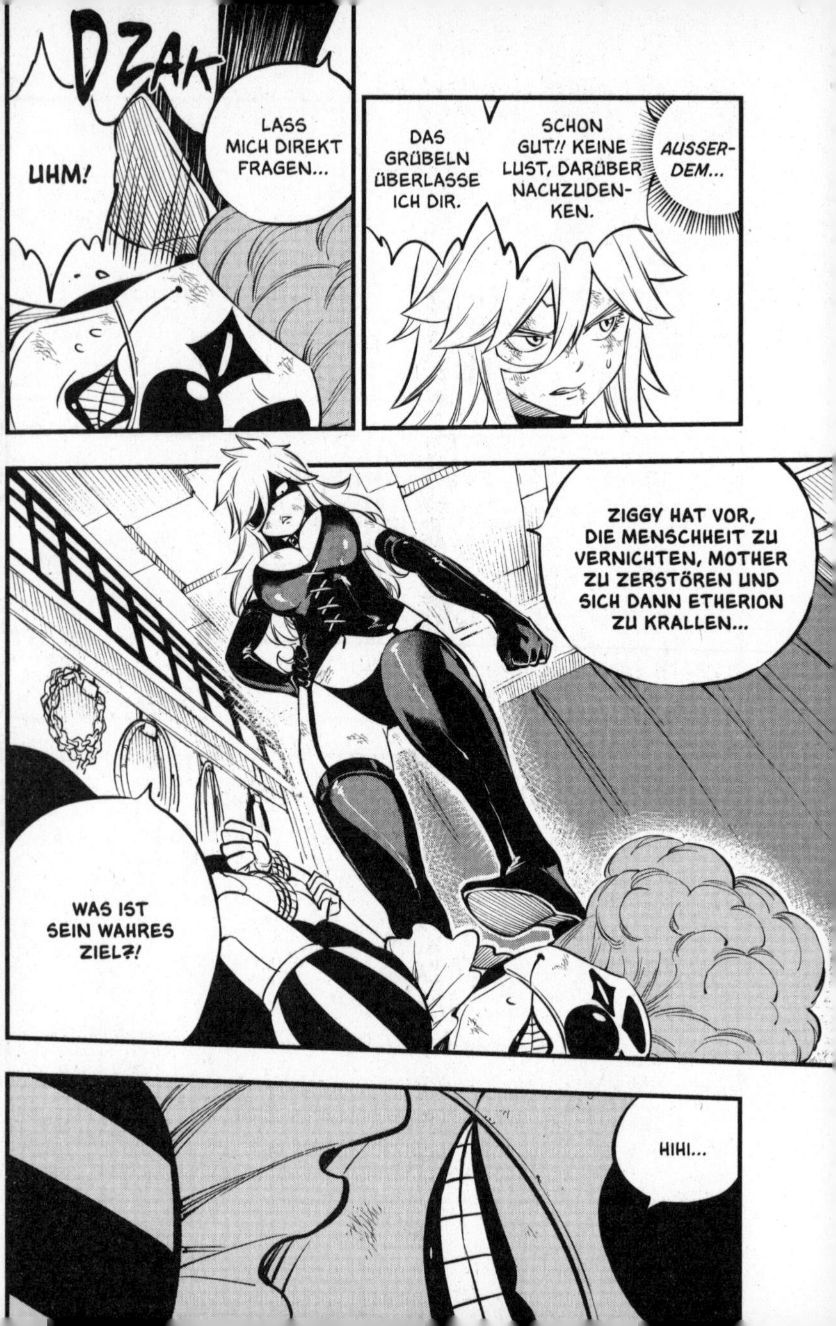
DZAK
LASS MICH DIREKT FRAGEN...
UHM!
AUSSER-DEM...
SCHON GUT!! KEINE LUST, DARÜBER NACHZUDEN-KEN.
DAS GRÜBELN ÜBERLASSE ICH DIR.
ZIGGY HAT VOR, DIE MENSCHHEIT ZU VERNICHTEN, MOTHER ZU ZERSTÖREN UND SICH DANN ETHERION ZU KRALLEN...
WAS IST SEIN WAHRES ZIEL?!
HIHI...

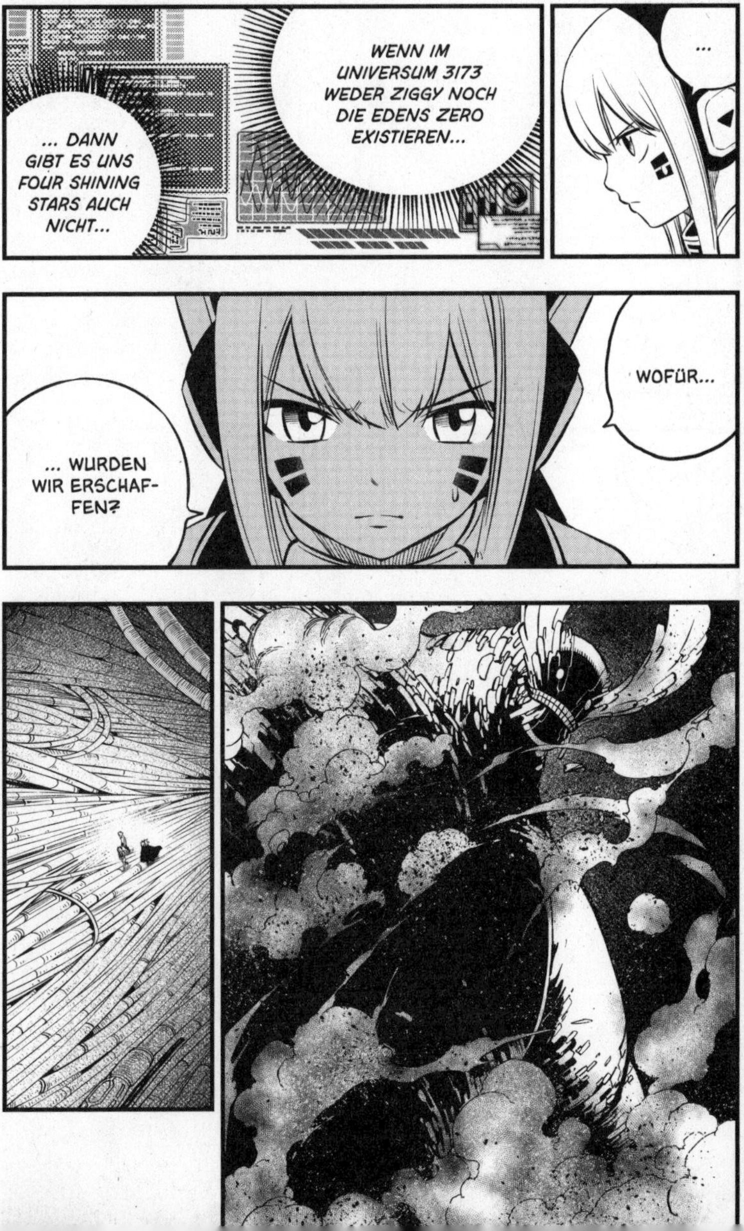
...
WENN IM UNIVERSUM 3173 WEDER ZIGGY NOCH DIE EDENS ZERO EXISTIEREN...
... DANN GIBT ES UNS FOUR SHINING STARS AUCH NICHT...
WOFÜR...
... WURDEN WIR ERSCHAF-FEN?

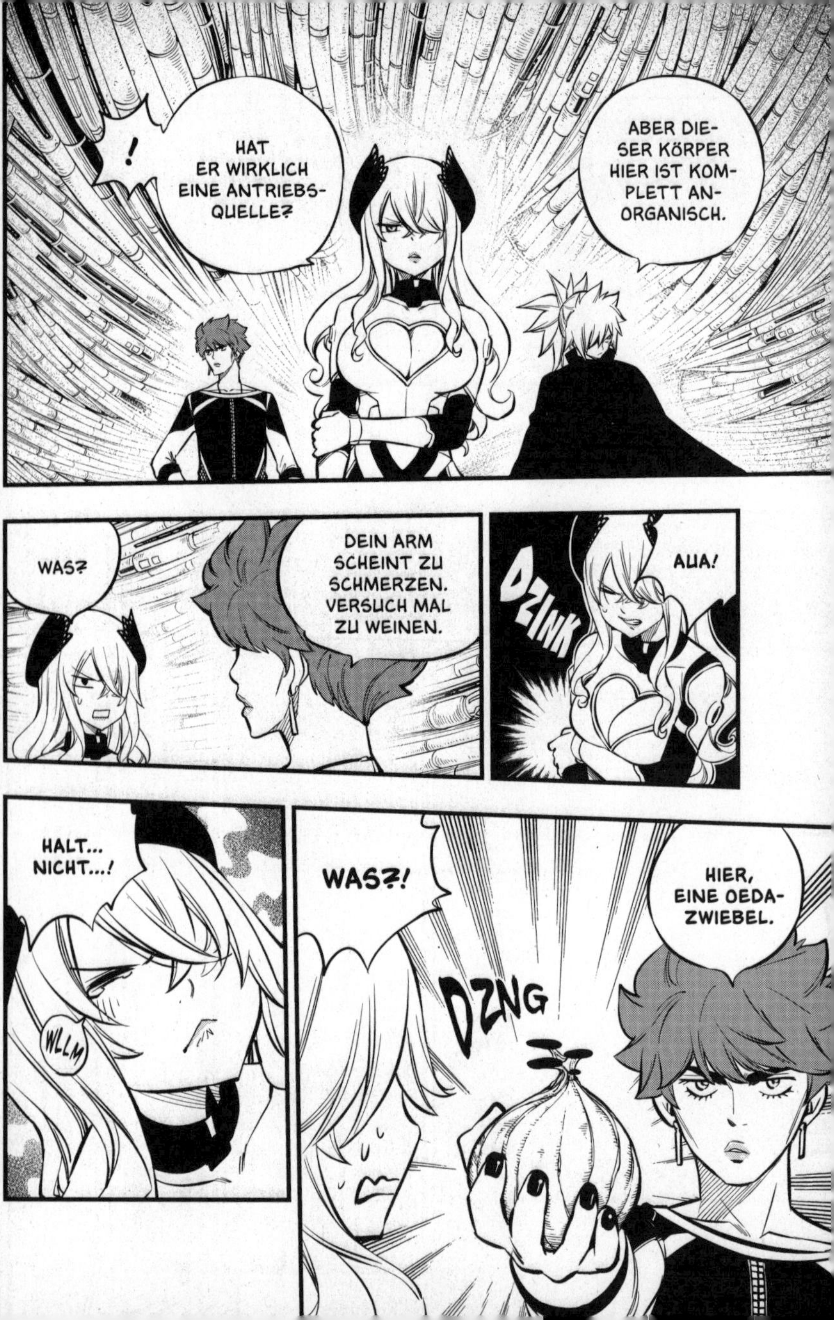
ABER DIESER KÖRPER HIER IST KOMPLETT ANORGANISCH.
!
HAT ER WIRKLICH EINE ANTRIEBSQUELLE?
DZINK
AUA!
DEIN ARM SCHEINT ZU SCHMERZEN. VERSUCH MAL ZU WEINEN.
WAS?
HIER, EINE OEDA-ZWIEBEL.
DZNG
WAS?!
HALT... NICHT...!
WLLM

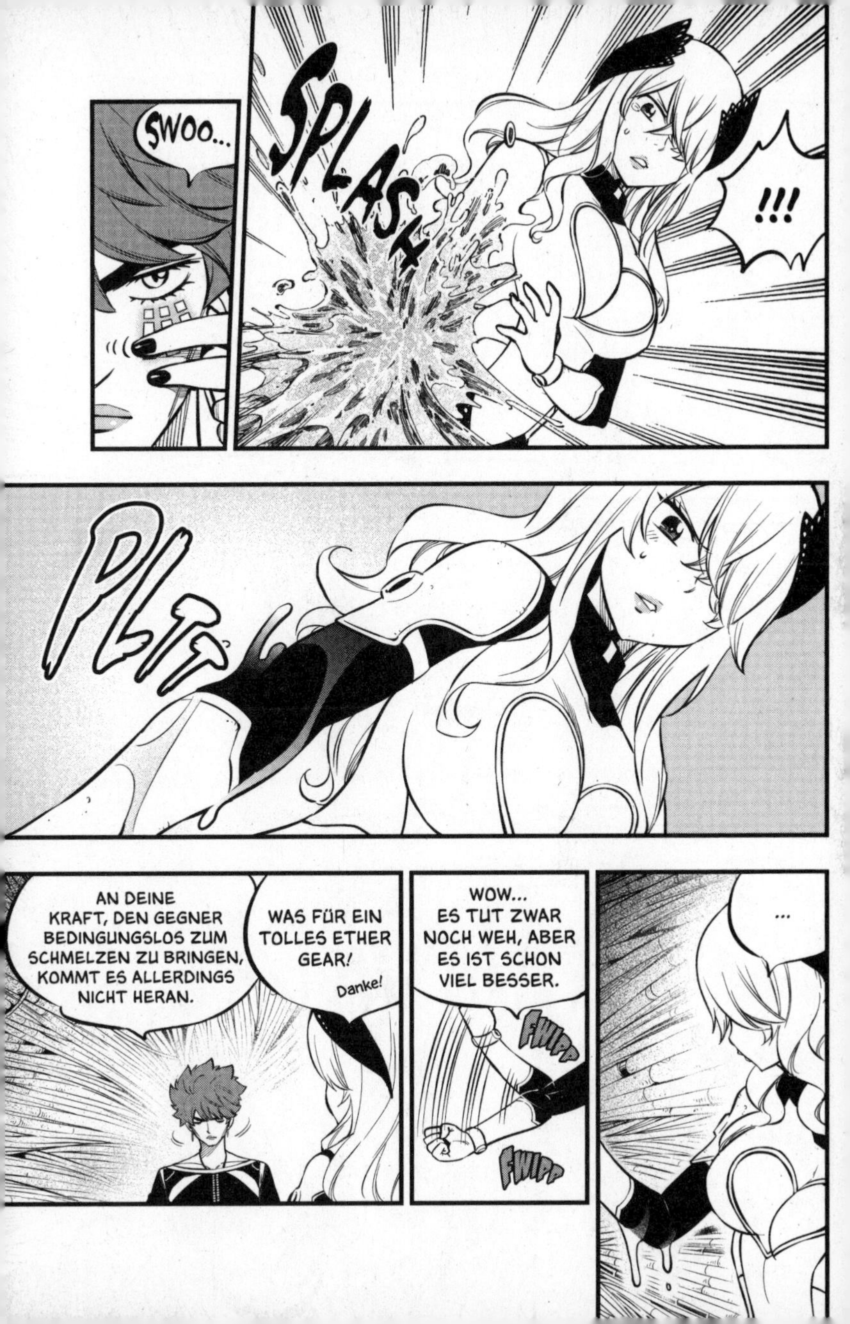
!!!
SPLASH
SWOO...
PLITT
...
WOW... ES TUT ZWAR NOCH WEH, ABER ES IST SCHON VIEL BESSER.
FWIPP
FWIPP
WAS FÜR EIN TOLLES ETHER GEAR!
Danke!
AN DEINE KRAFT, DEN GEGNER BEDINGUNGSLOS ZUM SCHMELZEN ZU BRINGEN, KOMMT ES ALLERDINGS NICHT HERAN.

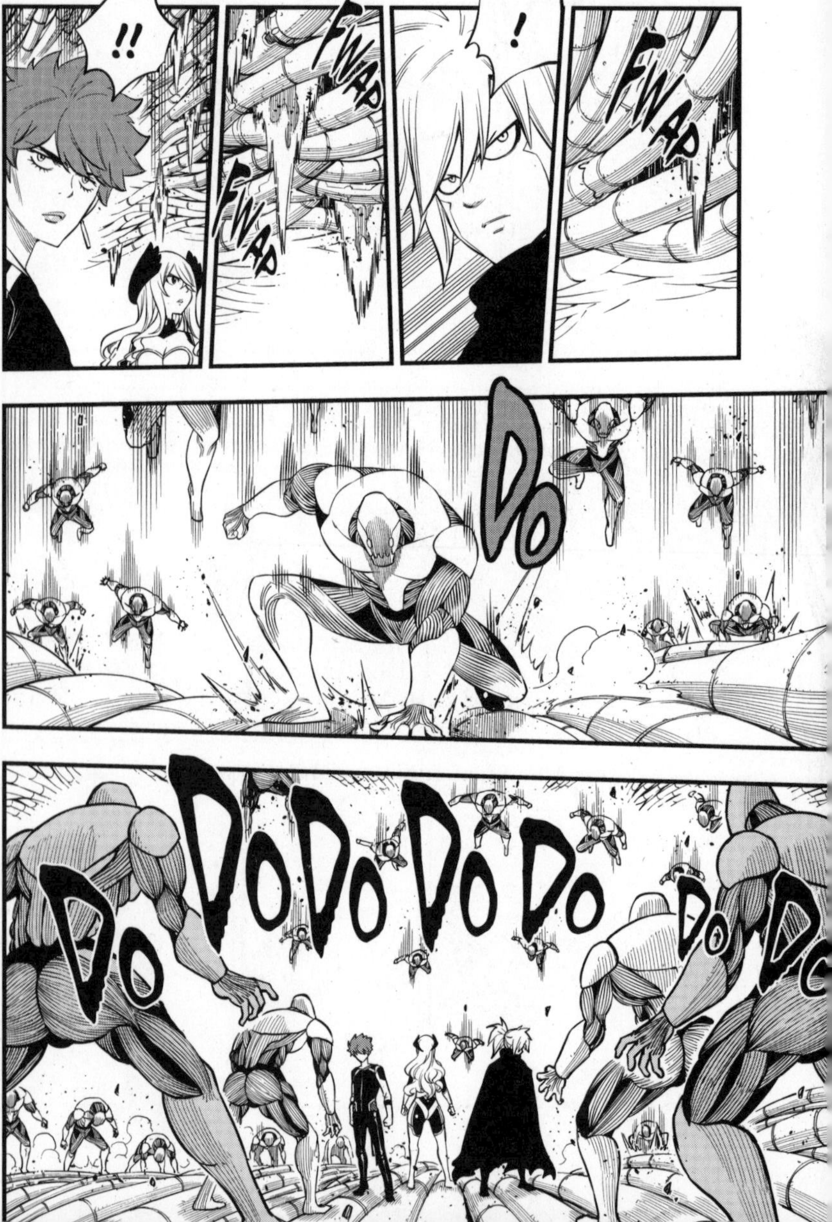

!!
FWAP
FWAP
!
FWAP
DO
DO
DO
DO
DO
DO
DO
DO
DO
DO

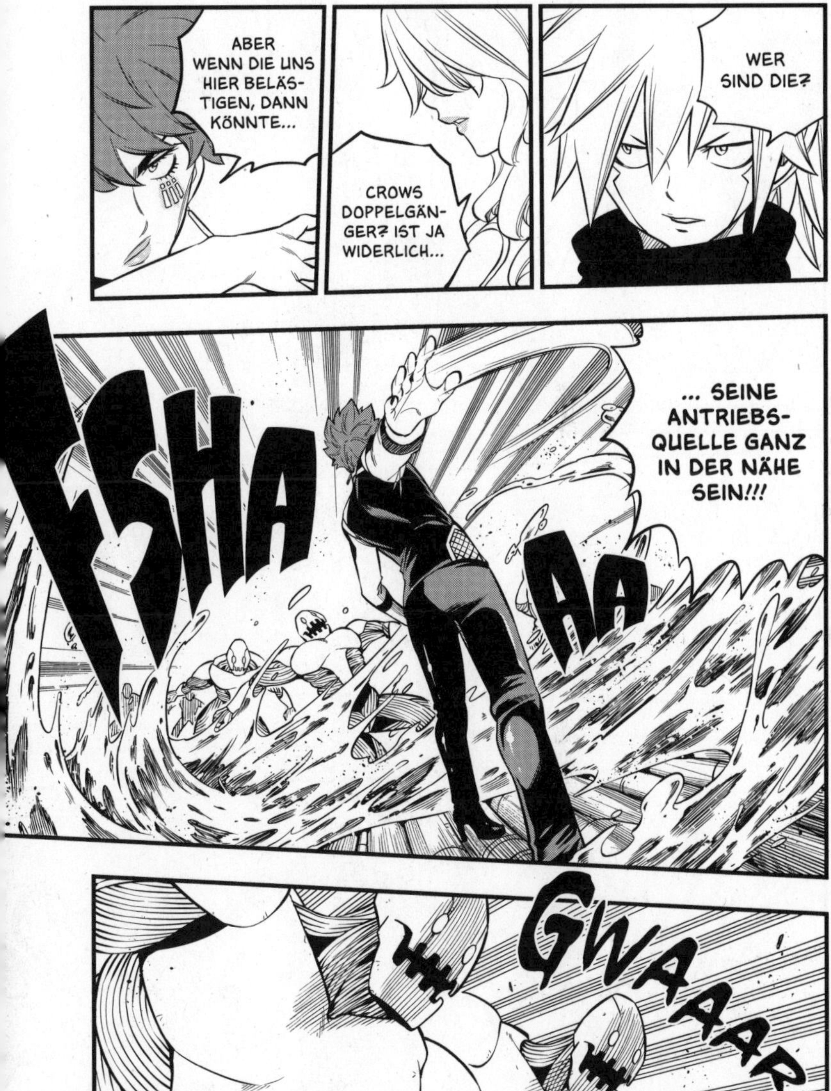

WER SIND DIE?
CROWS DOPPELGÄNGER? IST JA WIDERLICH...
ABER WENN DIE UNS HIER BELÄSTIGEN, DANN KÖNNTE...
... SEINE ANTRIEBSQUELLE GANZ IN DER NÄHE SEIN!!!
FSHAAA
GWAAAAR

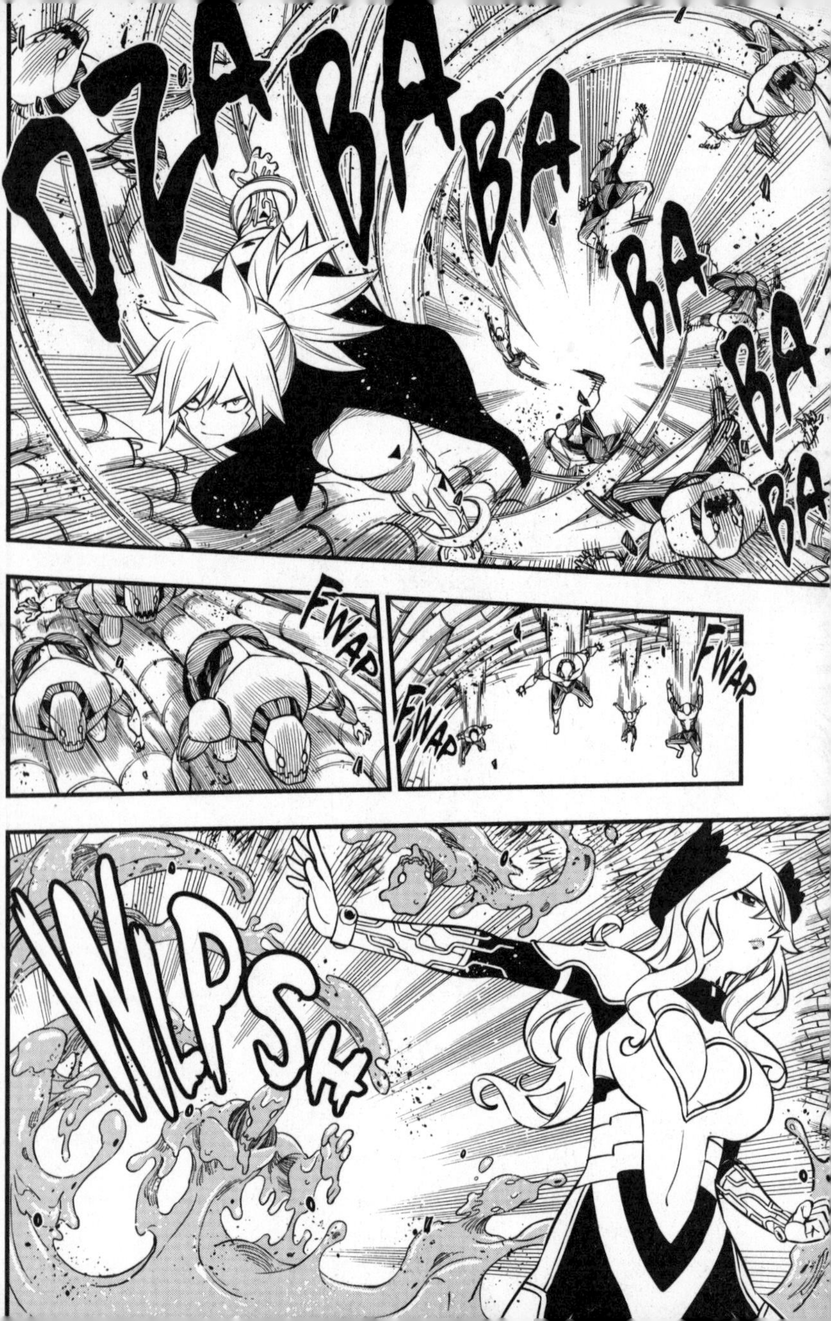
DZZABA BA BA BA BA
FWAP
FWAP
FWAP
WUPSH

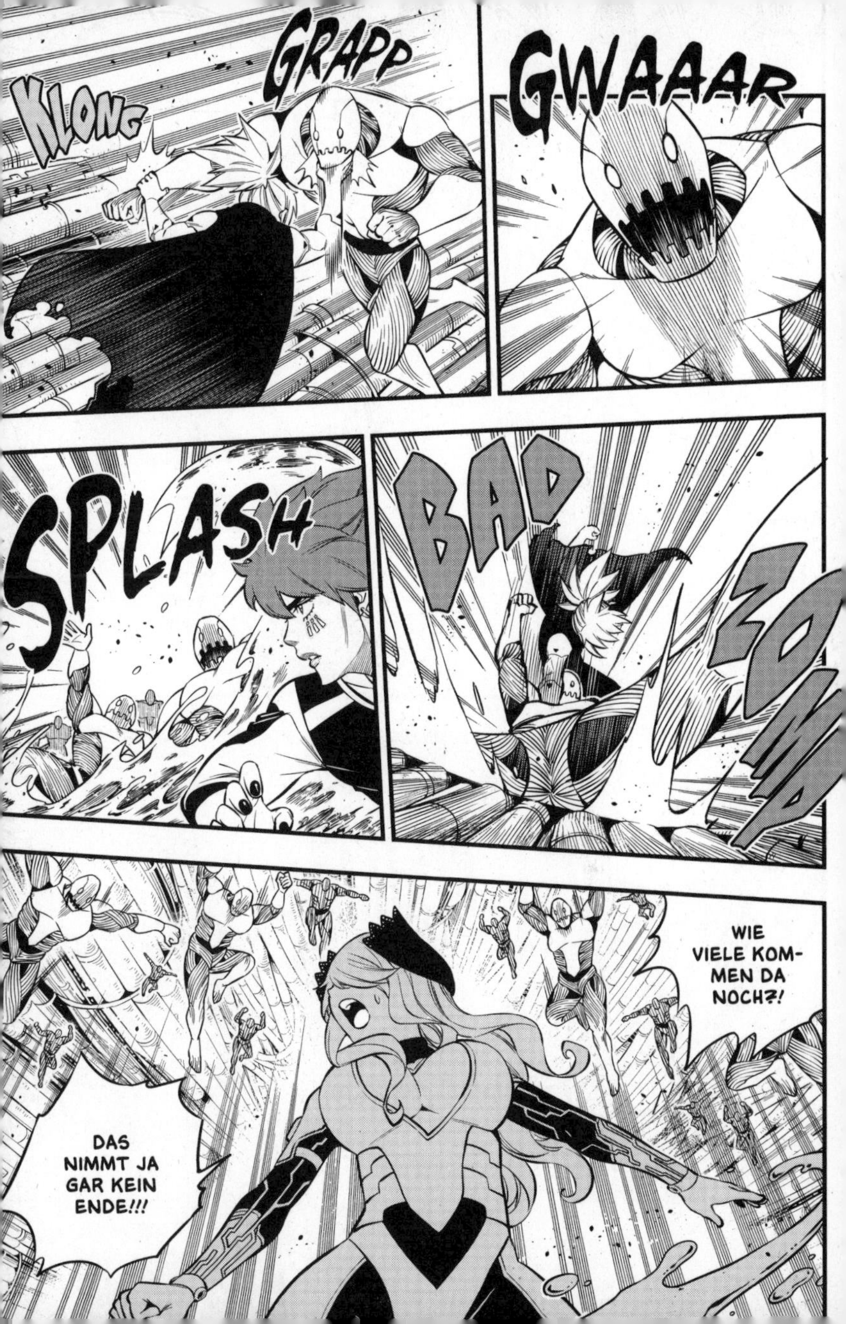
GWAAAR
GRAPP
KLONG
BAD
ZOMP
SPLASH
WIE VIELE KOMMEN DA NOCH?!
DAS NIMMT JA GAR KEIN ENDE!!!

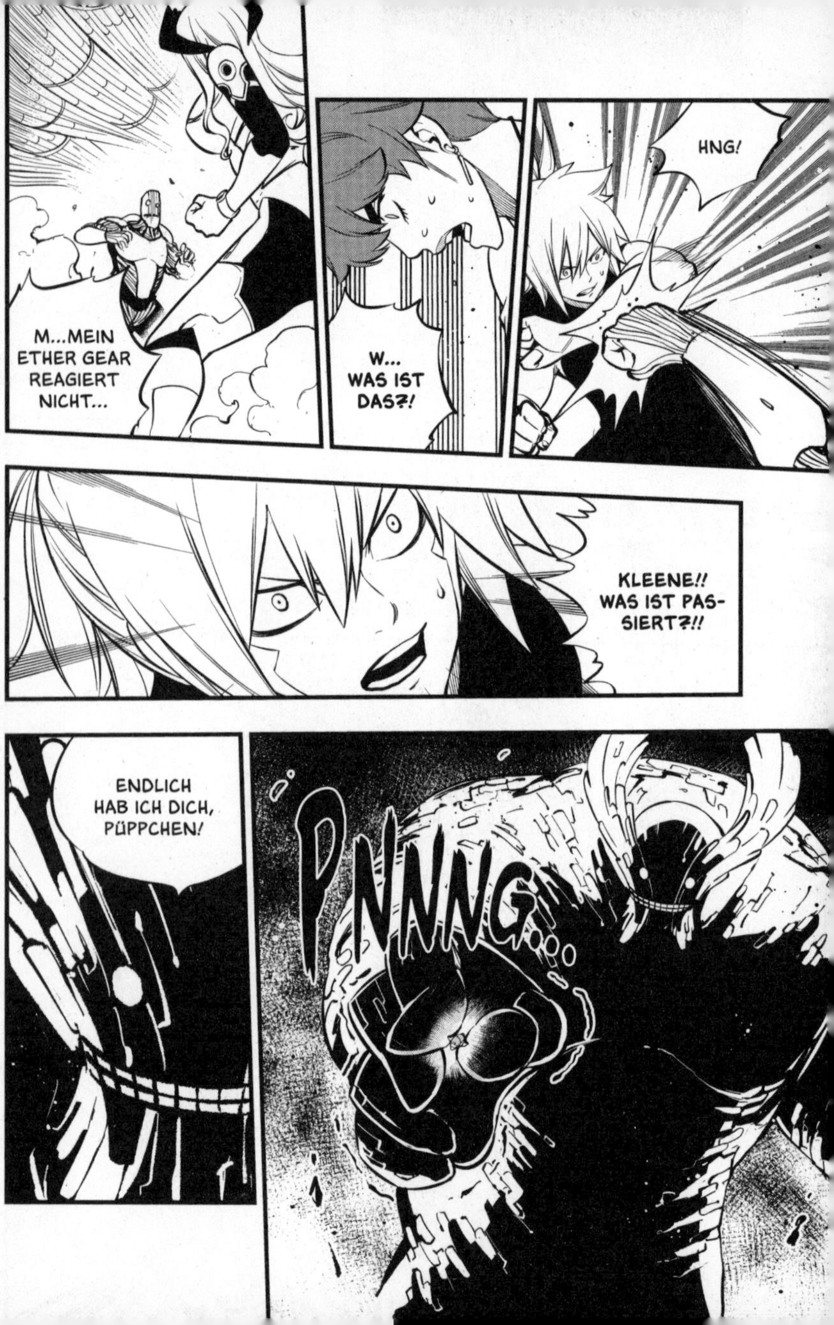
M...MEIN ETHER GEAR REAGIERT NICHT...
W... WAS IST DAS?!
HNG!
KLEENE!! WAS IST PASSIERT?!!
ENDLICH HAB ICH DICH, PÜPPCHEN!
PNNNG...

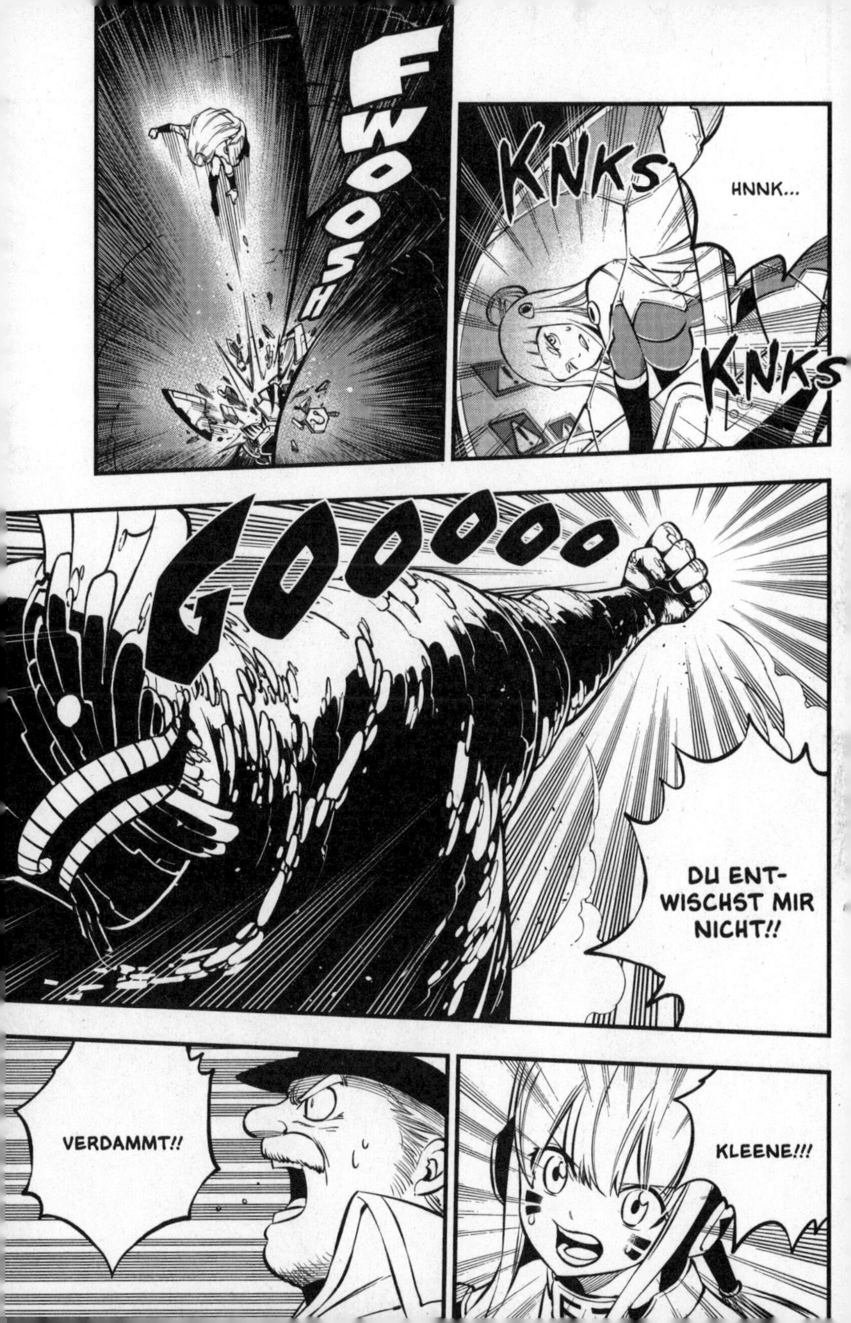
KNKS
HNNK...
KNKS
FWOOSH
GOOOOO
DU ENT-
WISCHST MIR
NICHT!!
KLEENE!!!
VERDAMMT!!

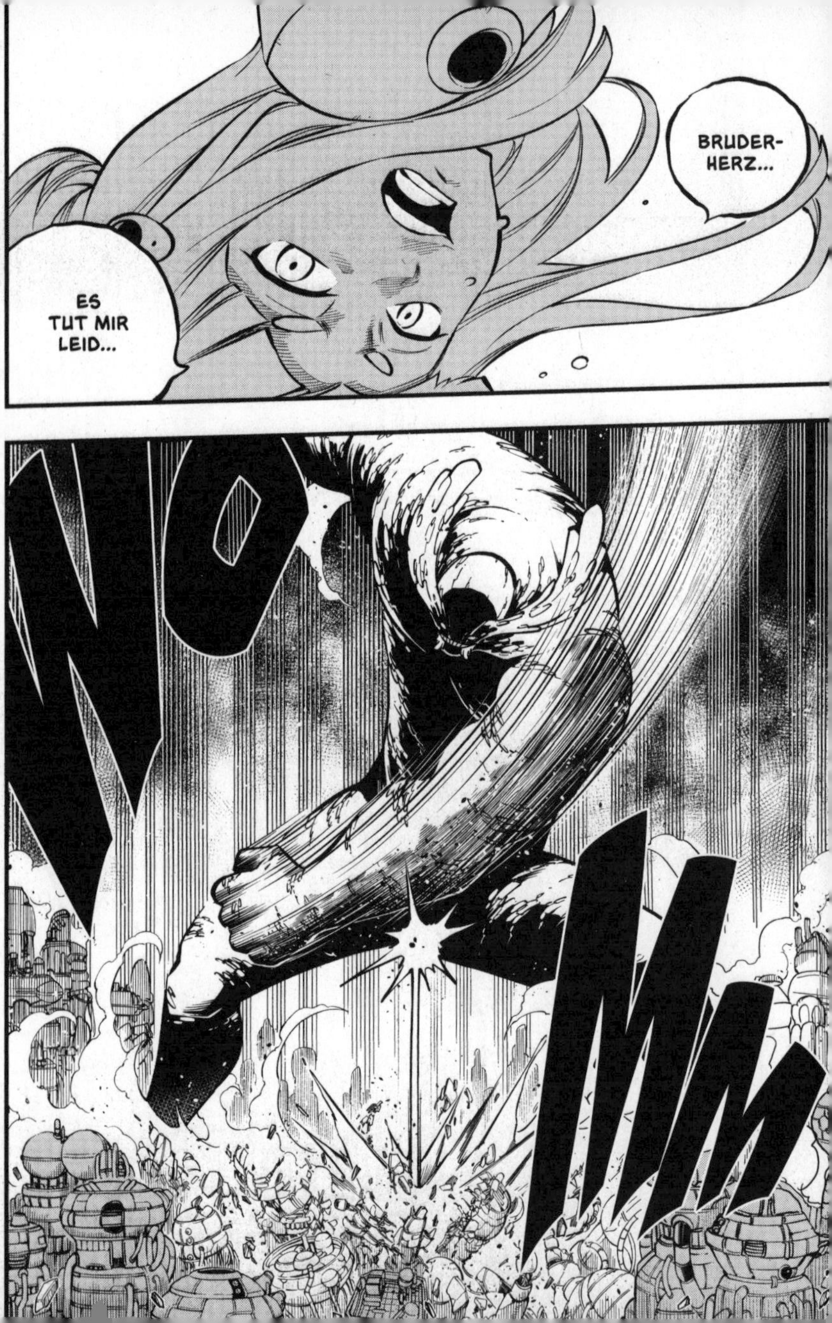
BRUDER-
HERZ...
ES
TUT MIR
LEID...

EDENS ZERO

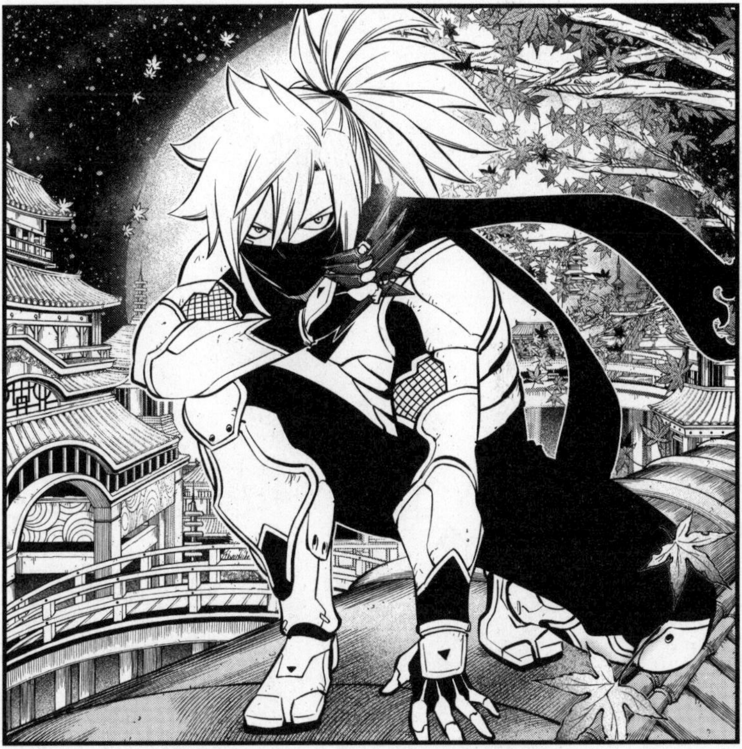

KAPITEL 206: VERRÄTER

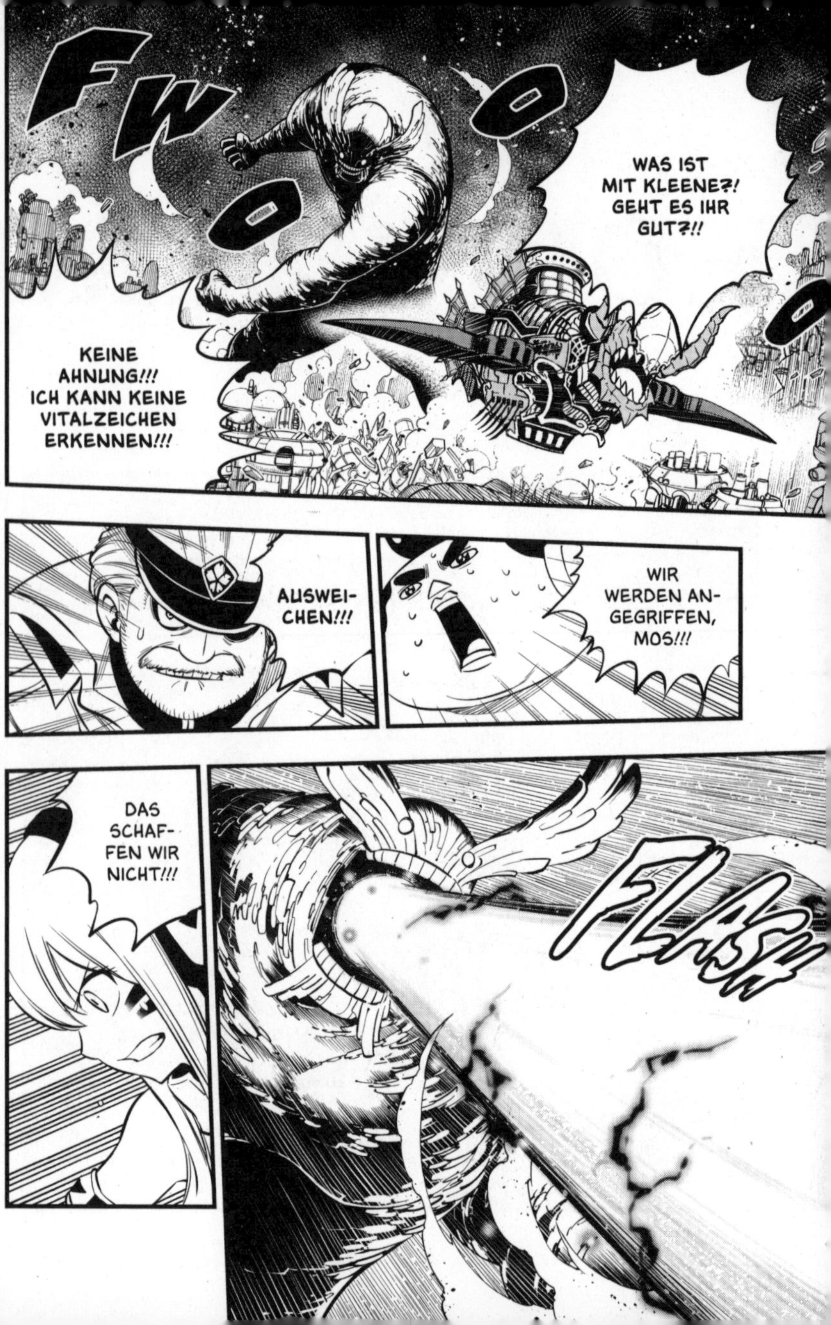
FWOOOO
WAS IST MIT KLEENE?! GEHT ES IHR GUT?!!
KEINE AHNUNG!!! ICH KANN KEINE VITALZEICHEN ERKENNEN!!!
WIR WERDEN AN-GEGRIFFEN, MOS!!!
AUSWEI-CHEN!!!
FLASH
DAS SCHAF-FEN WIR NICHT!!!

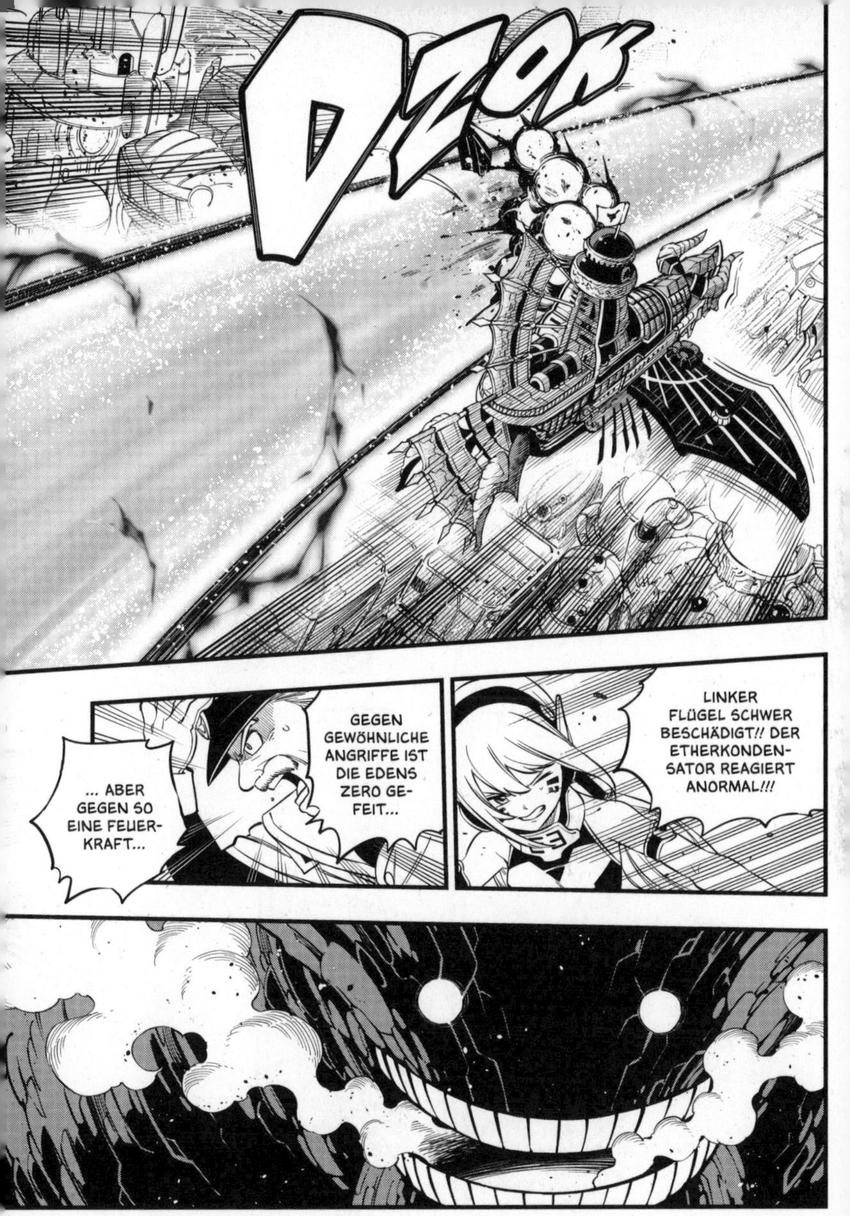
DZOK
GEGEN GEWÖHNLICHE ANGRIFFE IST DIE EDENS ZERO GEFEIT...
... ABER GEGEN SO EINE FEUERKRAFT...
LINKER FLÜGEL SCHWER BESCHÄDIGT!! DER ETHERKONDENSATOR REAGIERT ANORMAL!!!

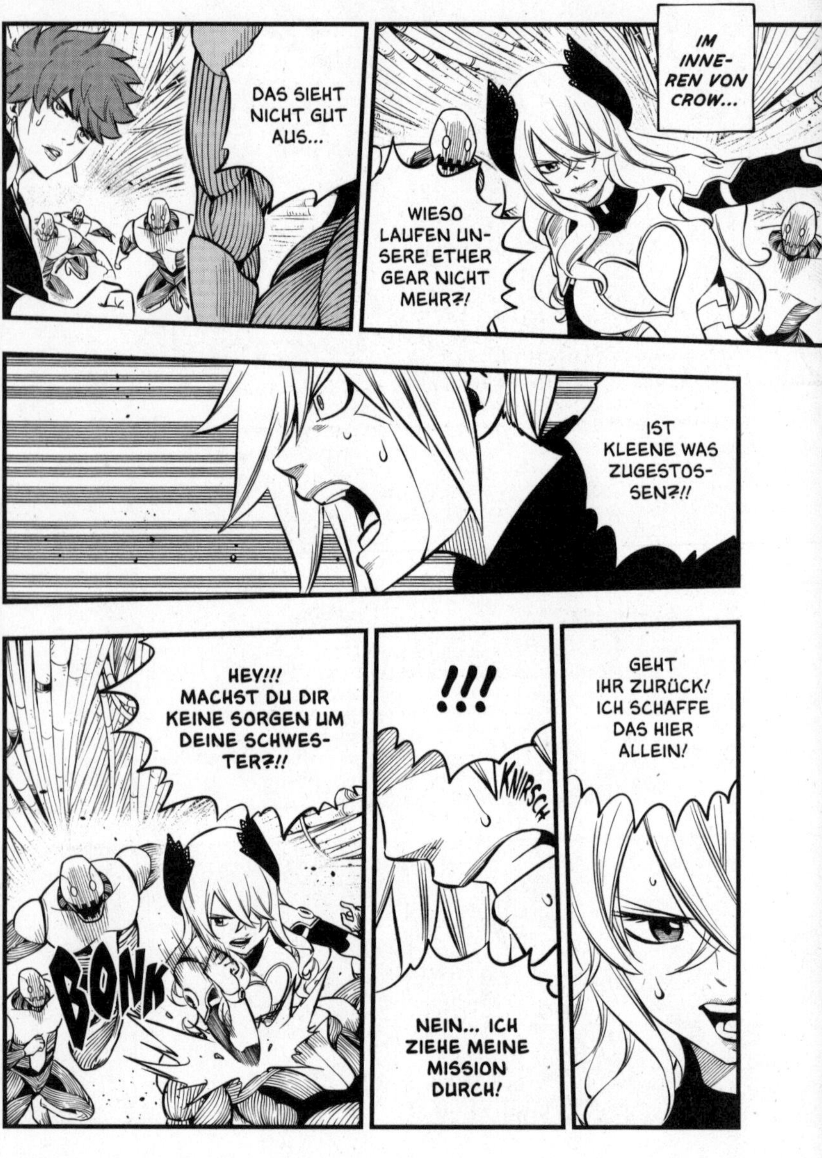
IM INNEREN VON CROW...
WIESO LAUFEN UNSERE ETHER GEAR NICHT MEHR?!
DAS SIEHT NICHT GUT AUS...
IST KLEENE WAS ZUGESTOSSEN?!!
GEHT IHR ZURÜCK! ICH SCHAFFE DAS HIER ALLEIN!
!!!
KNIRSCH
NEIN... ICH ZIEHE MEINE MISSION DURCH!
HEY!!! MACHST DU DIR KEINE SORGEN UM DEINE SCHWESTER?!!
BONK

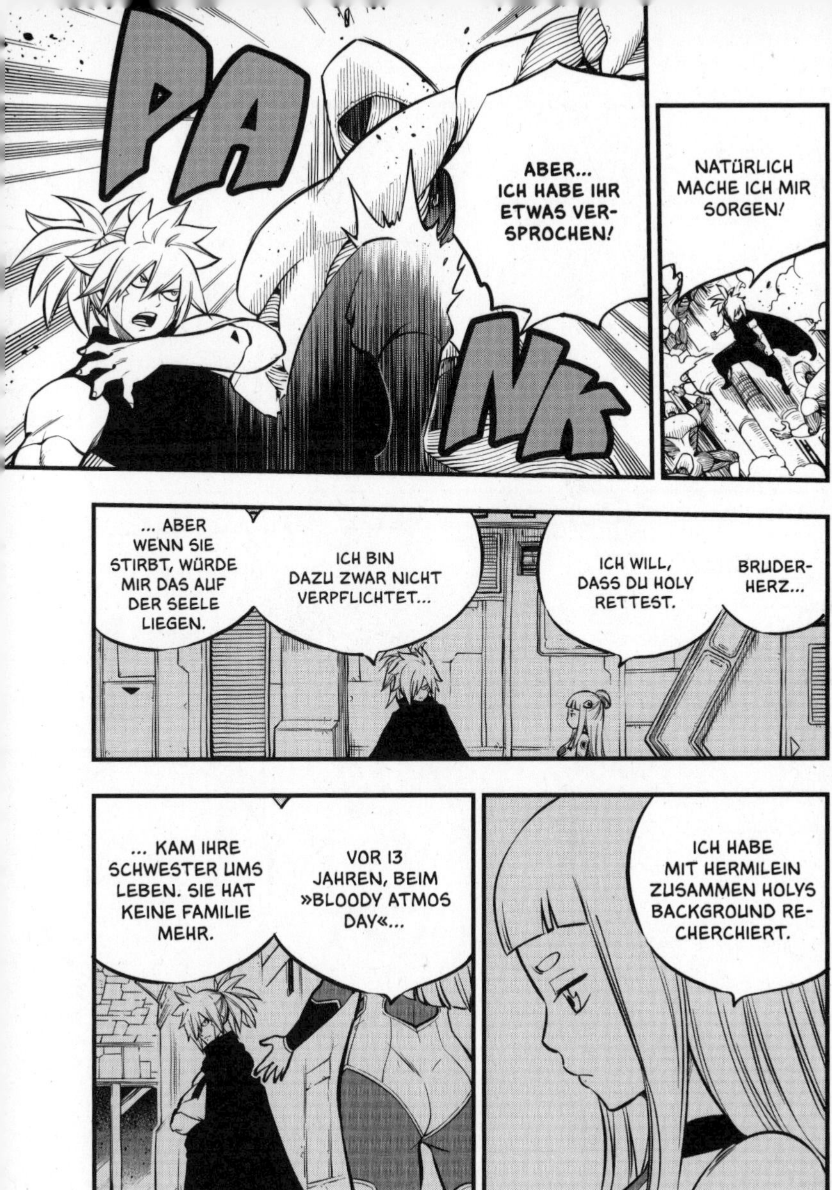
NATÜRLICH MACHE ICH MIR SORGEN!
ABER... ICH HABE IHR ETWAS VERSPROCHEN!
PA
NK
BRUDERHERZ...
ICH WILL, DASS DU HOLY RETTEST.
ICH BIN DAZU ZWAR NICHT VERPFLICHTET...
... ABER WENN SIE STIRBT, WÜRDE MIR DAS AUF DER SEELE LIEGEN.
ICH HABE MIT HERMILEIN ZUSAMMEN HOLYS BACKGROUND RECHERCHIERT.
VOR 13 JAHREN, BEIM »BLOODY ATMOS DAY«...
... KAM IHRE SCHWESTER UMS LEBEN. SIE HAT KEINE FAMILIE MEHR.

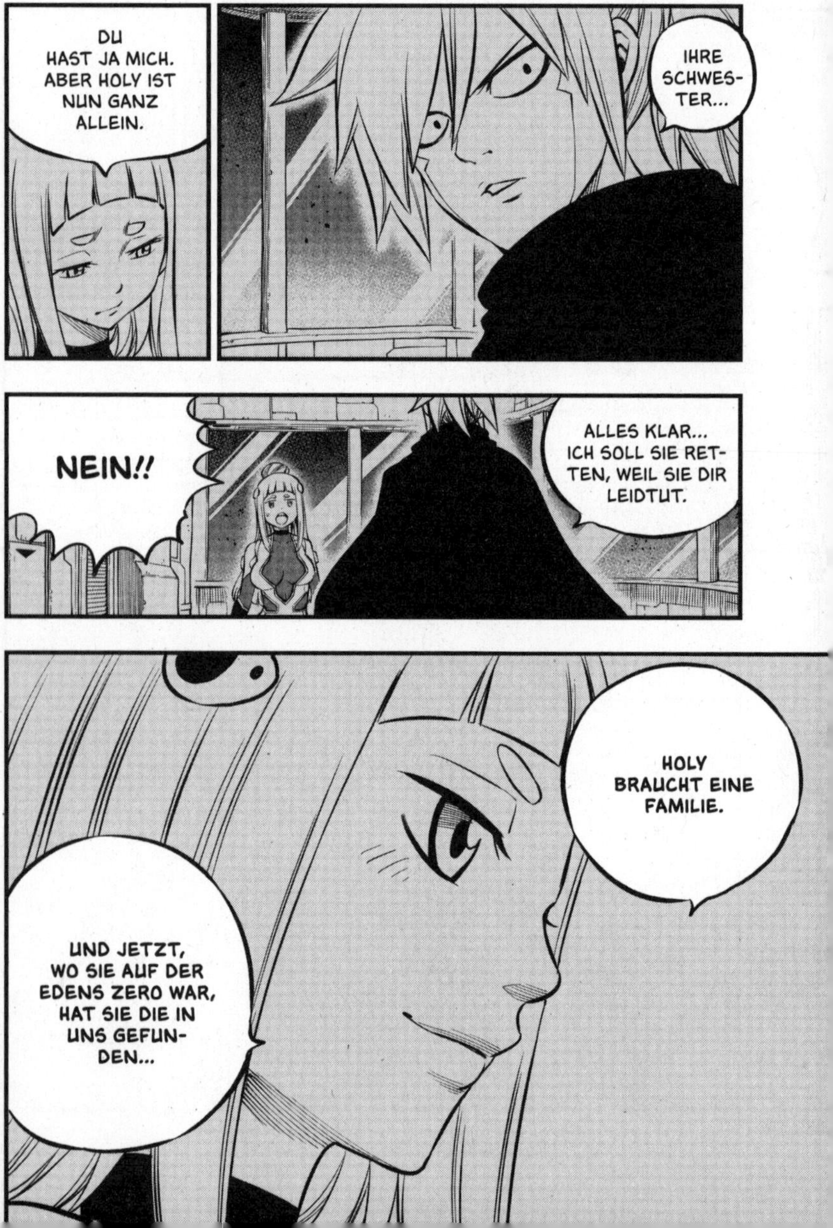
IHRE SCHWESTER...
DU HAST JA MICH. ABER HOLY IST NUN GANZ ALLEIN.
ALLES KLAR... ICH SOLL SIE RETTEN, WEIL SIE DIR LEIDTUT.
NEIN!!
HOLY BRAUCHT EINE FAMILIE.
UND JETZT, WO SIE AUF DER EDENS ZERO WAR, HAT SIE DIE IN UNS GEFUNDEN...

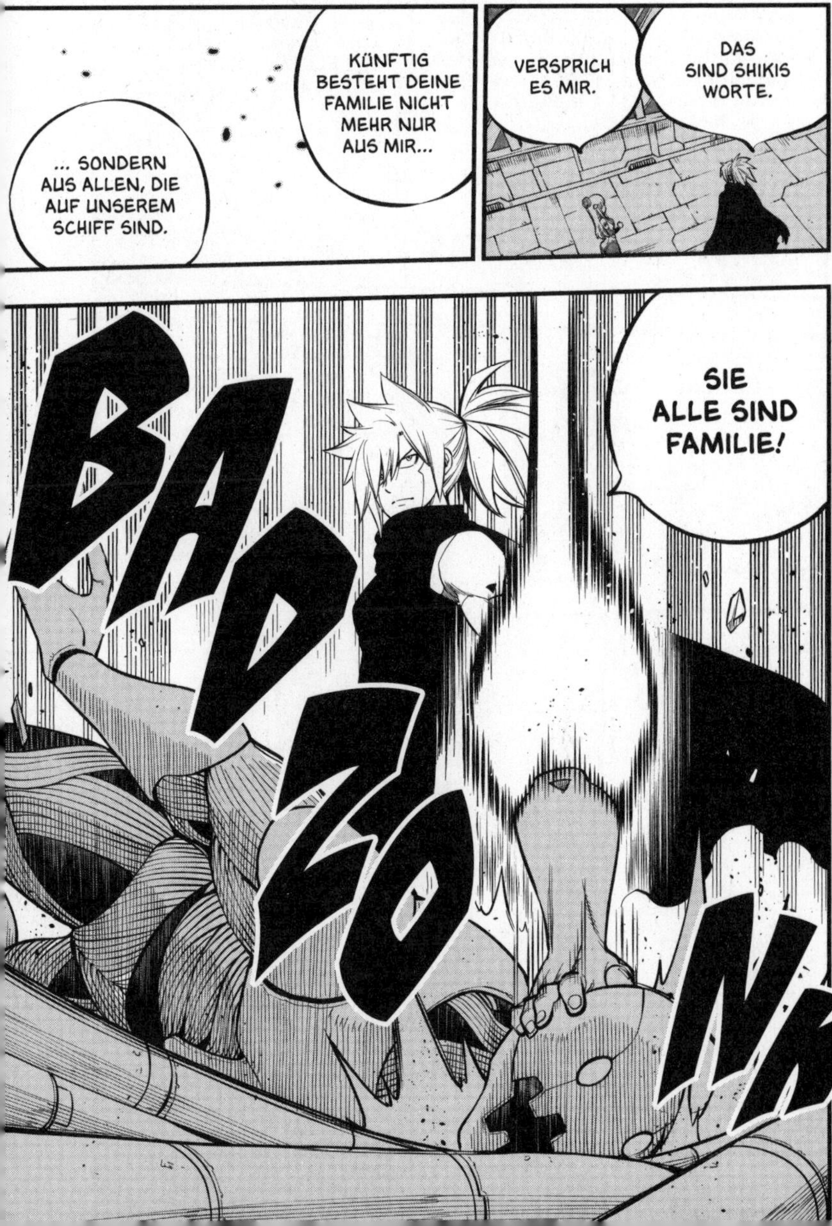
DAS SIND SHIKIS WORTE.
VERSPRICH ES MIR.
KÜNFTIG BESTEHT DEINE FAMILIE NICHT MEHR NUR AUS MIR...
... SONDERN AUS ALLEN, DIE AUF UNSEREM SCHIFF SIND.
SIE ALLE SIND FAMILIE!

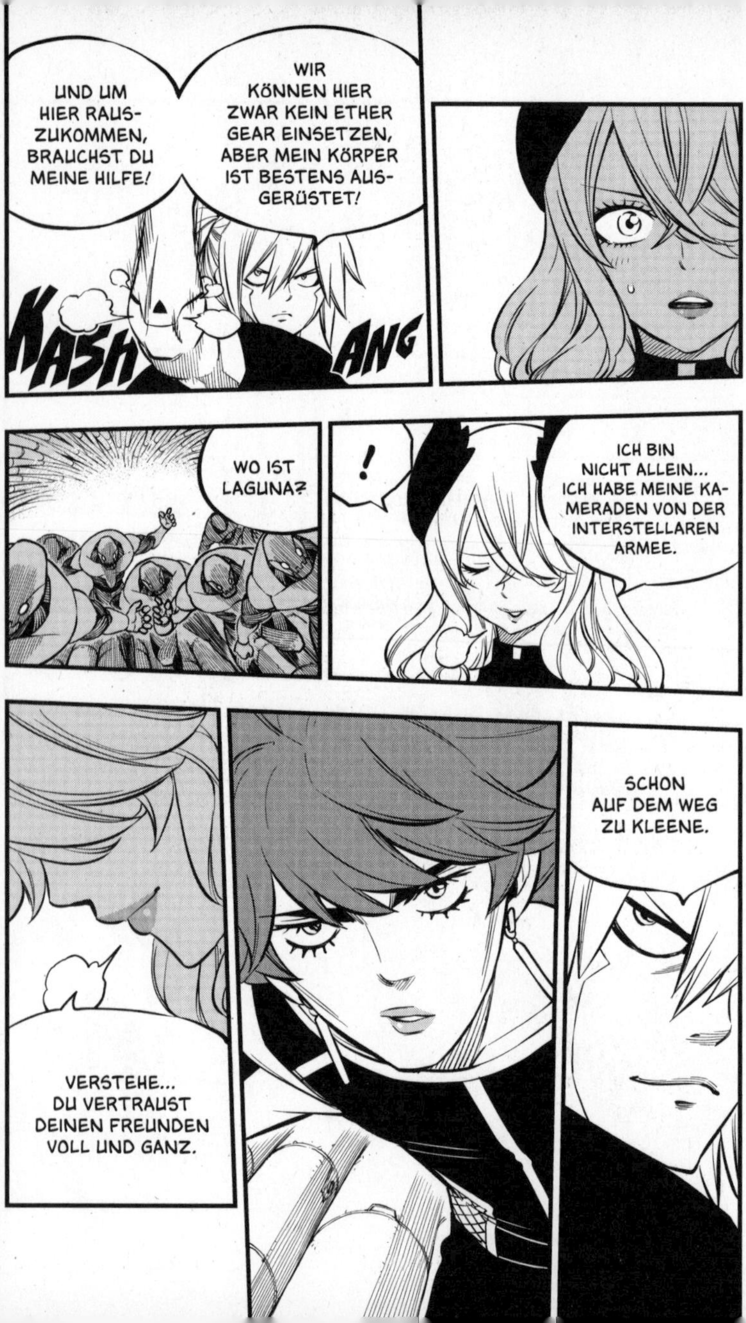

WIR KÖNNEN HIER ZWAR KEIN ETHER GEAR EINSETZEN, ABER MEIN KÖRPER IST BESTENS AUSGERÜSTET!
UND UM HIER RAUSZUKOMMEN, BRAUCHST DU MEINE HILFE!
KASH
ANG
WO IST LAGUNA?
!
ICH BIN NICHT ALLEIN... ICH HABE MEINE KAMERADEN VON DER INTERSTELLAREN ARMEE.
SCHON AUF DEM WEG ZU KLEENE.
VERSTEHE... DU VERTRAUST DEINEN FREUNDEN VOLL UND GANZ.

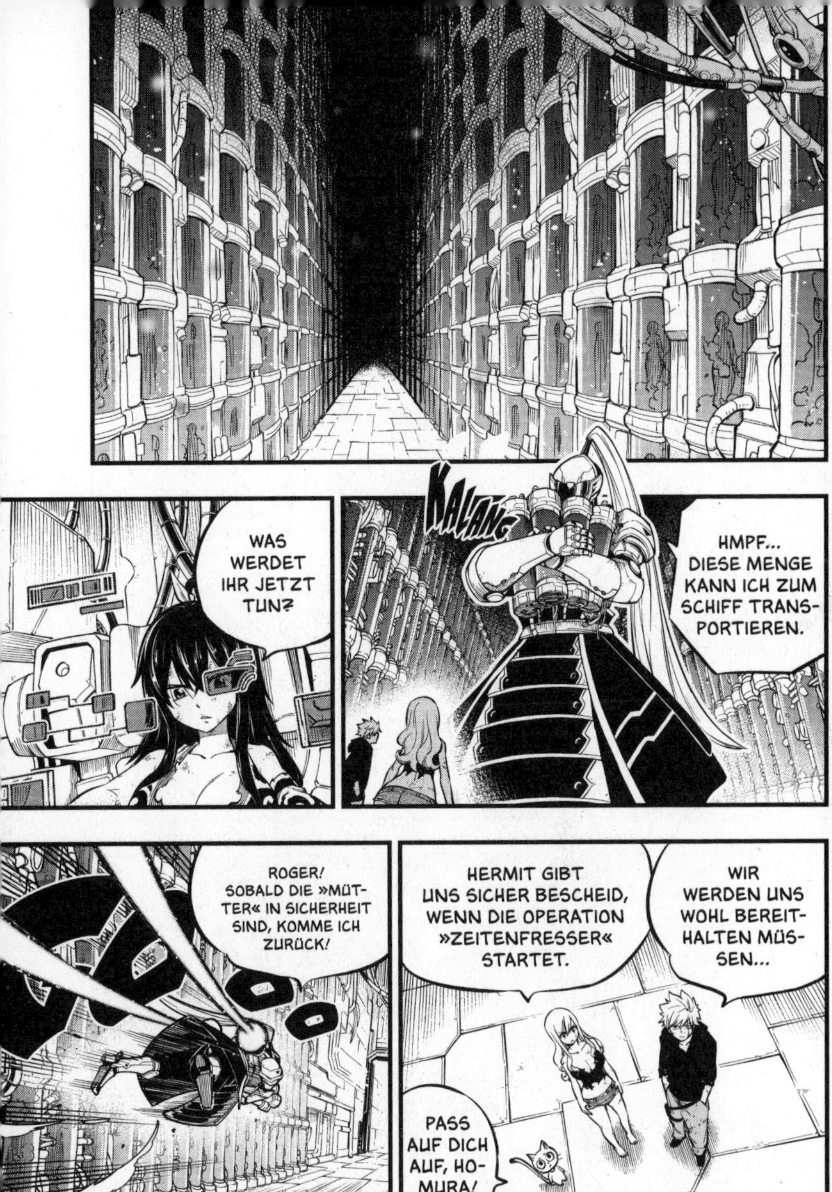
KALANG
HMPF... DIESE MENGE KANN ICH ZUM SCHIFF TRANSPORTIEREN.
WAS WERDET IHR JETZT TUN?
WIR WERDEN UNS WOHL BEREITHALTEN MÜSSEN...
HERMIT GIBT UNS SICHER BESCHEID, WENN DIE OPERATION »ZEITENFRESSER« STARTET.
PASS AUF DICH AUF, HOMURA!
ROGER! SOBALD DIE »MÜTTER« IN SICHERHEIT SIND, KOMME ICH ZURÜCK!

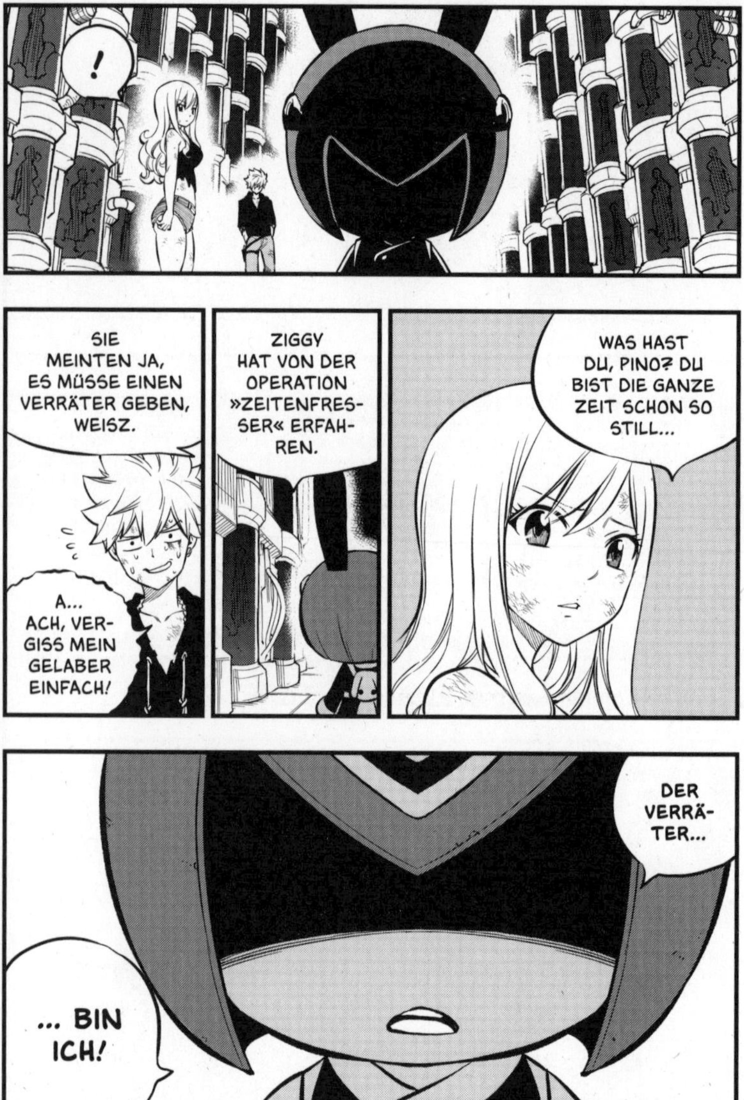
!
WAS HAST DU, PINO? DU BIST DIE GANZE ZEIT SCHON SO STILL...
ZIGGY HAT VON DER OPERATION »ZEITENFRESSER« ERFAHREN.
SIE MEINTEN JA, ES MÜSSE EINEN VERRÄTER GEBEN, WEISZ.
A... ACH, VERGISS MEIN GELABER EINFACH!
DER VERRÄTER...
... BIN ICH!

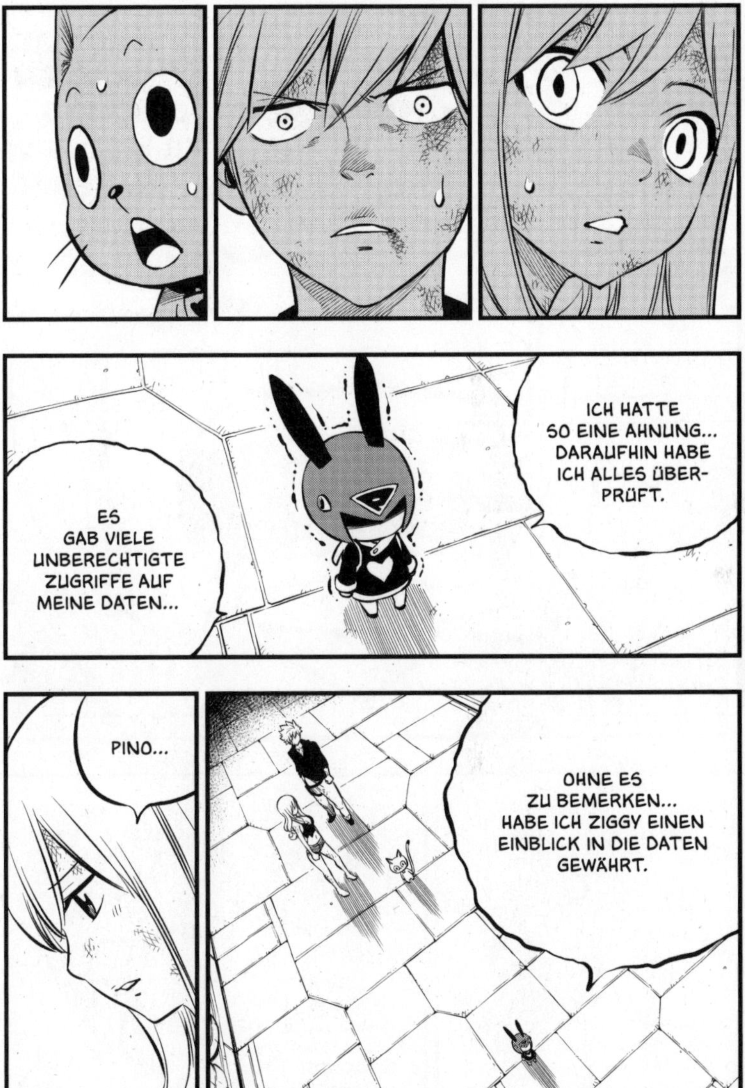
ES GAB VIELE UNBERECHTIGTE ZUGRIFFE AUF MEINE DATEN...
ICH HATTE SO EINE AHNUNG... DARAUFHIN HABE ICH ALLES ÜBER-PRÜFT.
PINO...
OHNE ES ZU BEMERKEN... HABE ICH ZIGGY EINEN EINBLICK IN DIE DATEN GEWÄHRT.

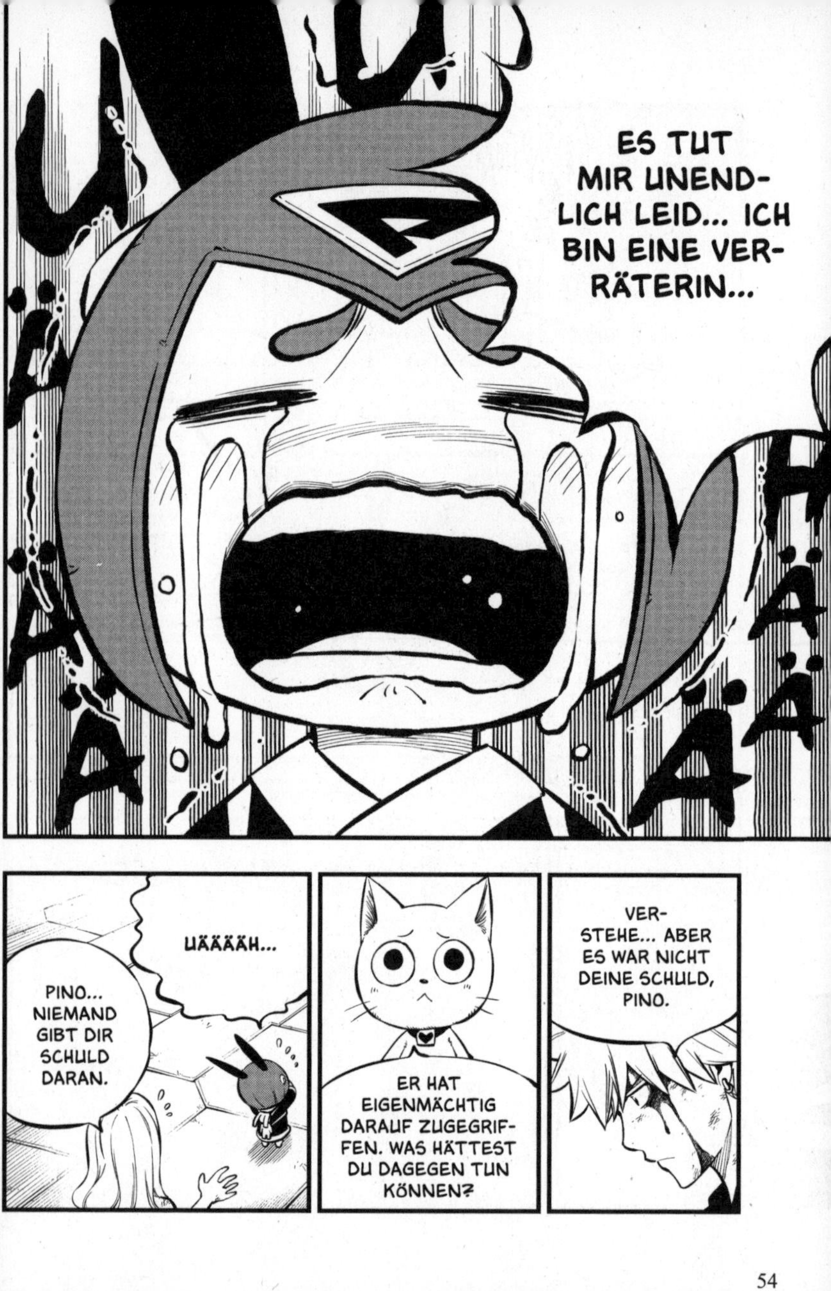
UÄÄÄ
ES TUT MIR UNEND-LICH LEID... ICH BIN EINE VER-RÄTERIN...
HÄÄÄ
UÄÄÄÄH...
PINO... NIEMAND GIBT DIR SCHULD DARAN.
ER HAT EIGENMÄCHTIG DARAUF ZUGEGRIF-FEN. WAS HÄTTEST DU DAGEGEN TUN KÖNNEN?
VER-STEHE... ABER ES WAR NICHT DEINE SCHULD, PINO.

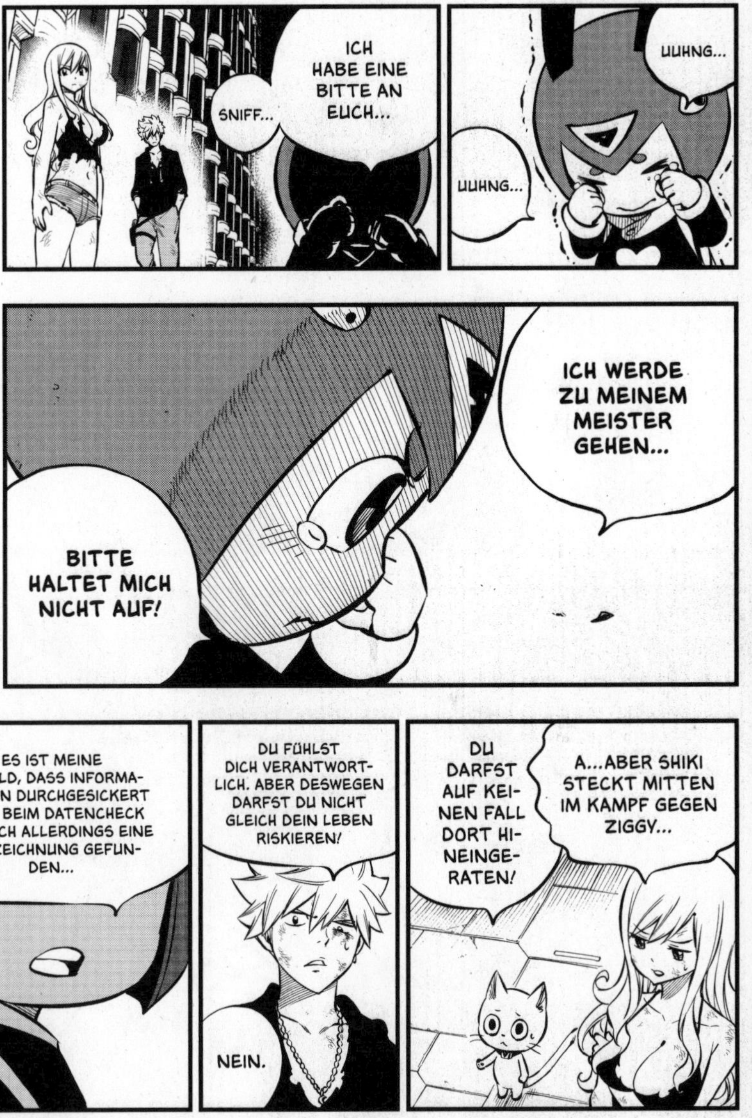
UUHNG...
UUHNG...
ICH HABE EINE BITTE AN EUCH...
SNIFF...
ICH WERDE ZU MEINEM MEISTER GEHEN...
BITTE HALTET MICH NICHT AUF!
A...ABER SHIKI STECKT MITTEN IM KAMPF GEGEN ZIGGY...
DU DARFST AUF KEINEN FALL DORT HINEINGERATEN!
DU FÜHLST DICH VERANTWORTLICH. ABER DESWEGEN DARFST DU NICHT GLEICH DEIN LEBEN RISKIEREN!
NEIN.
ES IST MEINE SCHULD, DASS INFORMATIONEN DURCHGESICKERT SIND. BEIM DATENCHECK HABE ICH ALLERDINGS EINE AUFZEICHNUNG GEFUNDEN...

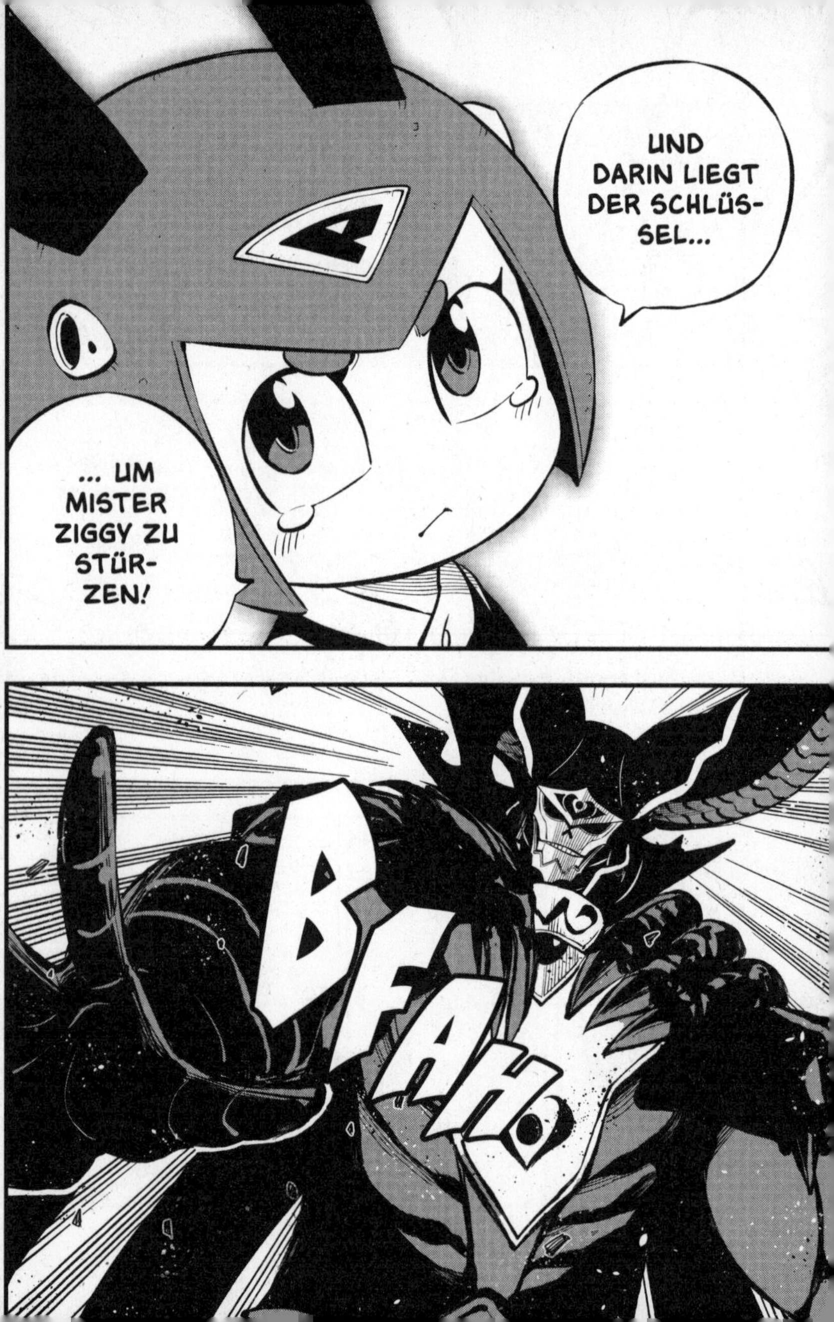
UND DARIN LIEGT DER SCHLÜS-SEL...
... UM MISTER ZIGGY ZU STÜR-ZEN!
BFAH

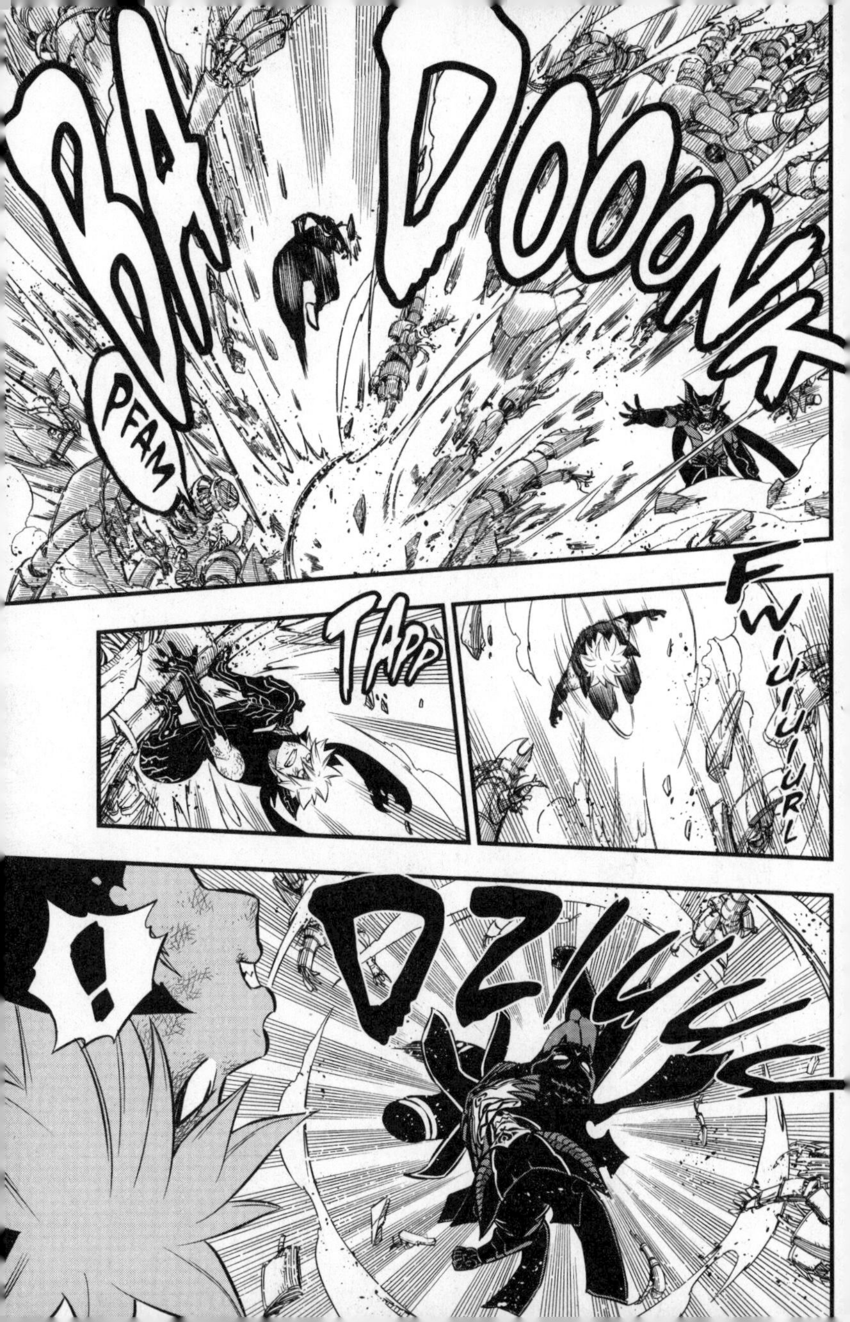
BADOOONK
PFAM
FWIUUIUURL
TAPP
!
DZIUUUU

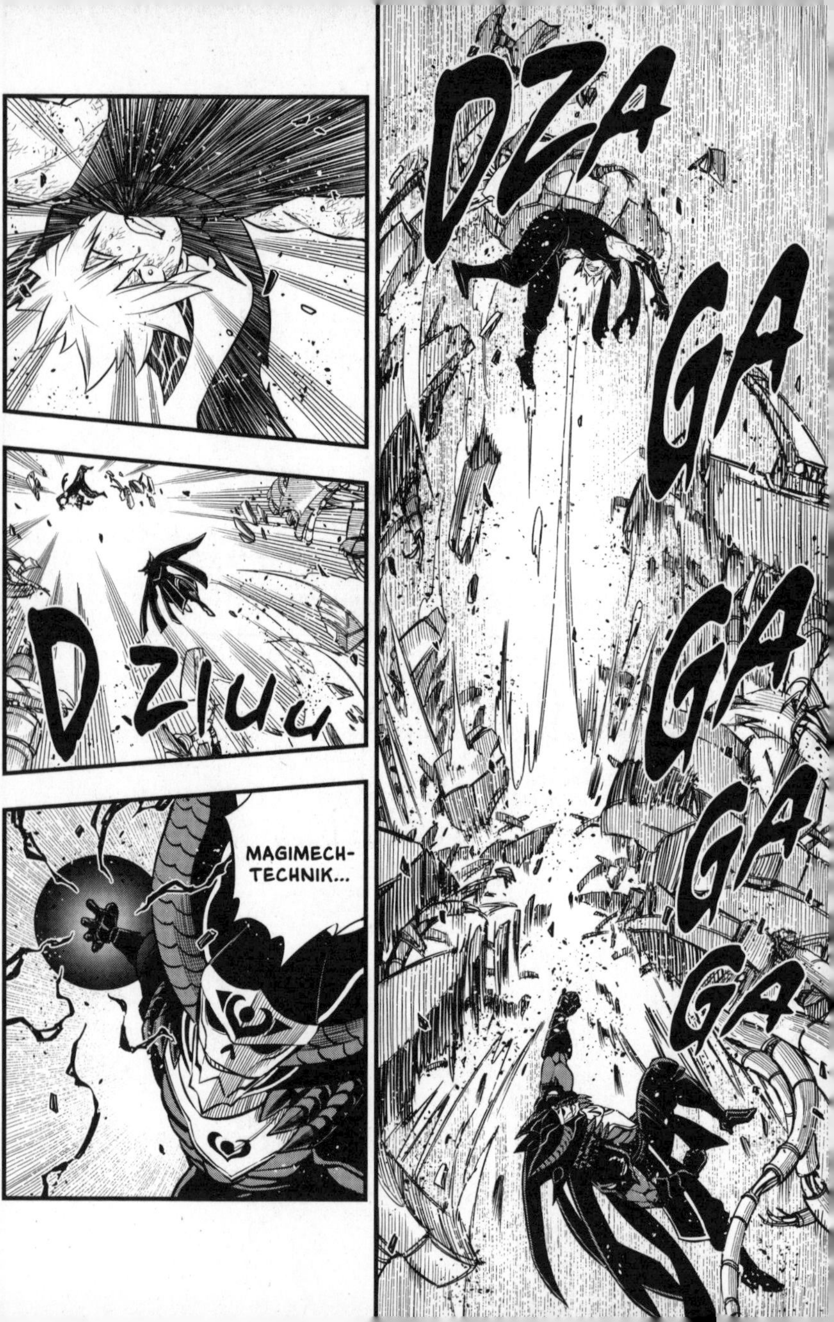
DZA
GA
GA
GA
GA
DZIUU
MAGIMECH-TECHNIK...

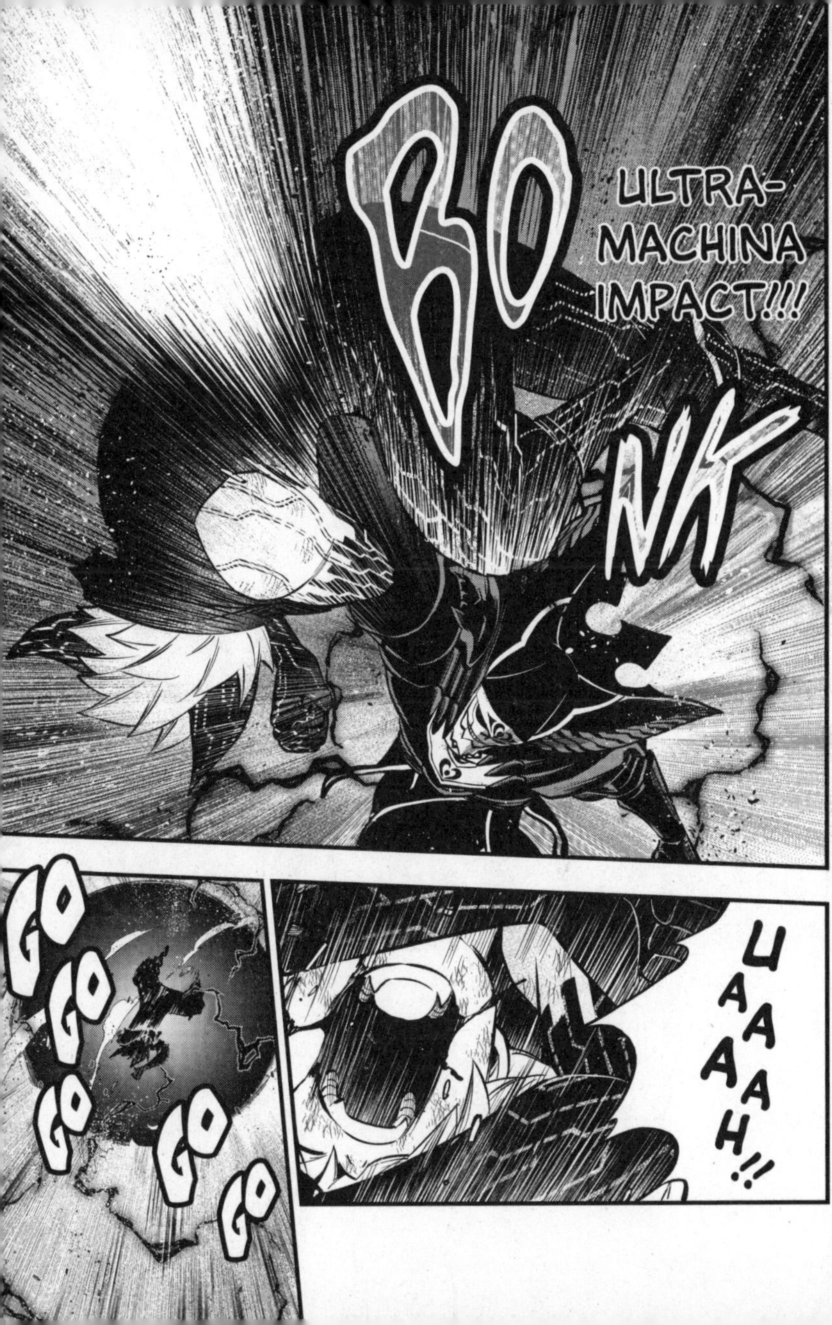

BONK
ULTRA-MACHINA IMPACT!!!
UAAAAH!!
GO GO GO GO GO GO

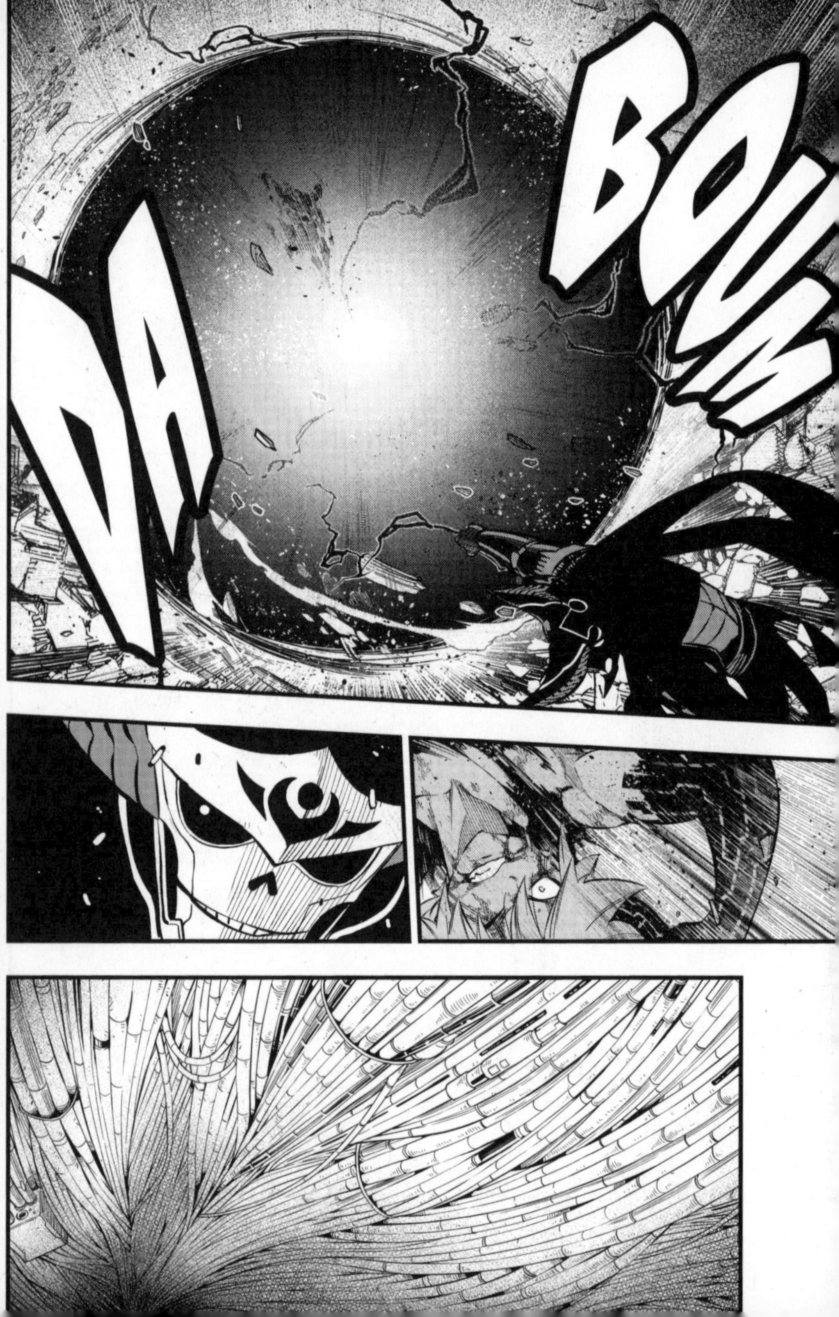
BOUM
DA

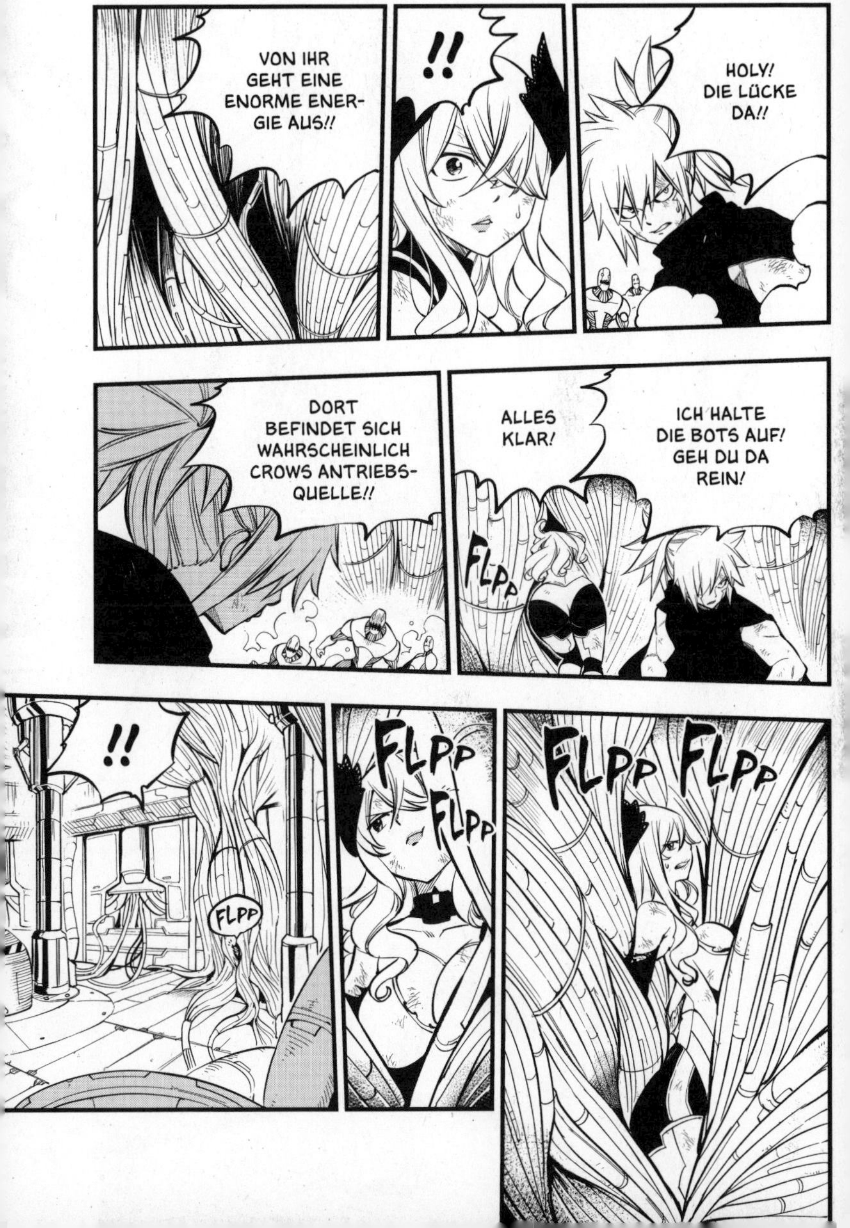
VON IHR GEHT EINE ENORME ENERGIE AUS!!
!!
HOLY! DIE LÜCKE DA!!
DORT BEFINDET SICH WAHRSCHEINLICH CROWS ANTRIEBSQUELLE!!
ICH HALTE DIE BOTS AUF! GEH DU DA REIN!
ALLES KLAR!
FLPP
!!
FLPP
FLPP
FLPP
FLPP
FLPP

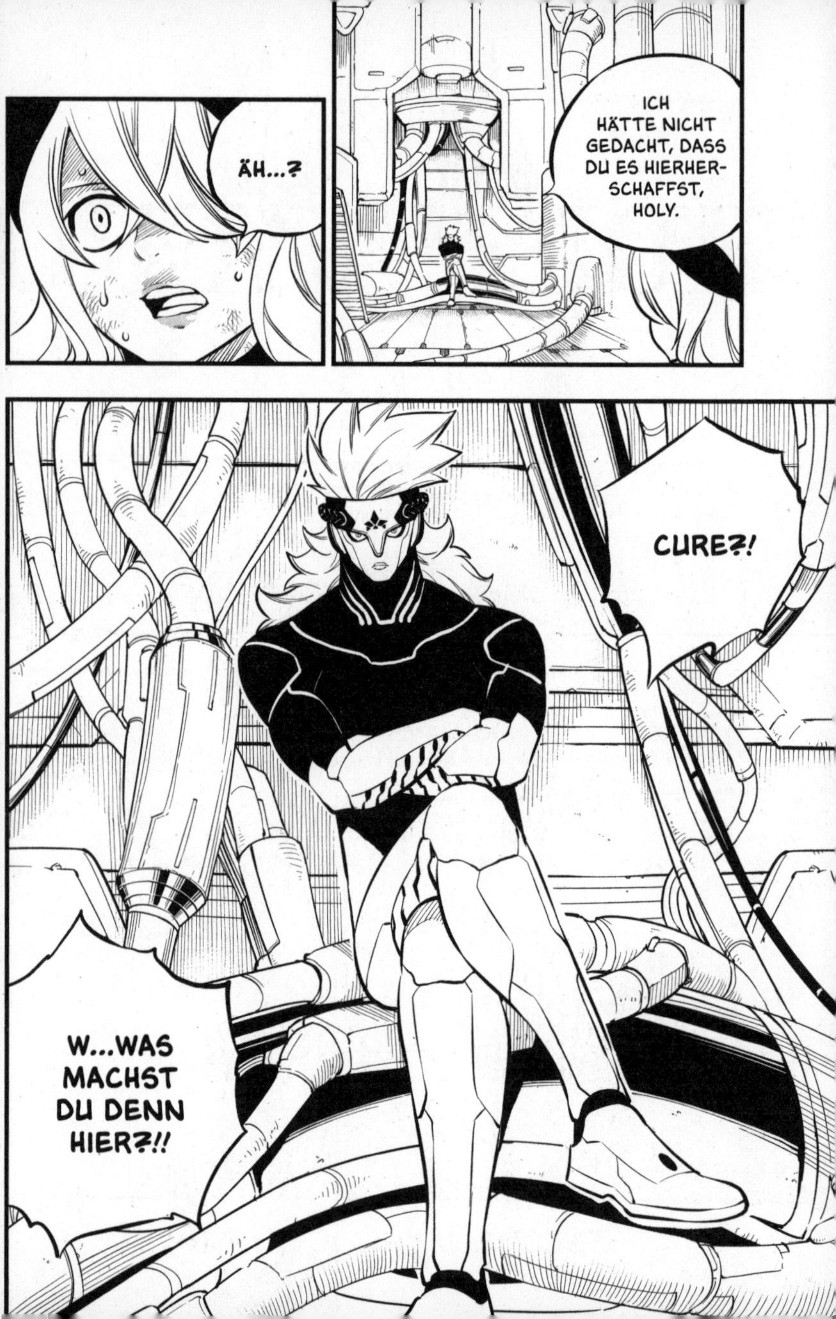
ICH HÄTTE NICHT GEDACHT, DASS DU ES HIERHERSCHAFFST, HOLY.
ÄH…?
CURE?!
W…WAS MACHST DU DENN HIER?!!

EDENS ZERO

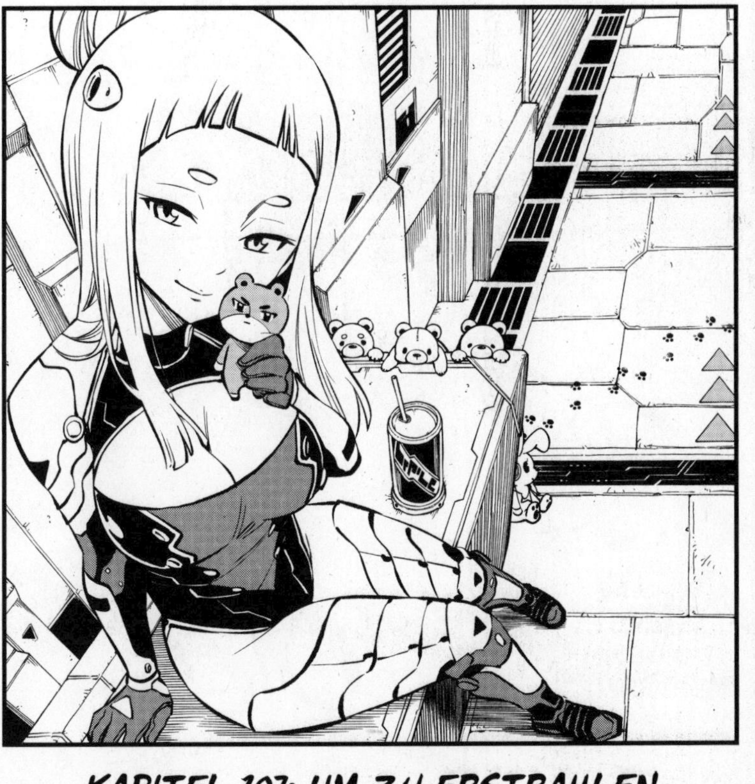

KAPITEL 207: UM ZU ERSTRAHLEN

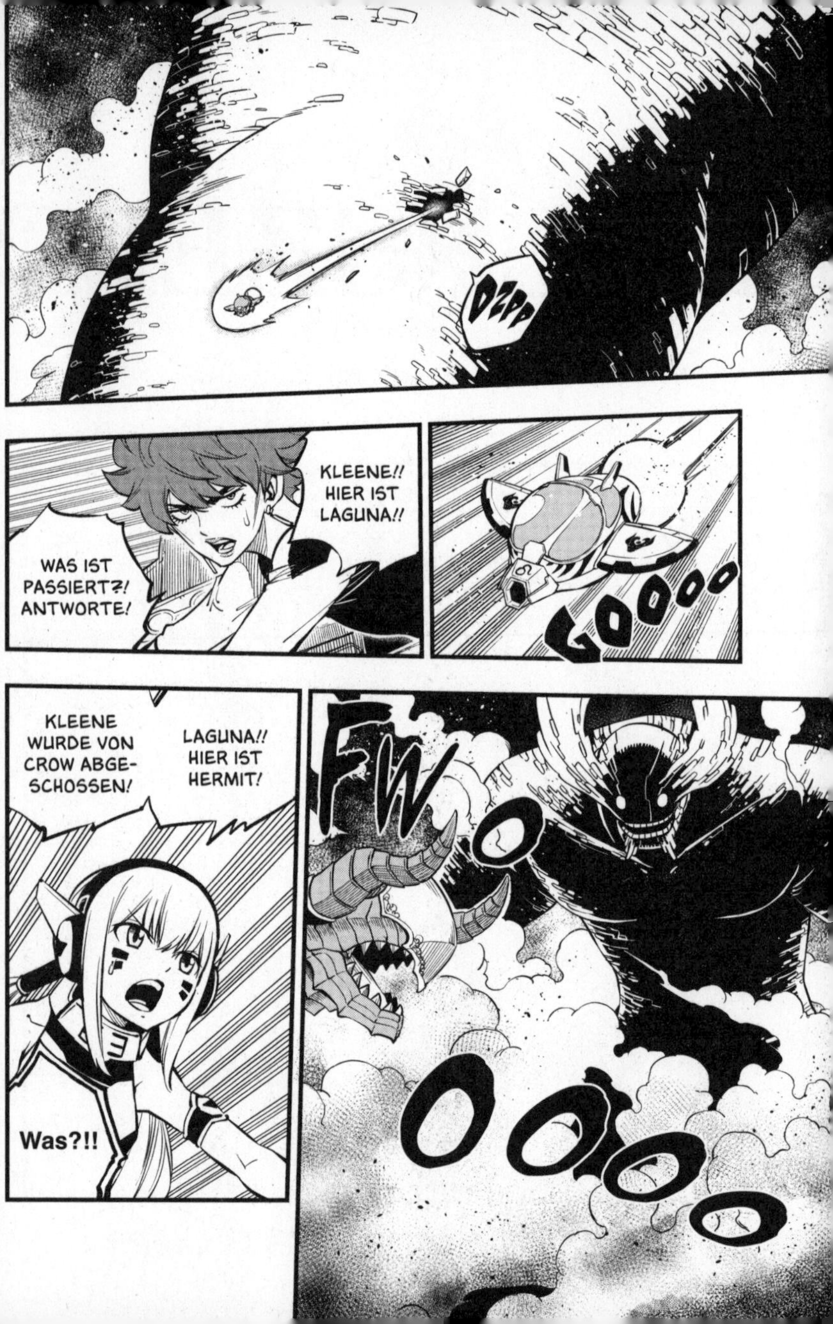
DZPP
GOOOO
KLEENE!! HIER IST LAGUNA!!
WAS IST PASSIERT?! ANTWORTE!
FWOOOOOO
LAGUNA!! HIER IST HERMIT!
KLEENE WURDE VON CROW ABGE-SCHOSSEN!
Was?!!

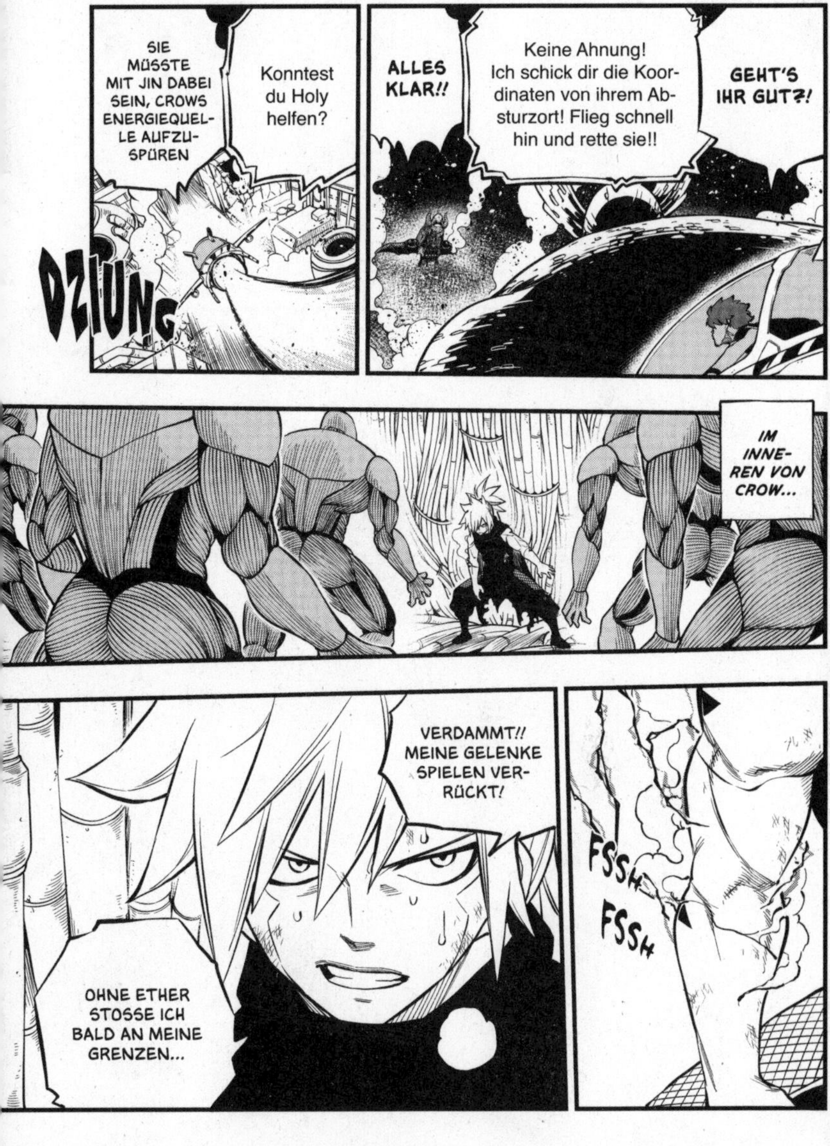
GEHT'S IHR GUT?!
Keine Ahnung! Ich schick dir die Koordinaten von ihrem Absturzort! Flieg schnell hin und rette sie!!
ALLES KLAR!!
Konntest du Holy helfen?
SIE MÜSSTE MIT JIN DABEI SEIN, CROWS ENERGIEQUELLE AUFZUSPÜREN
DZIUNG
IM INNEREN VON CROW...
FSSH
FSSH
VERDAMMT!! MEINE GELENKE SPIELEN VERRÜCKT!
OHNE ETHER STOSSE ICH BALD AN MEINE GRENZEN...

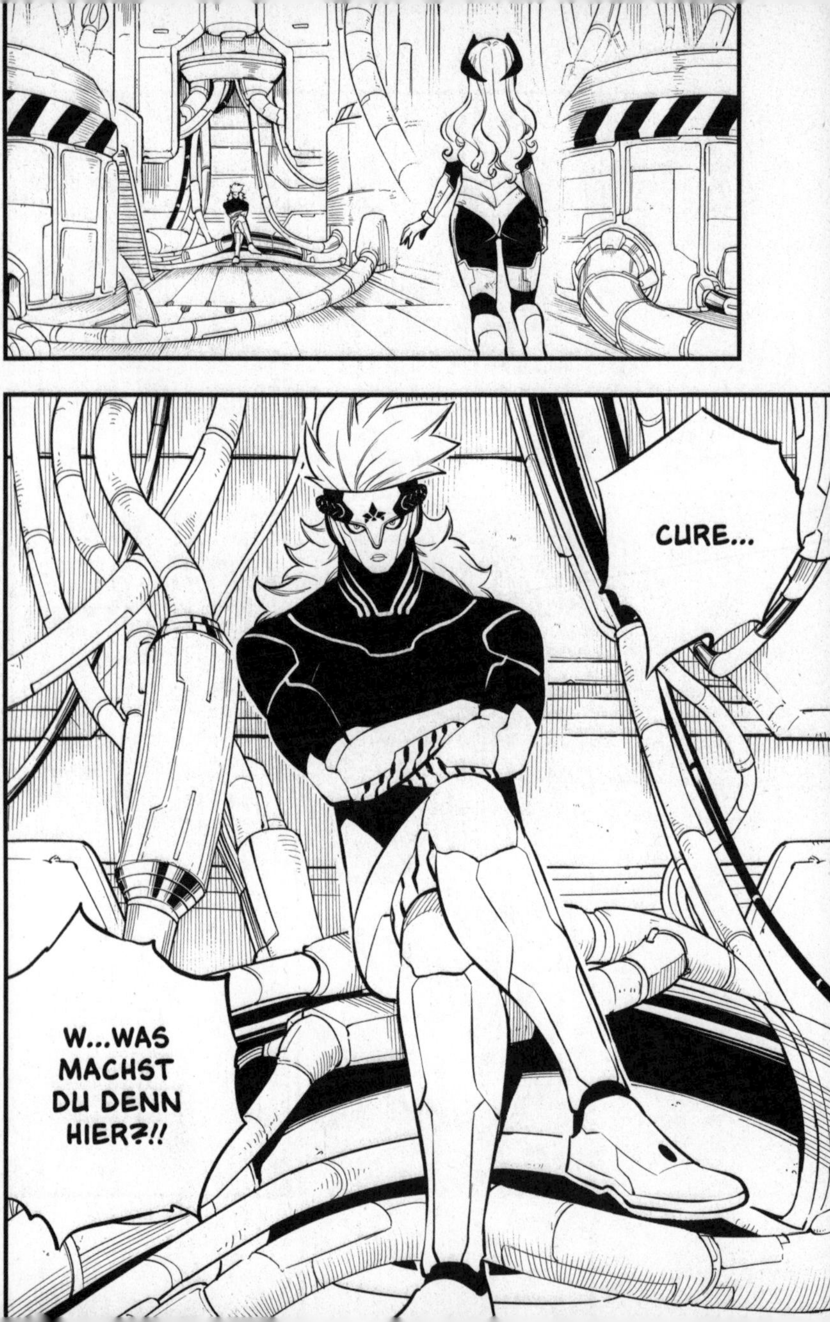
CURE...
W...WAS MACHST DU DENN HIER?!!

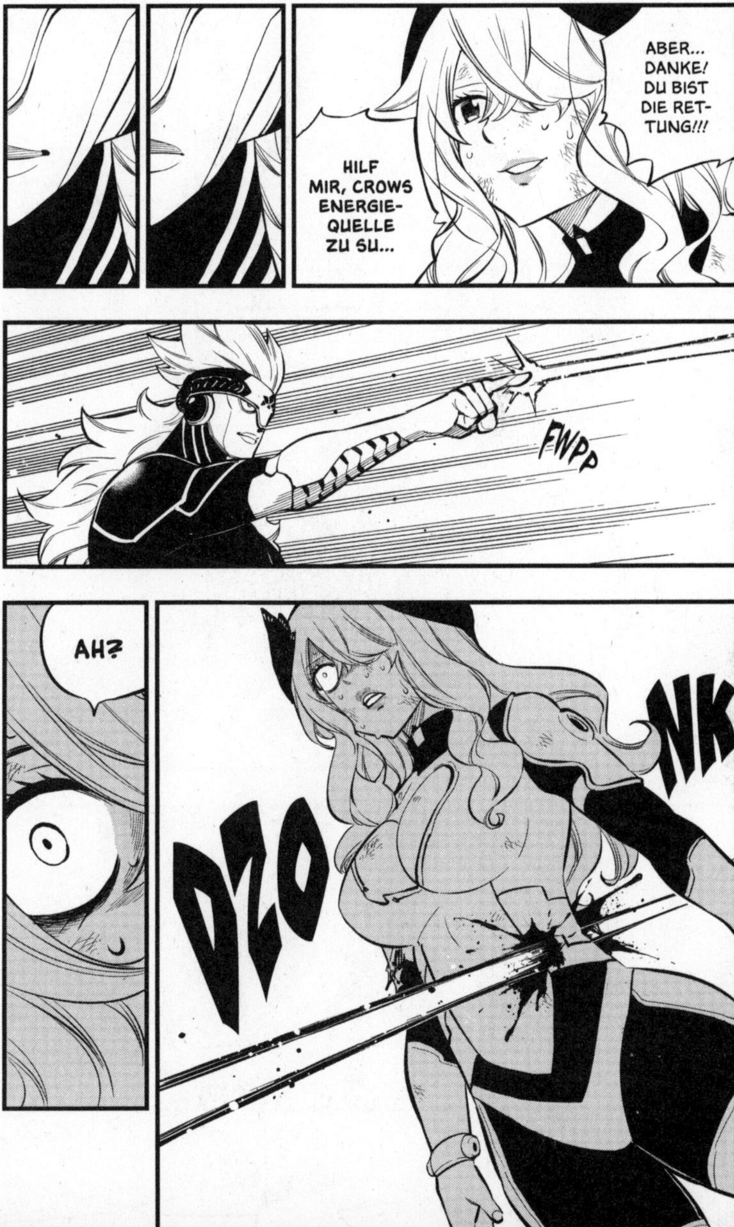

ABER... DANKE! DU BIST DIE RETTUNG!!!
HILF MIR, CROWS ENERGIEQUELLE ZU SU...
FWPP
AH?
DZONK

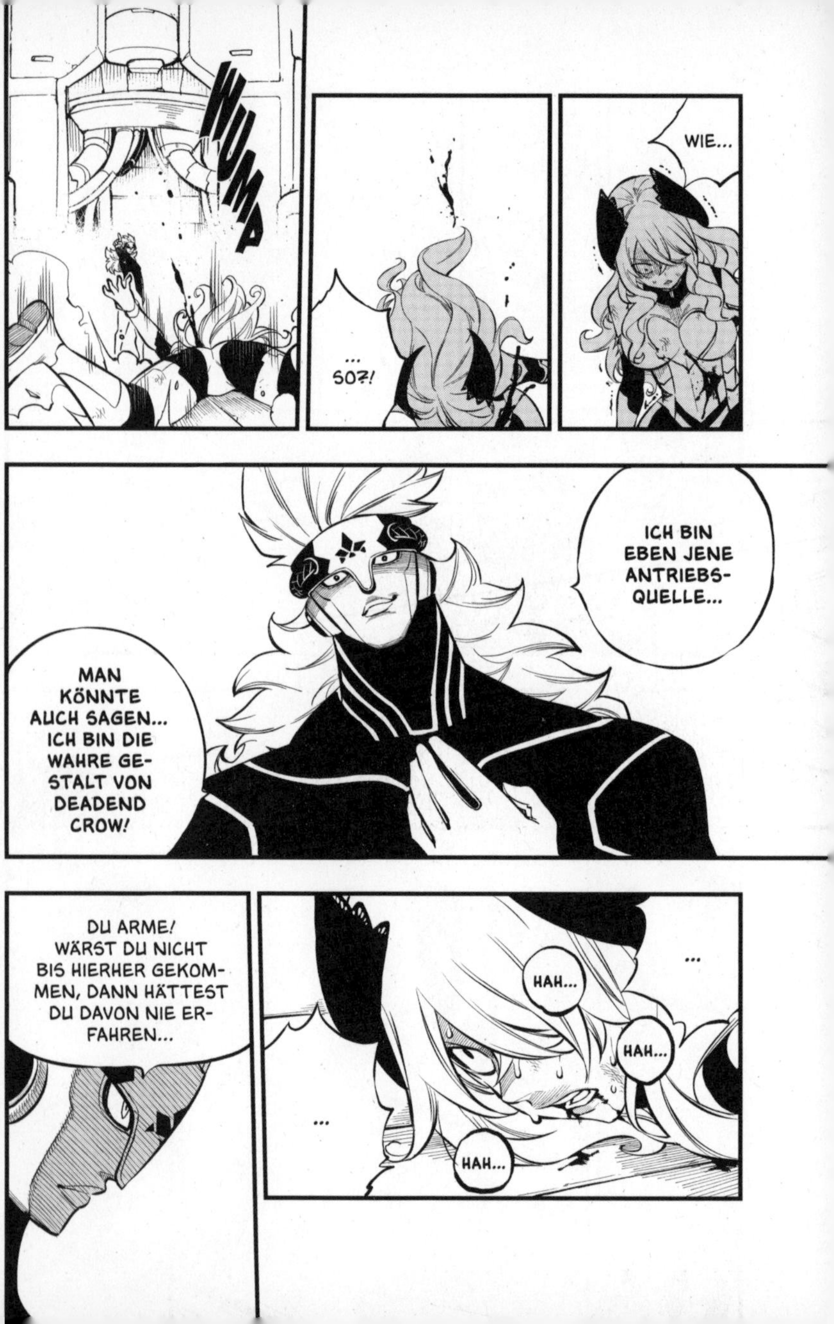
WUMP
... SO?!
WIE...
ICH BIN EBEN JENE ANTRIEBS-QUELLE...
MAN KÖNNTE AUCH SAGEN... ICH BIN DIE WAHRE GE-STALT VON DEADEND CROW!
DU ARME! WÄRST DU NICHT BIS HIERHER GEKOM-MEN, DANN HÄTTEST DU DAVON NIE ER-FAHREN...
...
HAH...
HAH...
...
HAH...

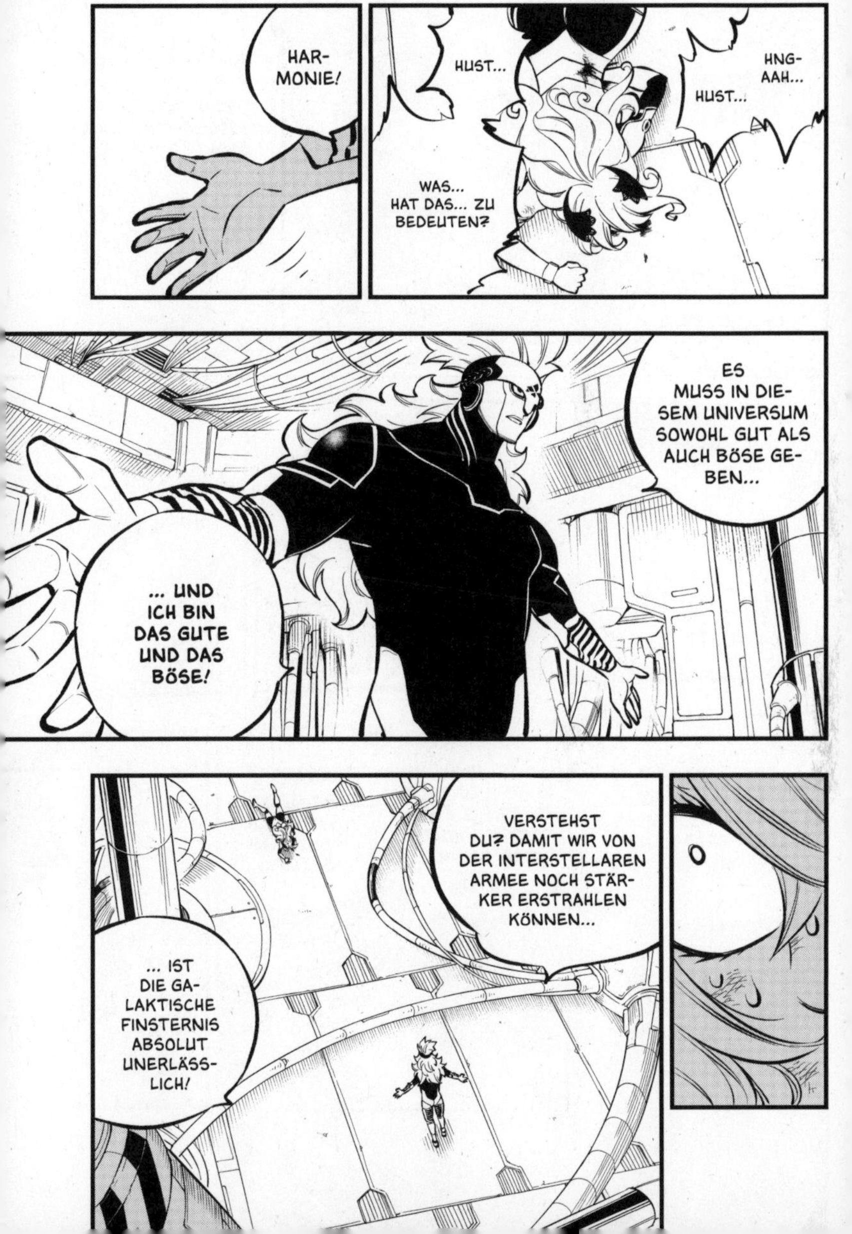
HAR-MONIE!
HUST...
HNG-AAH...
HUST...
WAS... HAT DAS... ZU BEDEUTEN?
ES MUSS IN DIE-SEM UNIVERSUM SOWOHL GUT ALS AUCH BÖSE GE-BEN...
... UND ICH BIN DAS GUTE UND DAS BÖSE!
VERSTEHST DU? DAMIT WIR VON DER INTERSTELLAREN ARMEE NOCH STÄR-KER ERSTRAHLEN KÖNNEN...
... IST DIE GA-LAKTISCHE FINSTERNIS ABSOLUT UNERLÄSS-LICH!

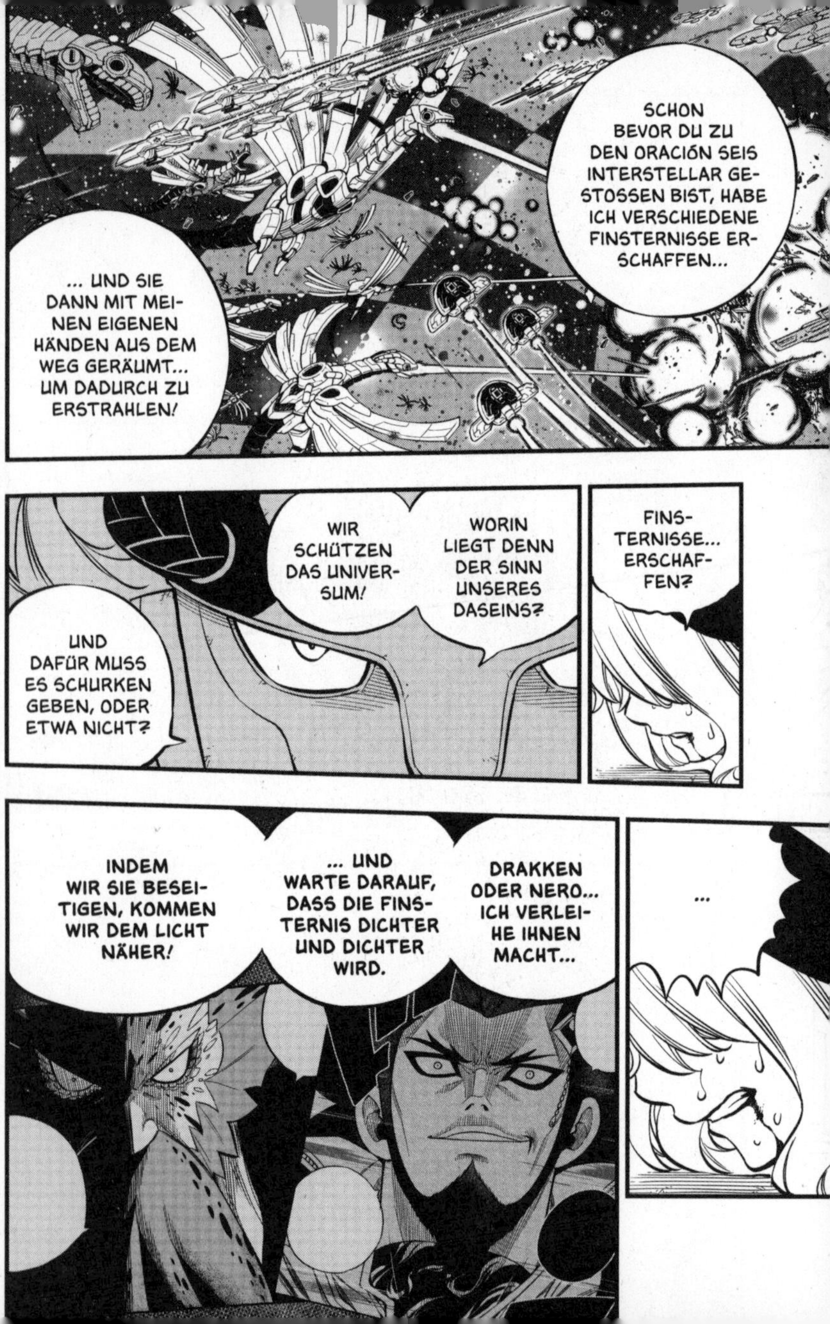
SCHON BEVOR DU ZU DEN ORACIÓN SEIS INTERSTELLAR GESTOSSEN BIST, HABE ICH VERSCHIEDENE FINSTERNISSE ERSCHAFFEN...
... UND SIE DANN MIT MEINEN EIGENEN HÄNDEN AUS DEM WEG GERÄUMT... UM DADURCH ZU ERSTRAHLEN!
FINSTERNISSE... ERSCHAFFEN?
WORIN LIEGT DENN DER SINN UNSERES DASEINS?
WIR SCHÜTZEN DAS UNIVERSUM!
UND DAFÜR MUSS ES SCHURKEN GEBEN, ODER ETWA NICHT?
...
DRAKKEN ODER NERO... ICH VERLEIHE IHNEN MACHT...
... UND WARTE DARAUF, DASS DIE FINSTERNIS DICHTER UND DICHTER WIRD.
INDEM WIR SIE BESEITIGEN, KOMMEN WIR DEM LICHT NÄHER!

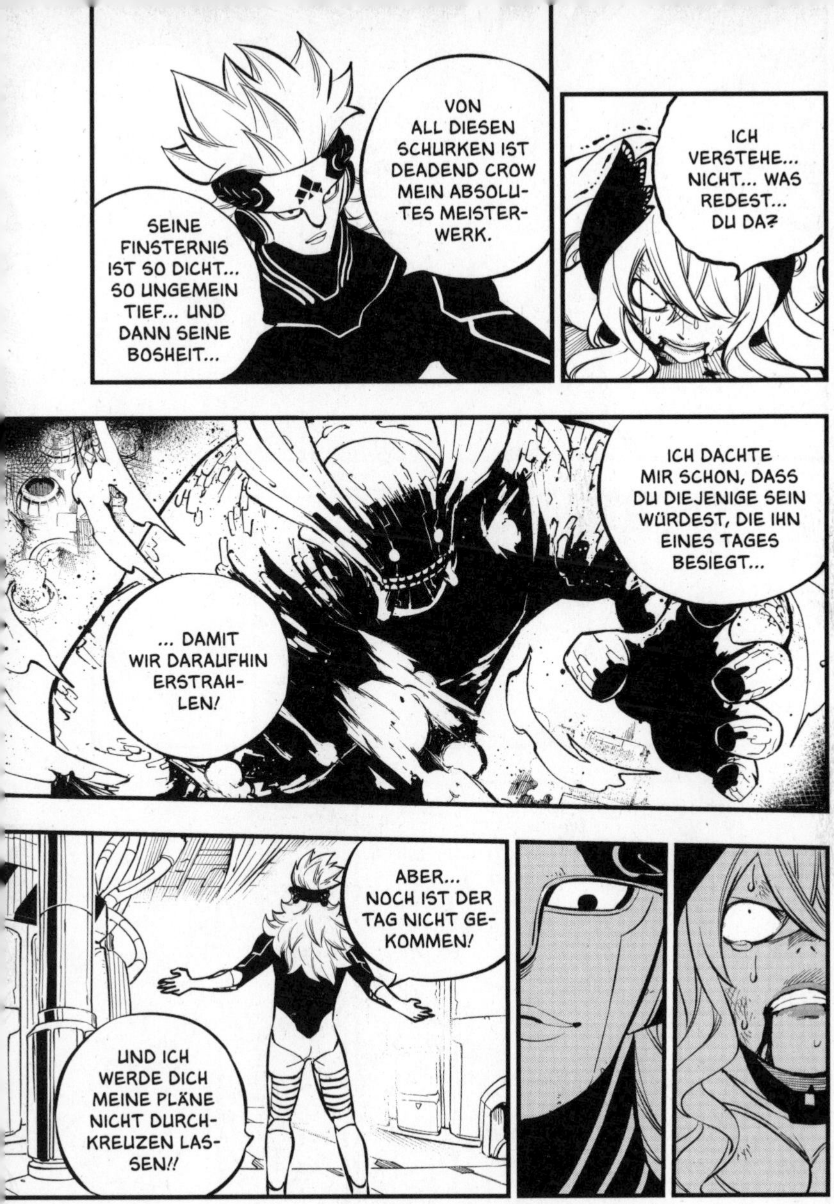
VON ALL DIESEN SCHURKEN IST DEADEND CROW MEIN ABSOLUTES MEISTERWERK.
SEINE FINSTERNIS IST SO DICHT... SO UNGEMEIN TIEF... UND DANN SEINE BOSHEIT...
ICH VERSTEHE... NICHT... WAS REDEST... DU DA?
ICH DACHTE MIR SCHON, DASS DU DIEJENIGE SEIN WÜRDEST, DIE IHN EINES TAGES BESIEGT...
... DAMIT WIR DARAUFHIN ERSTRAHLEN!
ABER... NOCH IST DER TAG NICHT GEKOMMEN!
UND ICH WERDE DICH MEINE PLÄNE NICHT DURCHKREUZEN LASSEN!!

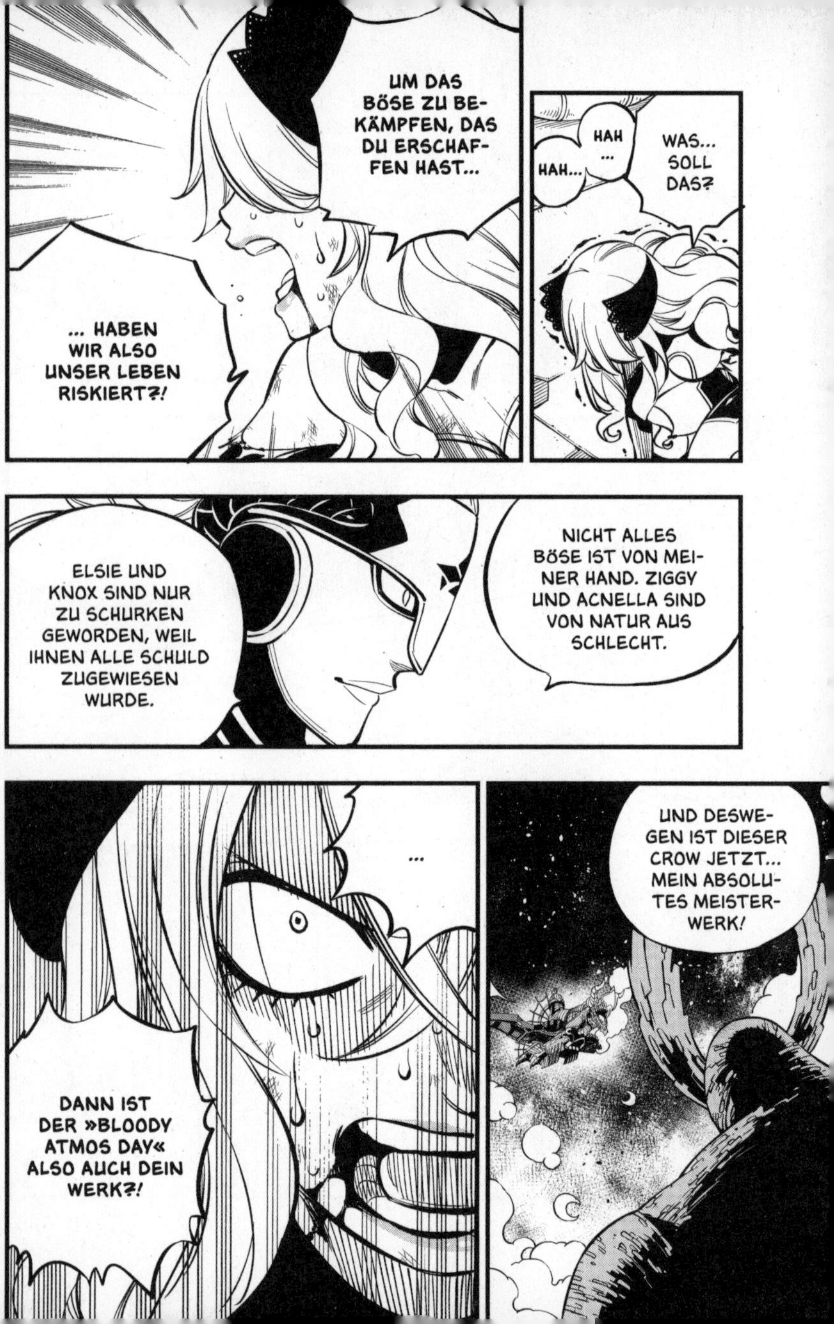
WAS... SOLL DAS?
HAH ... HAH...
UM DAS BÖSE ZU BEKÄMPFEN, DAS DU ERSCHAFFEN HAST...
... HABEN WIR ALSO UNSER LEBEN RISKIERT?!
NICHT ALLES BÖSE IST VON MEINER HAND. ZIGGY UND ACNELLA SIND VON NATUR AUS SCHLECHT.
ELSIE UND KNOX SIND NUR ZU SCHURKEN GEWORDEN, WEIL IHNEN ALLE SCHULD ZUGEWIESEN WURDE.
UND DESWEGEN IST DIESER CROW JETZT... MEIN ABSOLUTES MEISTERWERK!
...
DANN IST DER »BLOODY ATMOS DAY« ALSO AUCH DEIN WERK?!

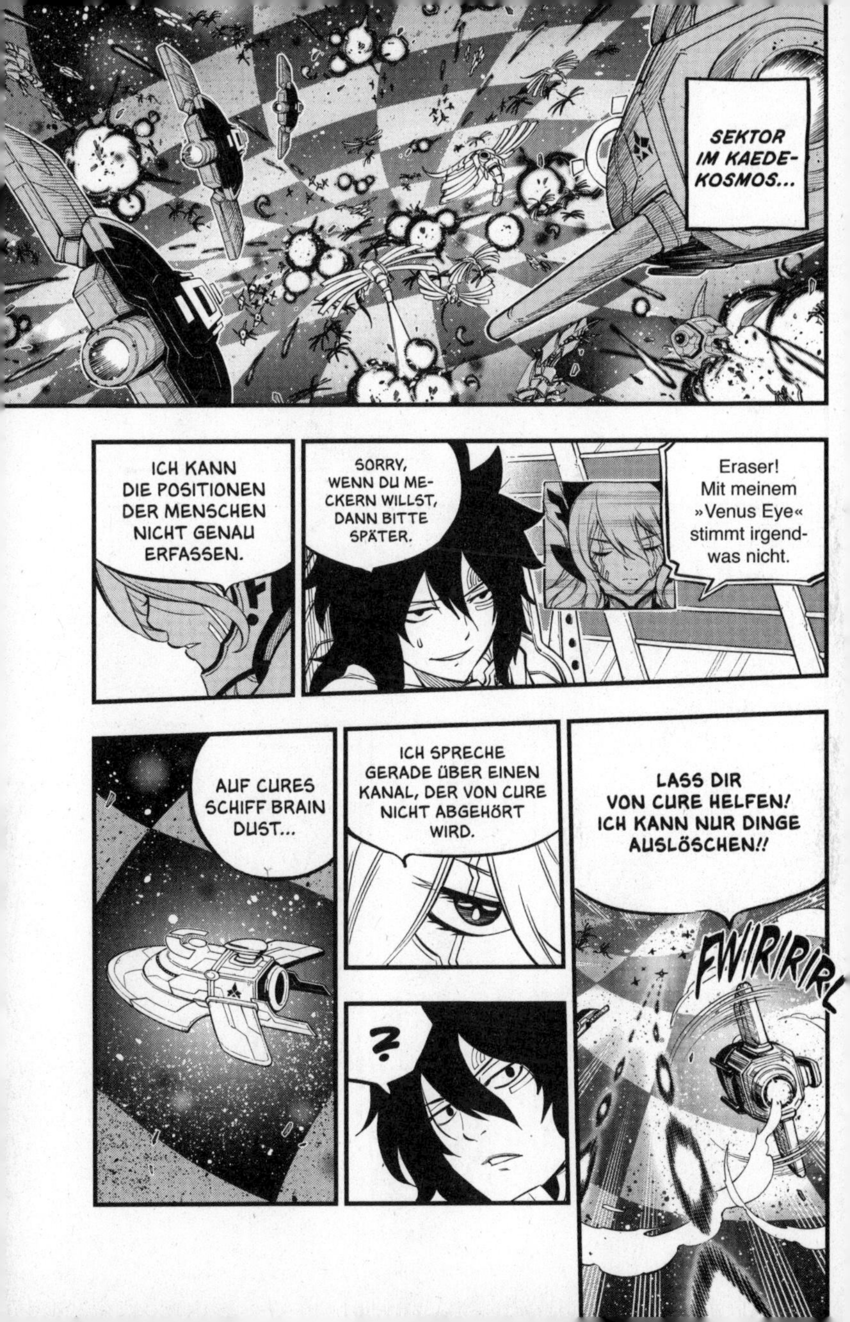
SEKTOR IM KAEDE-KOSMOS...
ICH KANN DIE POSITIONEN DER MENSCHEN NICHT GENAU ERFASSEN.
SORRY, WENN DU ME-CKERN WILLST, DANN BITTE SPÄTER.
Eraser! Mit meinem »Venus Eye« stimmt irgend-was nicht.
AUF CURES SCHIFF BRAIN DUST...
ICH SPRECHE GERADE ÜBER EINEN KANAL, DER VON CURE NICHT ABGEHÖRT WIRD.
?
LASS DIR VON CURE HELFEN! ICH KANN NUR DINGE AUSLÖSCHEN!!
FWIRIRIRL

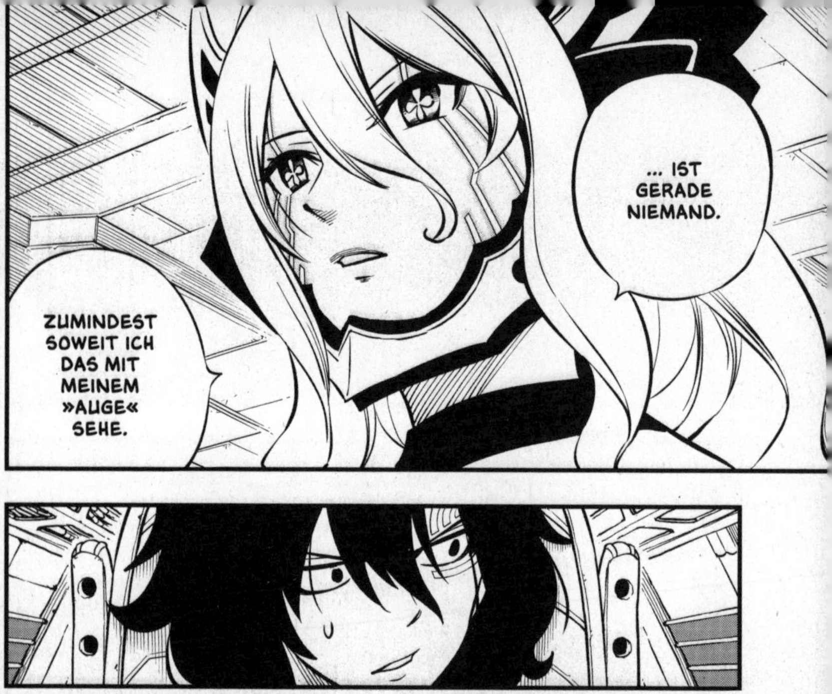

* JAP. YUKI: SCHNEE

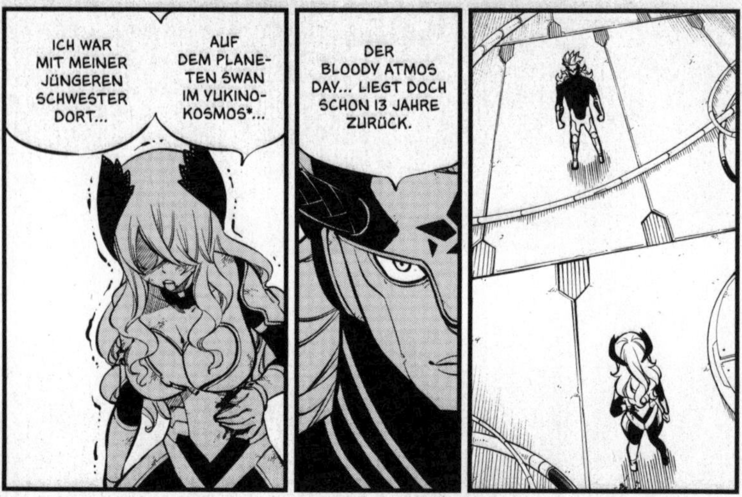

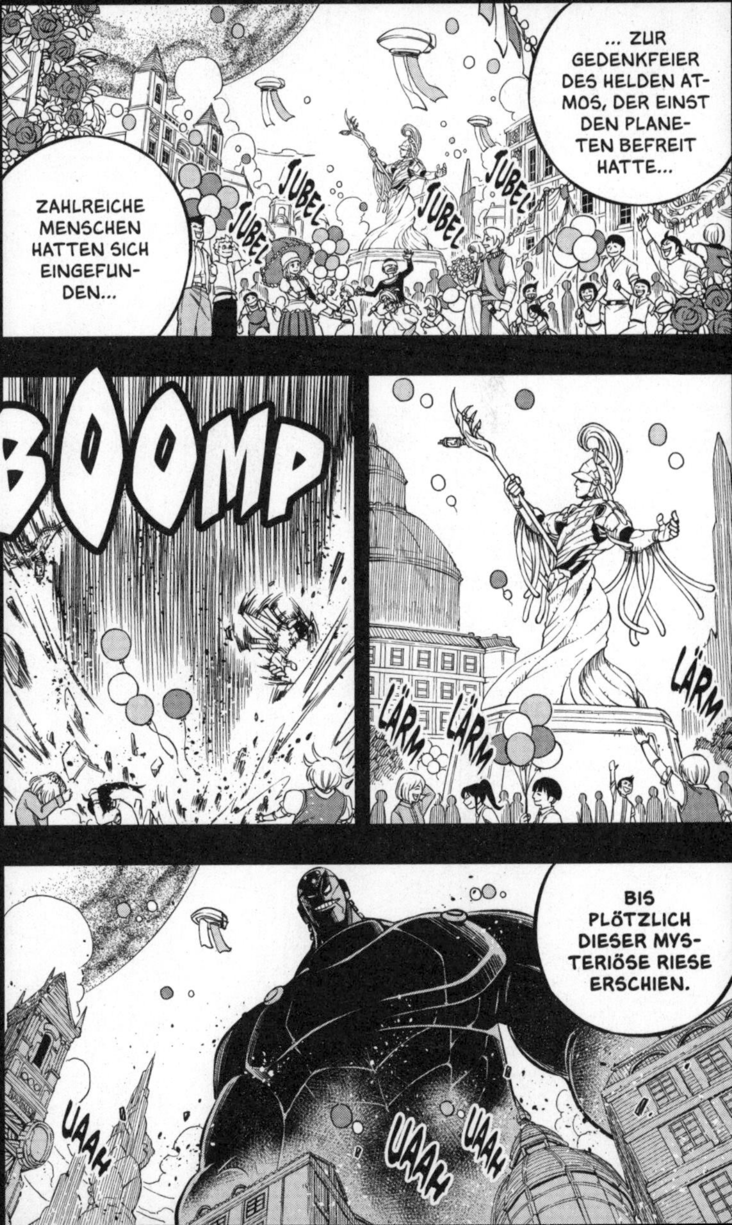
... ZUR GEDENKFEIER DES HELDEN ATMOS, DER EINST DEN PLANETEN BEFREIT HATTE...
ZAHLREICHE MENSCHEN HATTEN SICH EINGEFUNDEN...
JUBEL
JUBEL
JUBEL
JUBEL
LÄRM
LÄRM
LÄRM
BOOMP
BIS PLÖTZLICH DIESER MYSTERIÖSE RIESE ERSCHIEN.
UAAH
UAAH
UAAH

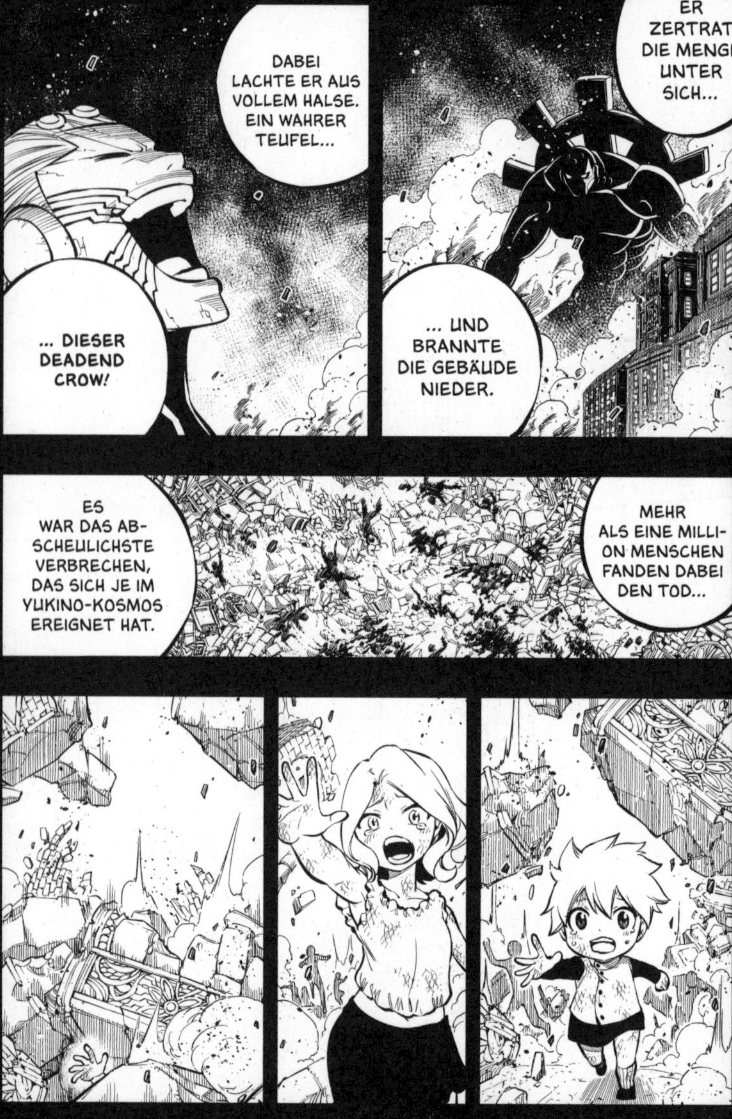
ER ZERTRAT DIE MENGE UNTER SICH...
... UND BRANNTE DIE GEBÄUDE NIEDER.
DABEI LACHTE ER AUS VOLLEM HALSE. EIN WAHRER TEUFEL...
... DIESER DEADEND CROW!
MEHR ALS EINE MILLION MENSCHEN FANDEN DABEI DEN TOD...
ES WAR DAS ABSCHEULICHSTE VERBRECHEN, DAS SICH JE IM YUKINO-KOSMOS EREIGNET HAT.

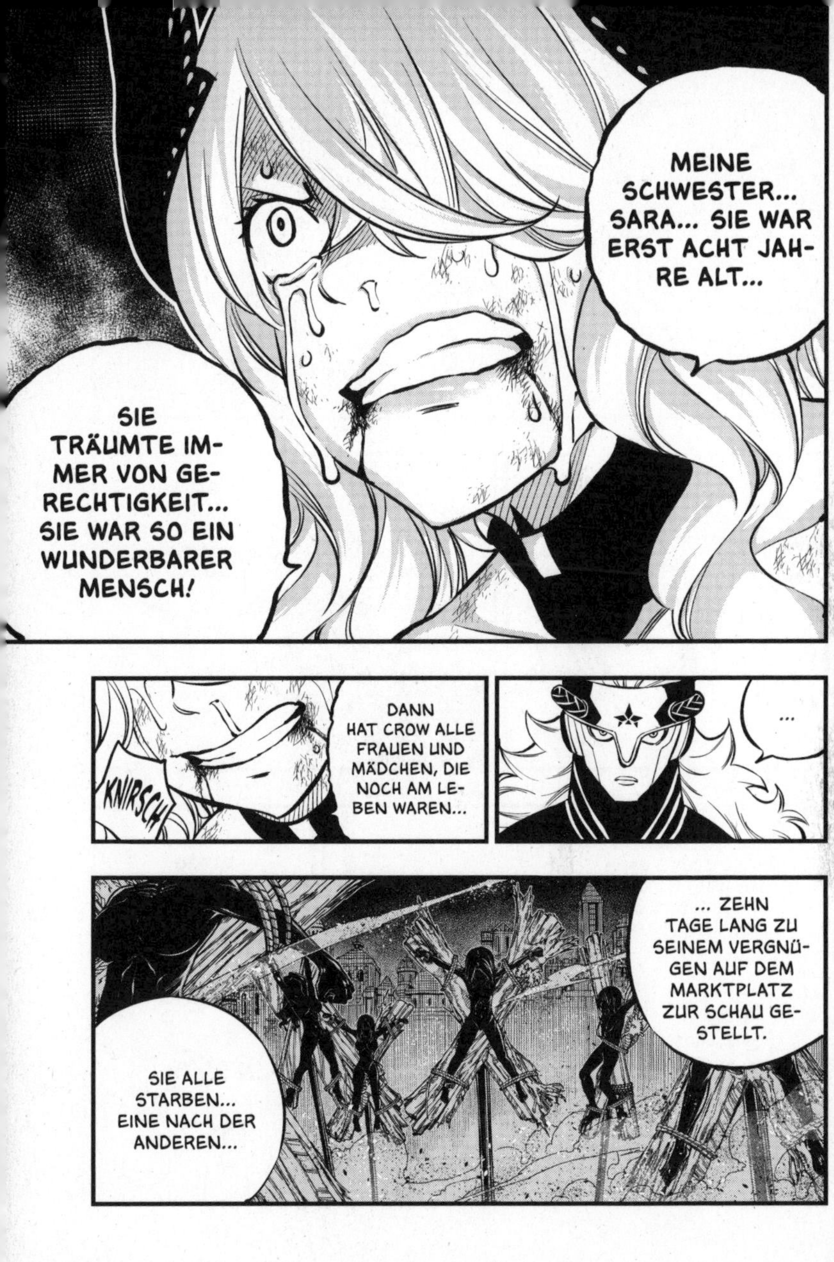
MEINE SCHWESTER... SARA... SIE WAR ERST ACHT JAHRE ALT...
SIE TRÄUMTE IMMER VON GERECHTIGKEIT... SIE WAR SO EIN WUNDERBARER MENSCH!
DANN HAT CROW ALLE FRAUEN UND MÄDCHEN, DIE NOCH AM LEBEN WAREN...
KNIRSCH
...
... ZEHN TAGE LANG ZU SEINEM VERGNÜGEN AUF DEM MARKTPLATZ ZUR SCHAU GESTELLT.
SIE ALLE STARBEN... EINE NACH DER ANDEREN...

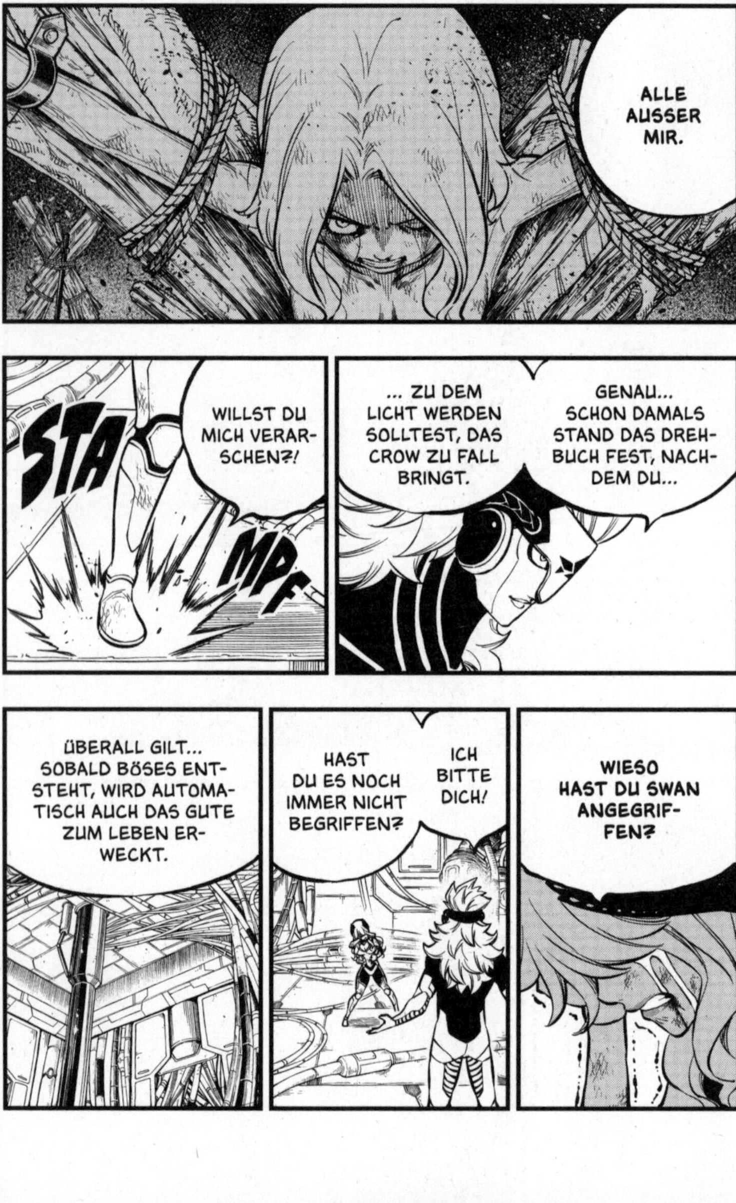
ALLE AUSSER MIR.
GENAU... SCHON DAMALS STAND DAS DREHBUCH FEST, NACHDEM DU...
... ZU DEM LICHT WERDEN SOLLTEST, DAS CROW ZU FALL BRINGT.
WILLST DU MICH VERARSCHEN?!
STAMPF
WIESO HAST DU SWAN ANGEGRIFFEN?
ICH BITTE DICH!
HAST DU ES NOCH IMMER NICHT BEGRIFFEN?
ÜBERALL GILT... SOBALD BÖSES ENTSTEHT, WIRD AUTOMATISCH AUCH DAS GUTE ZUM LEBEN ERWECKT.

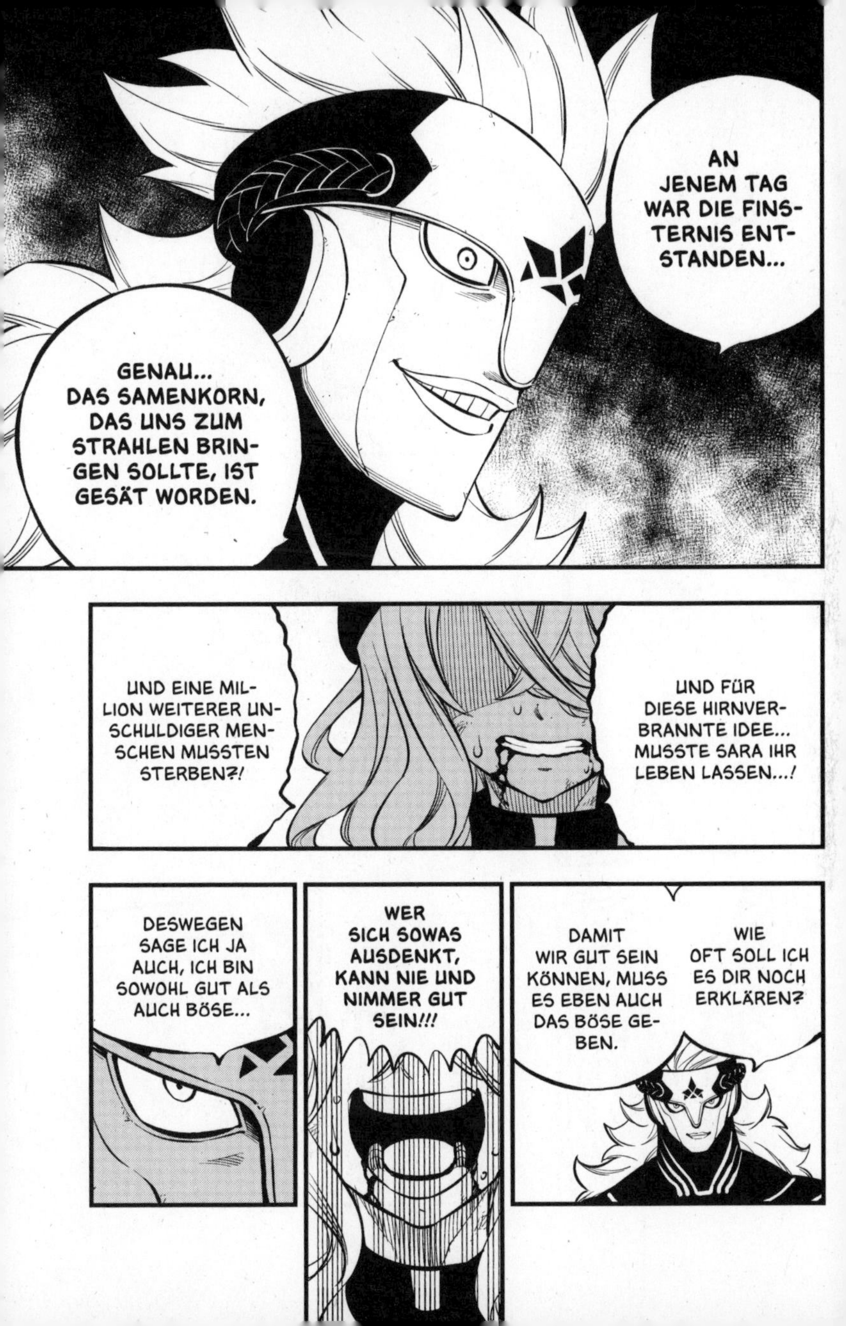
AN JENEM TAG WAR DIE FINSTERNIS ENTSTANDEN...
GENAU... DAS SAMENKORN, DAS UNS ZUM STRAHLEN BRINGEN SOLLTE, IST GESÄT WORDEN.
UND FÜR DIESE HIRNVERBRANNTE IDEE... MUSSTE SARA IHR LEBEN LASSEN...!
UND EINE MILLION WEITERER UNSCHULDIGER MENSCHEN MUSSTEN STERBEN?!
WIE OFT SOLL ICH ES DIR NOCH ERKLÄREN?
DAMIT WIR GUT SEIN KÖNNEN, MUSS ES EBEN AUCH DAS BÖSE GEBEN.
WER SICH SOWAS AUSDENKT, KANN NIE UND NIMMER GUT SEIN!!!
DESWEGEN SAGE ICH JA AUCH, ICH BIN SOWOHL GUT ALS AUCH BÖSE...

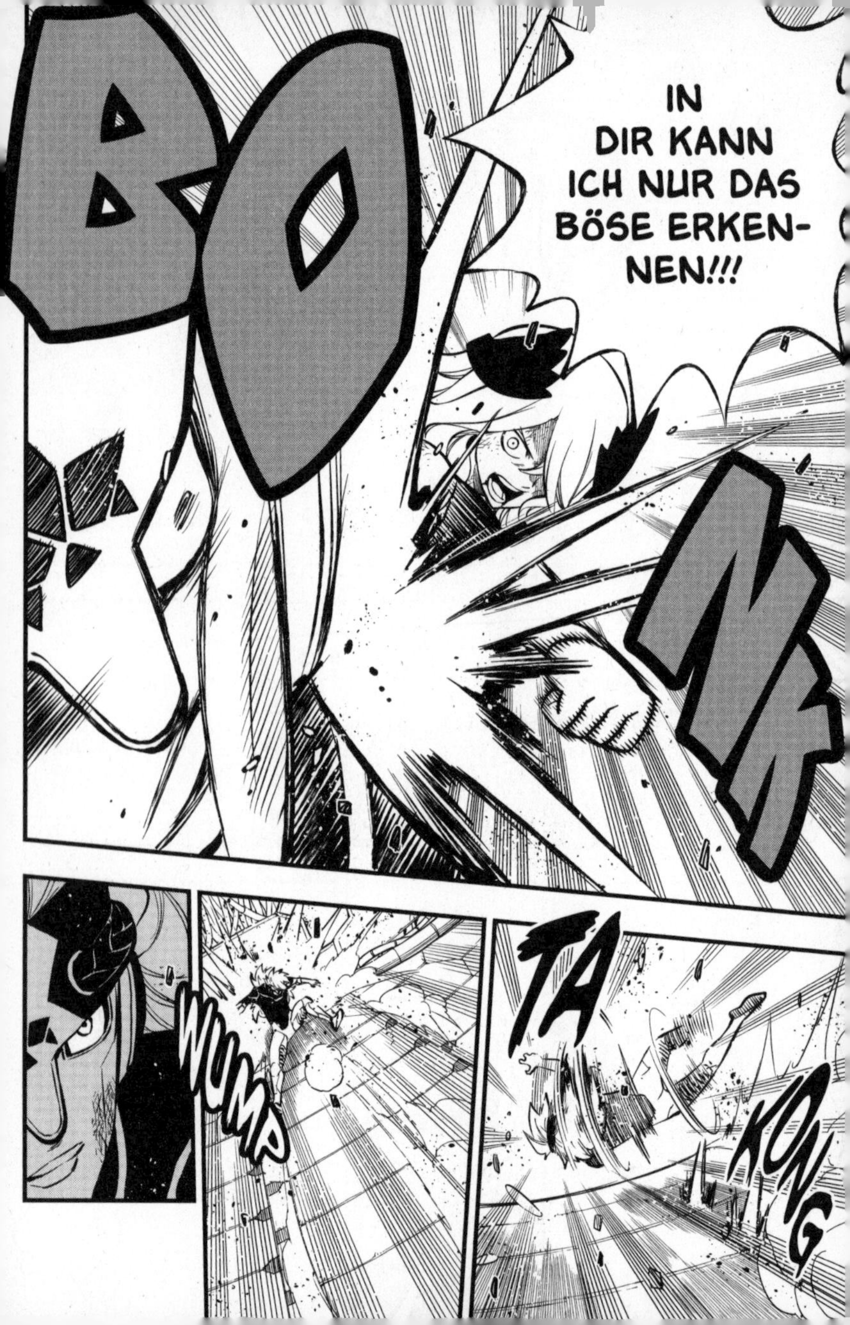
IN DIR KANN ICH NUR DAS BÖSE ERKENNEN!!!
BONK
TA KONG
WUMP

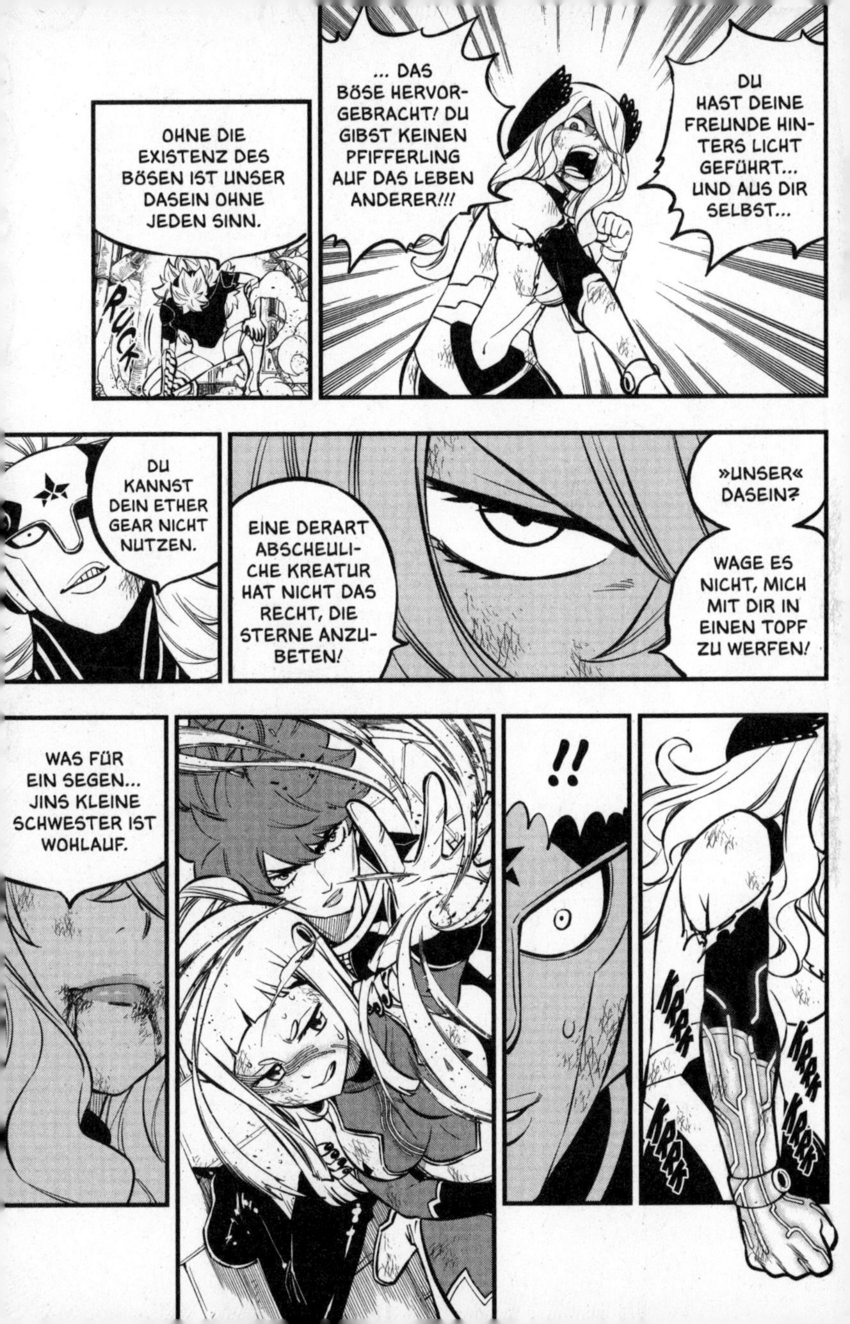
DU HAST DEINE FREUNDE HINTERS LICHT GEFÜHRT... UND AUS DIR SELBST...
... DAS BÖSE HERVORGEBRACHT! DU GIBST KEINEN PFIFFERLING AUF DAS LEBEN ANDERER!!!
OHNE DIE EXISTENZ DES BÖSEN IST UNSER DASEIN OHNE JEDEN SINN.
RUCK
»UNSER« DASEIN?
WAGE ES NICHT, MICH MIT DIR IN EINEN TOPF ZU WERFEN!
EINE DERART ABSCHEULICHE KREATUR HAT NICHT DAS RECHT, DIE STERNE ANZUBETEN!
DU KANNST DEIN ETHER GEAR NICHT NUTZEN.
KRRK
KRRK
KRRK
KRRK
!!
WAS FÜR EIN SEGEN... JINS KLEINE SCHWESTER IST WOHLAUF.

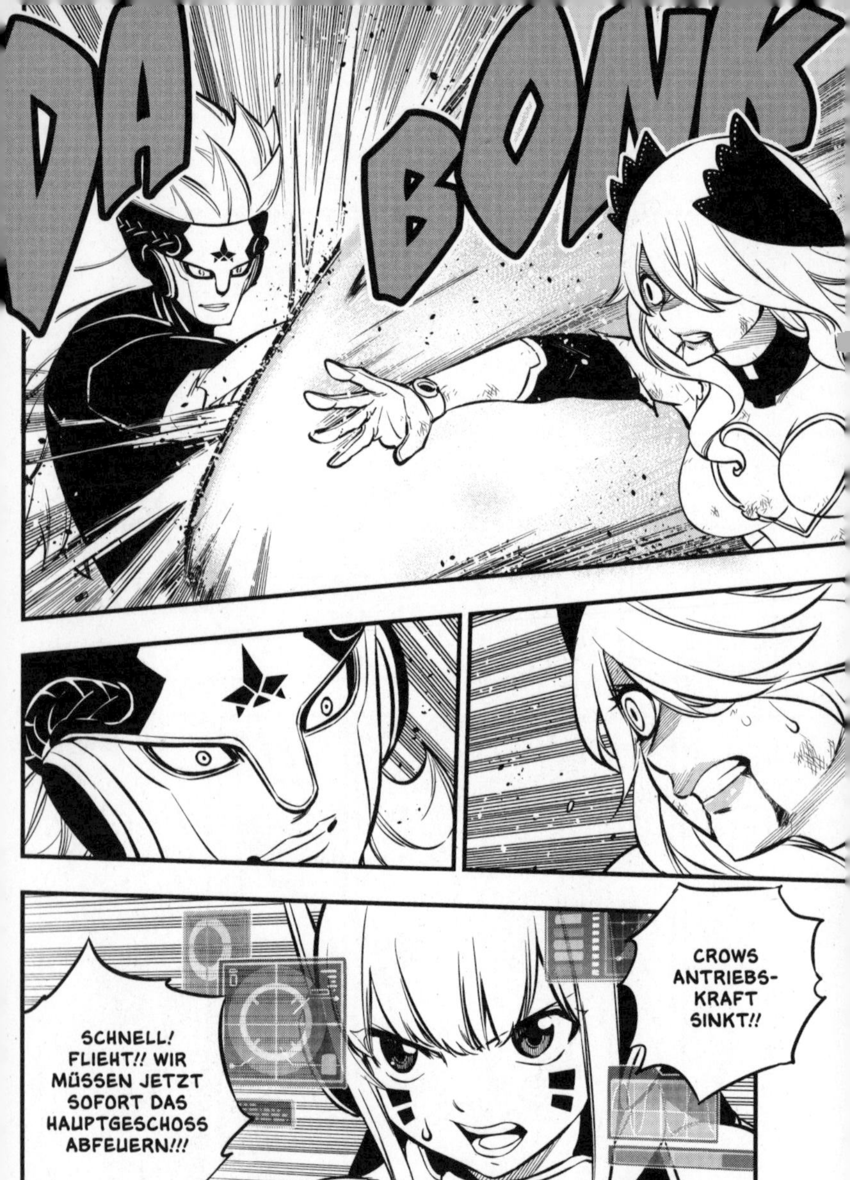
DA
BONK
CROWS ANTRIEBS-KRAFT SINKT!!
SCHNELL! FLIEHT!! WIR MÜSSEN JETZT SOFORT DAS HAUPTGESCHOSS ABFEUERN!!!

EDENS ZERO

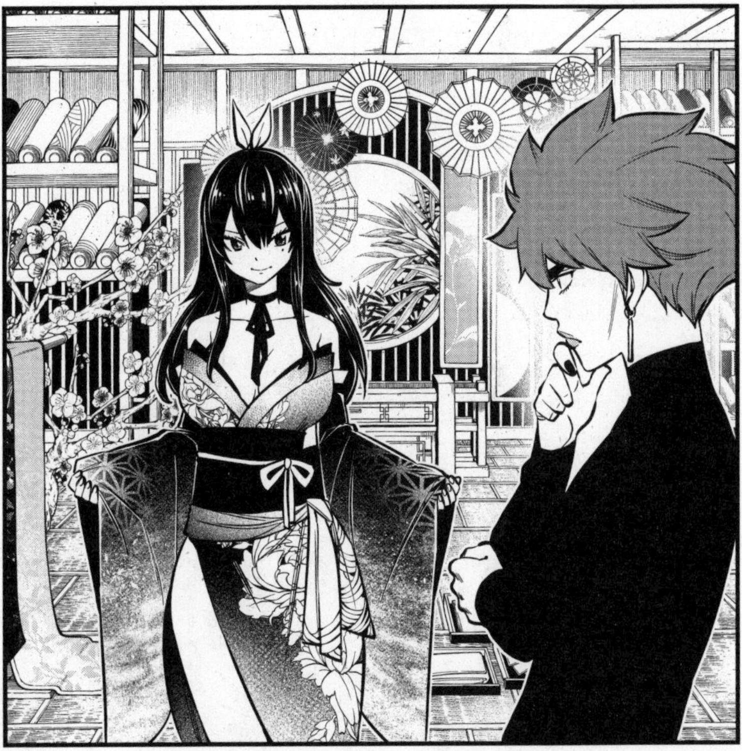

KAPITEL 208: DEADEND

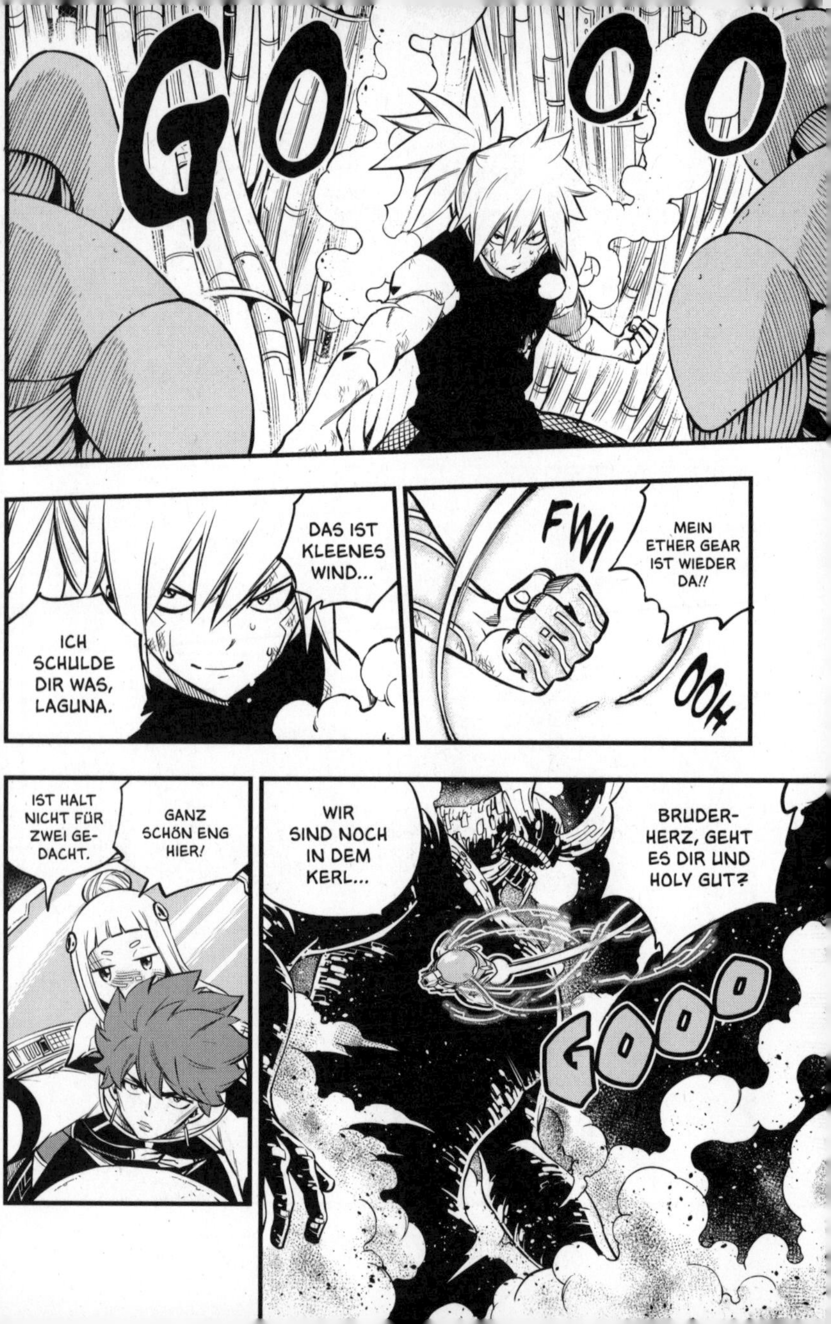
GOOOO
MEIN ETHER GEAR IST WIEDER DA!!
FWIOOH
DAS IST KLEENES WIND...
ICH SCHULDE DIR WAS, LAGUNA.
BRUDERHERZ, GEHT ES DIR UND HOLY GUT?
GOOO
WIR SIND NOCH IN DEM KERL...
GANZ SCHÖN ENG HIER!
IST HALT NICHT FÜR ZWEI GEDACHT.

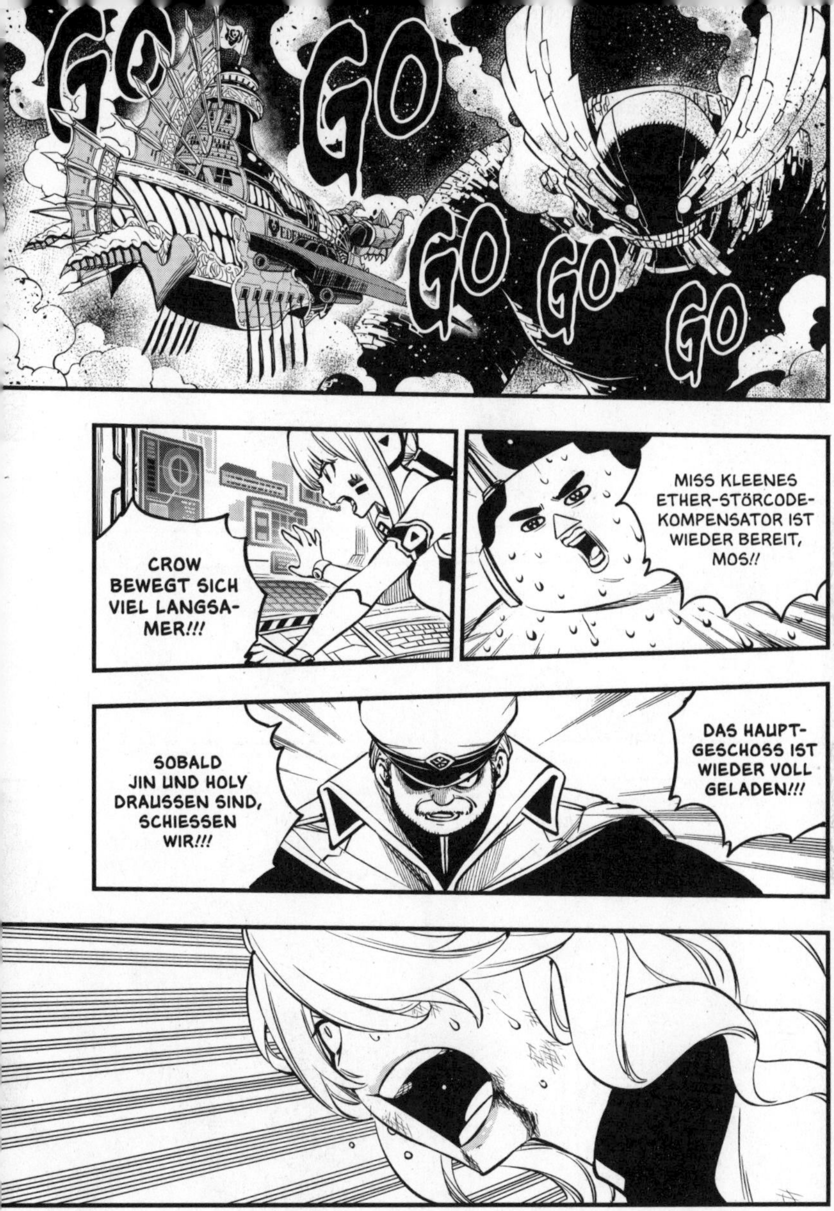
GO GO GO GO GO
CROW BEWEGT SICH VIEL LANGSA-MER!!!
MISS KLEENES ETHER-STÖRCODE-KOMPENSATOR IST WIEDER BEREIT, MOS!!
DAS HAUPT-GESCHOSS IST WIEDER VOLL GELADEN!!!
SOBALD JIN UND HOLY DRAUSSEN SIND, SCHIESSEN WIR!!!

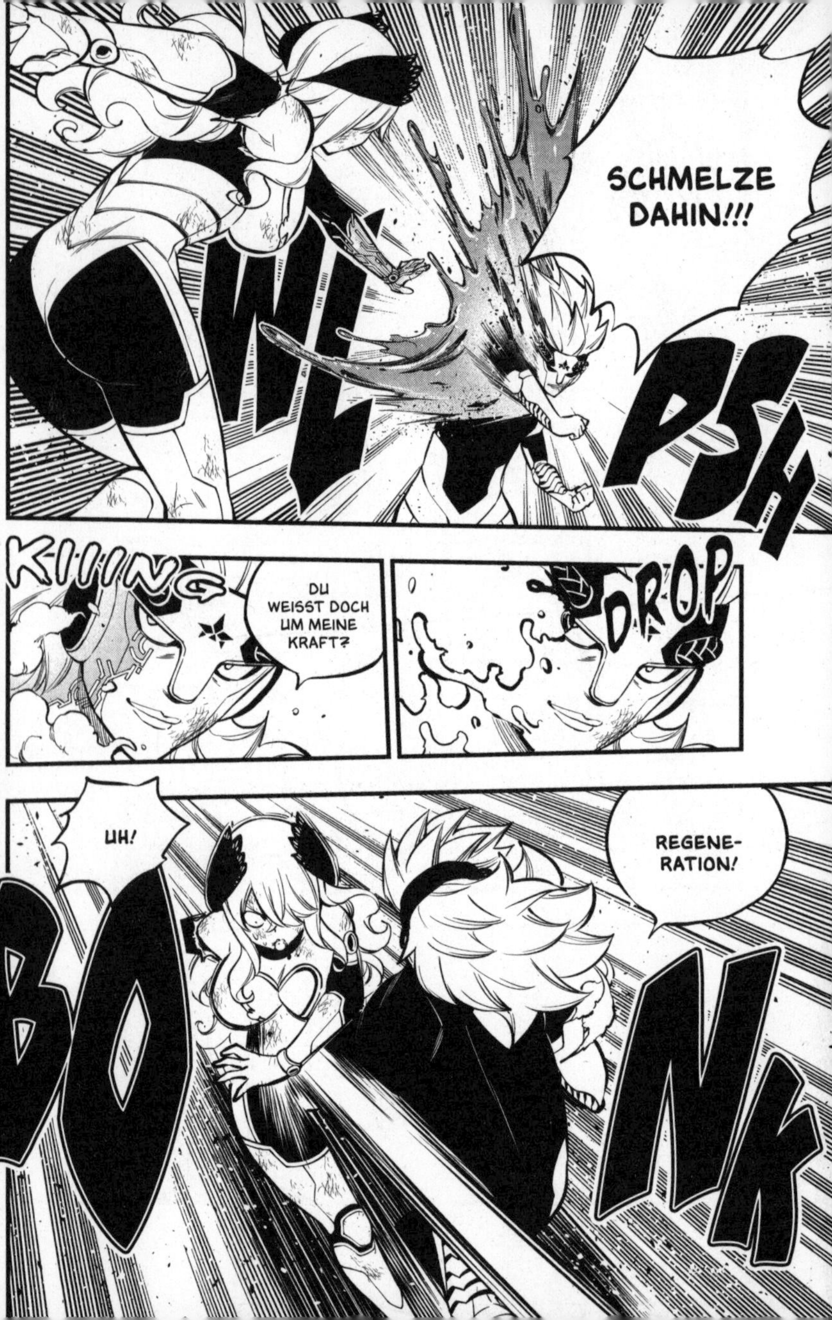
SCHMELZE DAHIN!!!
PSH
DROP
KIIING
DU WEISST DOCH UM MEINE KRAFT?
REGENE-
RATION!
UH!
BONK

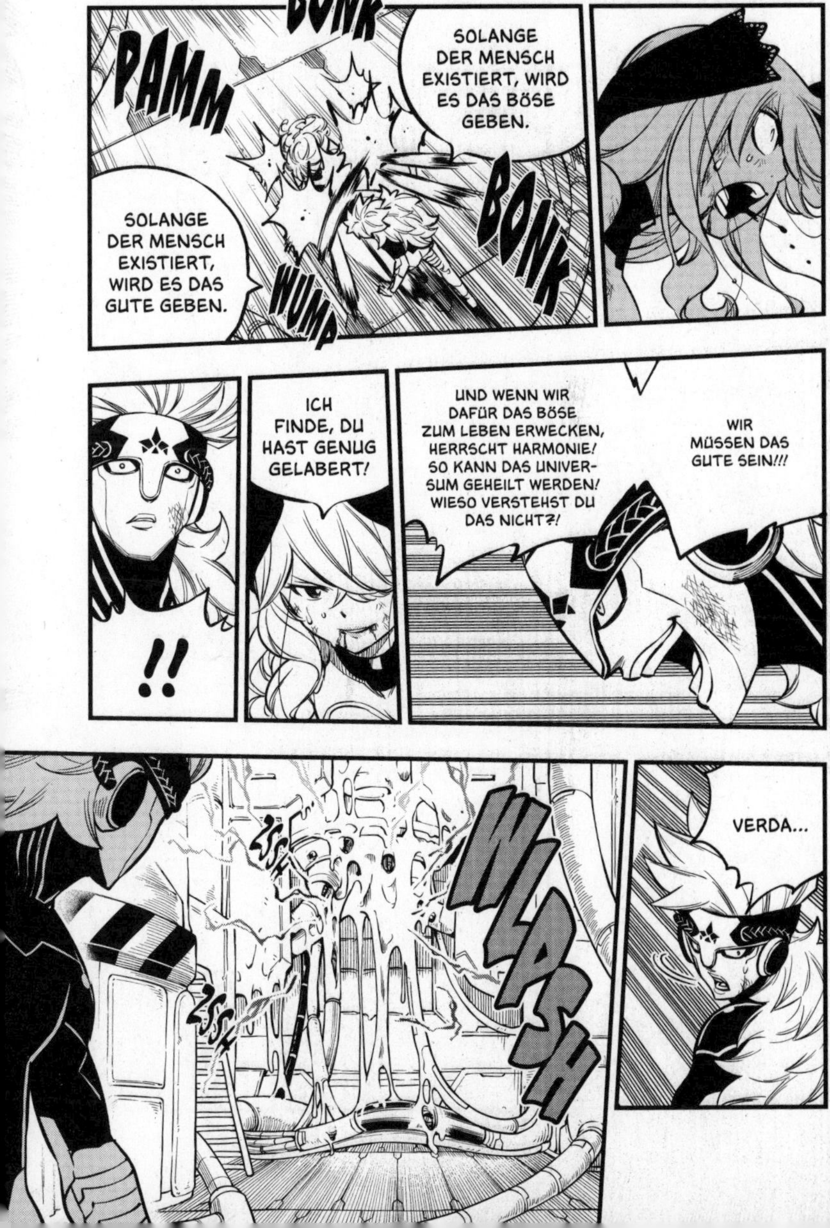
BONK
PAMM
SOLANGE DER MENSCH EXISTIERT, WIRD ES DAS BÖSE GEBEN.
SOLANGE DER MENSCH EXISTIERT, WIRD ES DAS GUTE GEBEN.
BONK
WUMP
WIR MÜSSEN DAS GUTE SEIN!!!
UND WENN WIR DAFÜR DAS BÖSE ZUM LEBEN ERWECKEN, HERRSCHT HARMONIE! SO KANN DAS UNIVERSUM GEHEILT WERDEN! WIESO VERSTEHST DU DAS NICHT?!
ICH FINDE, DU HAST GENUG GELABERT!
!!
VERDA...
WUSH
ZSSH
ZSSH

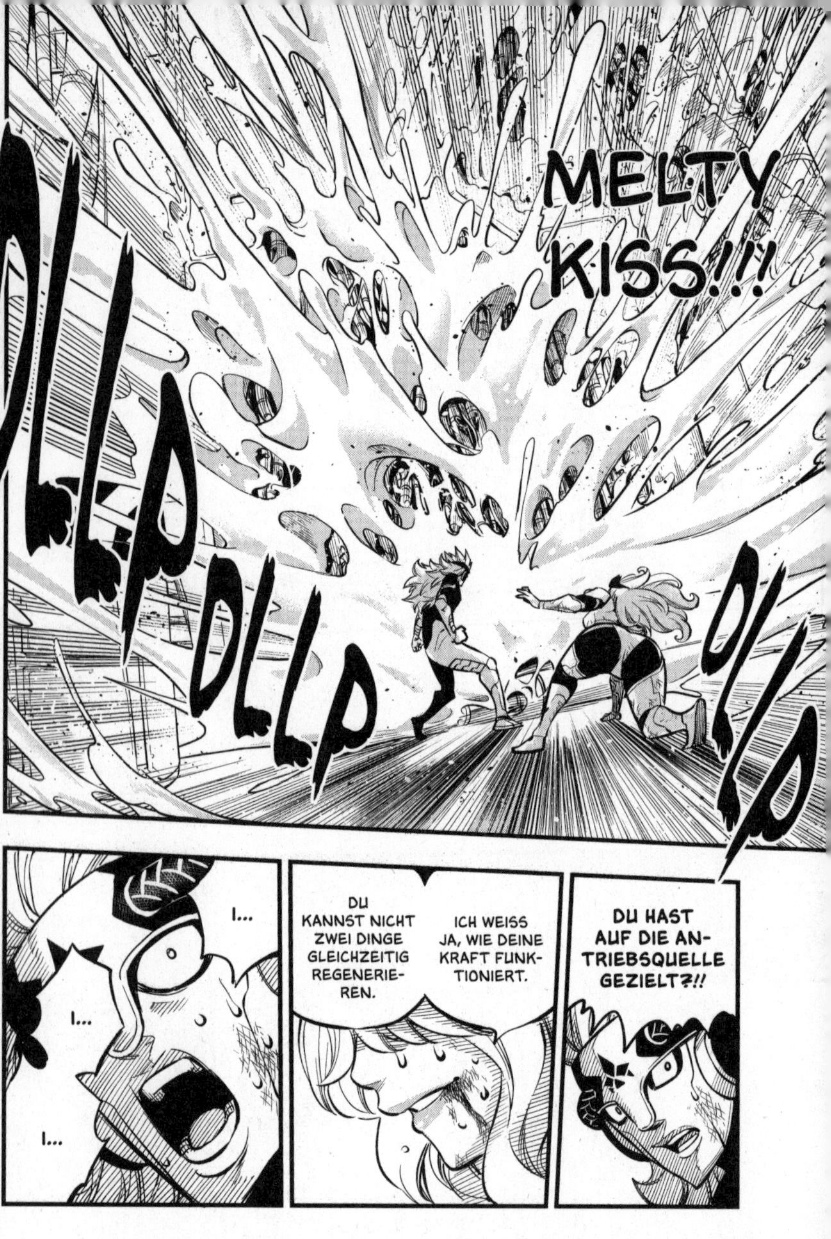
MELTY KISS!!!
DLLP
DLLP
DLLP
DU HAST AUF DIE ANTRIEBSQUELLE GEZIELT?!!
ICH WEISS JA, WIE DEINE KRAFT FUNKTIONIERT.
DU KANNST NICHT ZWEI DINGE GLEICHZEITIG REGENERIEREN.
I...
I...
I...

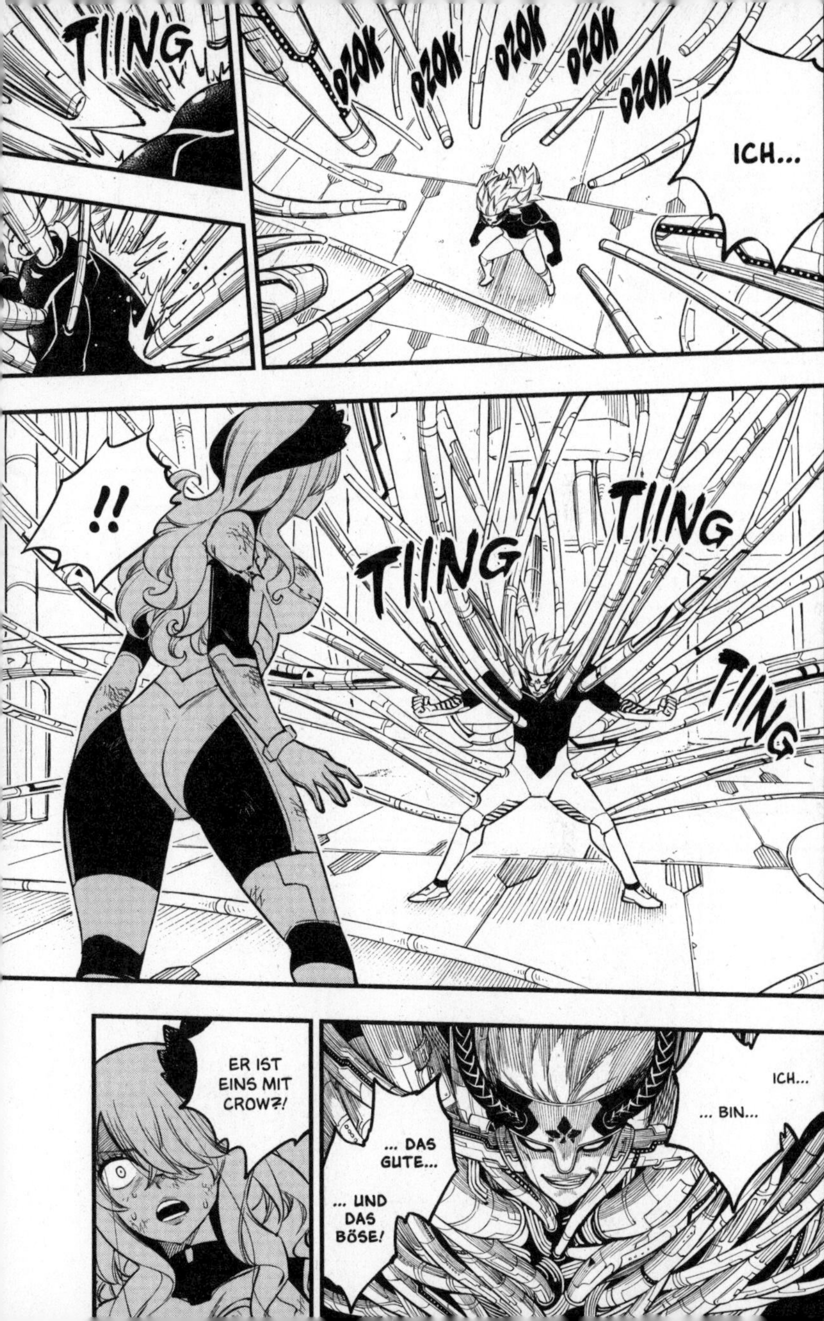
TIING
DZOK DZOK DZOK DZOK DZOK
ICH...
!!
TIING
TIING
TIING
ER IST EINS MIT CROW?!
ICH...
... BIN...
... DAS GUTE...
... UND DAS BÖSE!

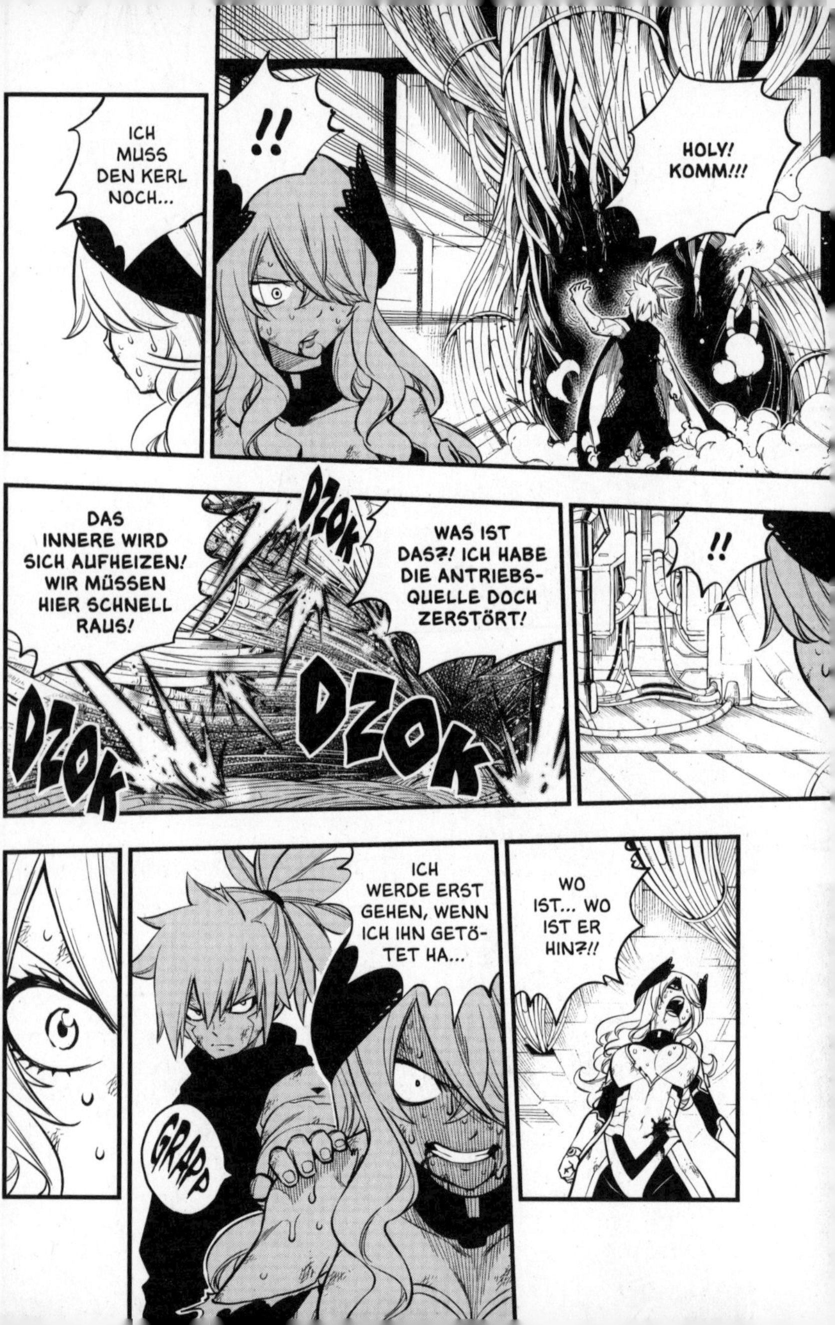
HOLY! KOMM!!!
!!
ICH MUSS DEN KERL NOCH...
!!
WAS IST DAS?! ICH HABE DIE ANTRIEBS-QUELLE DOCH ZERSTÖRT!
DZOK
DZOK
DZOK
DAS INNERE WIRD SICH AUFHEIZEN! WIR MÜSSEN HIER SCHNELL RAUS!
WO IST... WO IST ER HIN?!!
ICH WERDE ERST GEHEN, WENN ICH IHN GETÖ-TET HA...
GRAPP

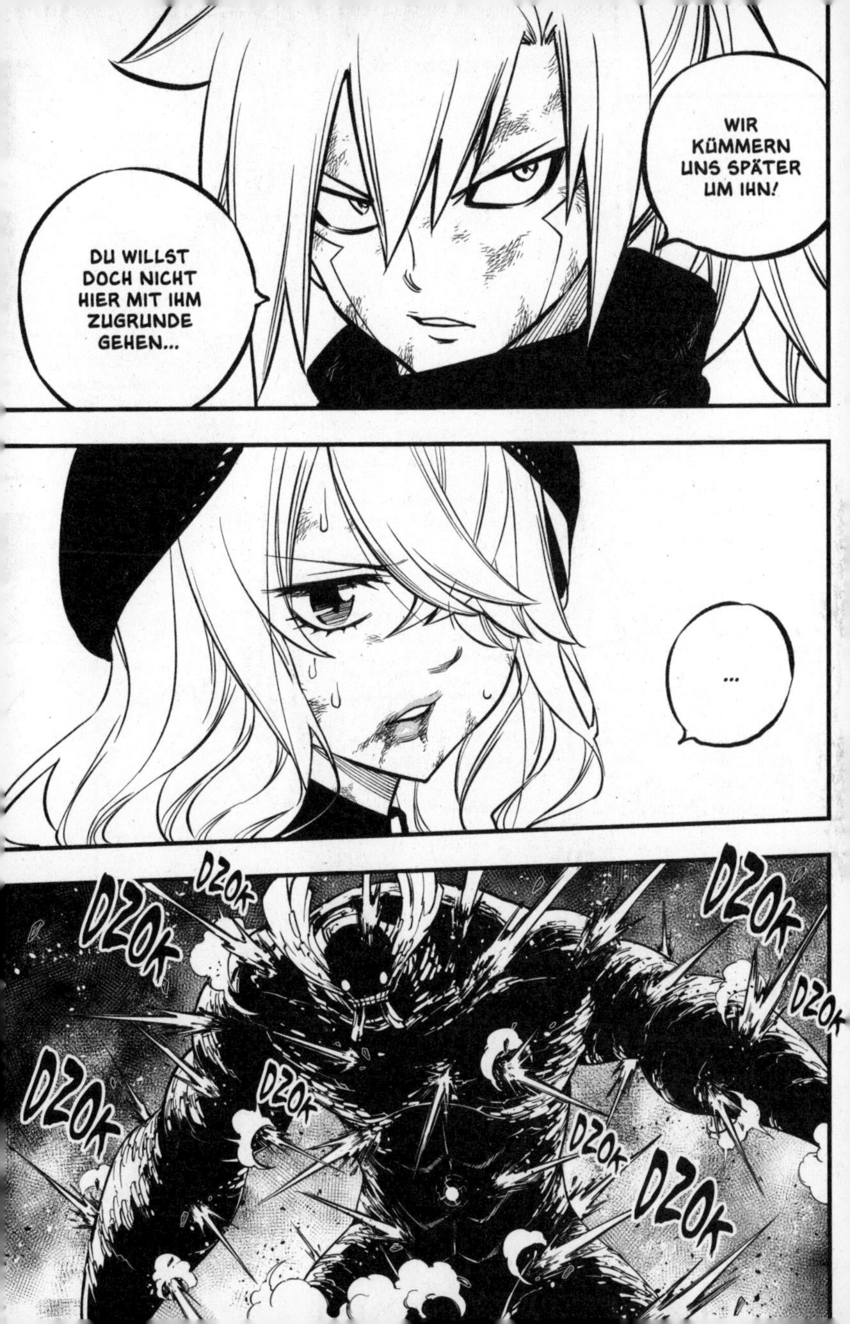
WIR KÜMMERN UNS SPÄTER UM IHN!
DU WILLST DOCH NICHT HIER MIT IHM ZUGRUNDE GEHEN…
…
DZOK
DZOK
DZOK
DZOK
DZOK
DZOK
DZOK
DZOK
DZOK

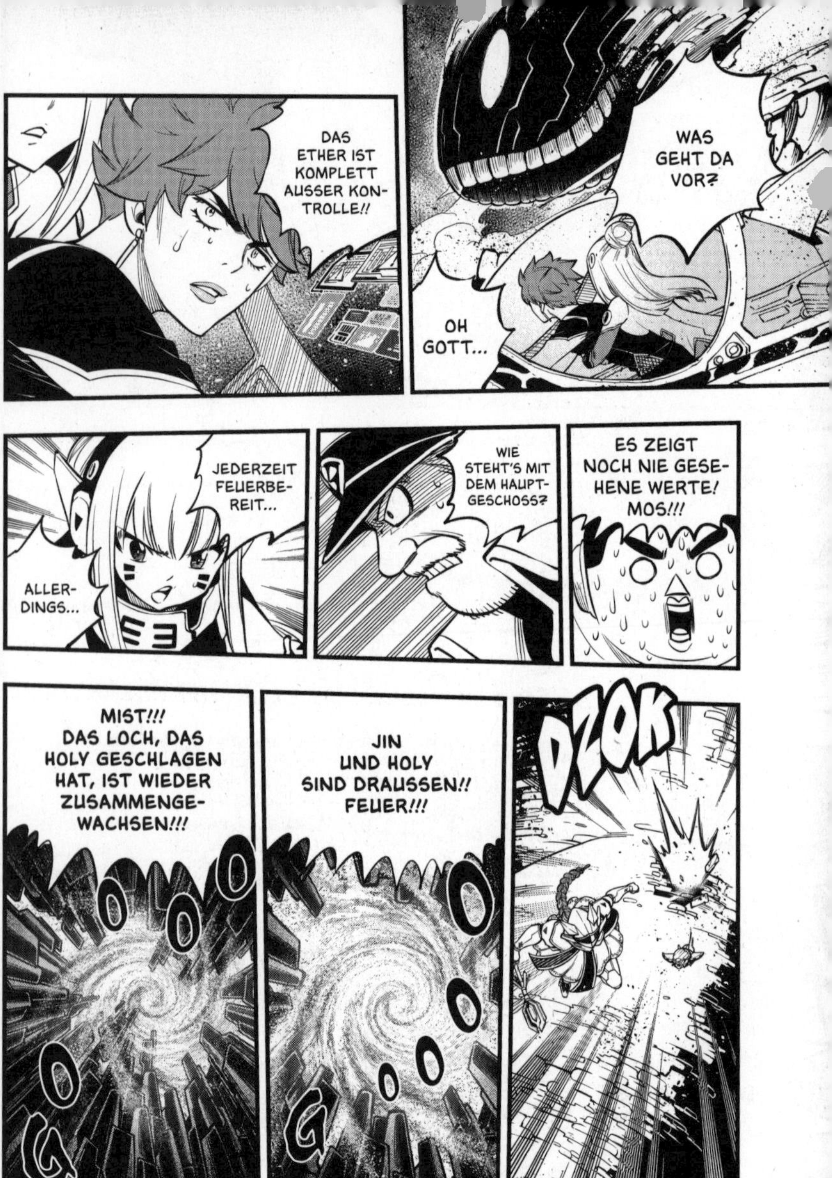
WAS GEHT DA VOR?
OH GOTT...
DAS ETHER IST KOMPLETT AUSSER KONTROLLE!!
ES ZEIGT NOCH NIE GESEHENE WERTE! MOS!!!
WIE STEHT'S MIT DEM HAUPTGESCHOSS?
JEDERZEIT FEUERBEREIT...
ALLERDINGS...
DZOK
JIN UND HOLY SIND DRAUSSEN!! FEUER!!!
GOOOO
MIST!!! DAS LOCH, DAS HOLY GESCHLAGEN HAT, IST WIEDER ZUSAMMENGEWACHSEN!!!
GOOOO

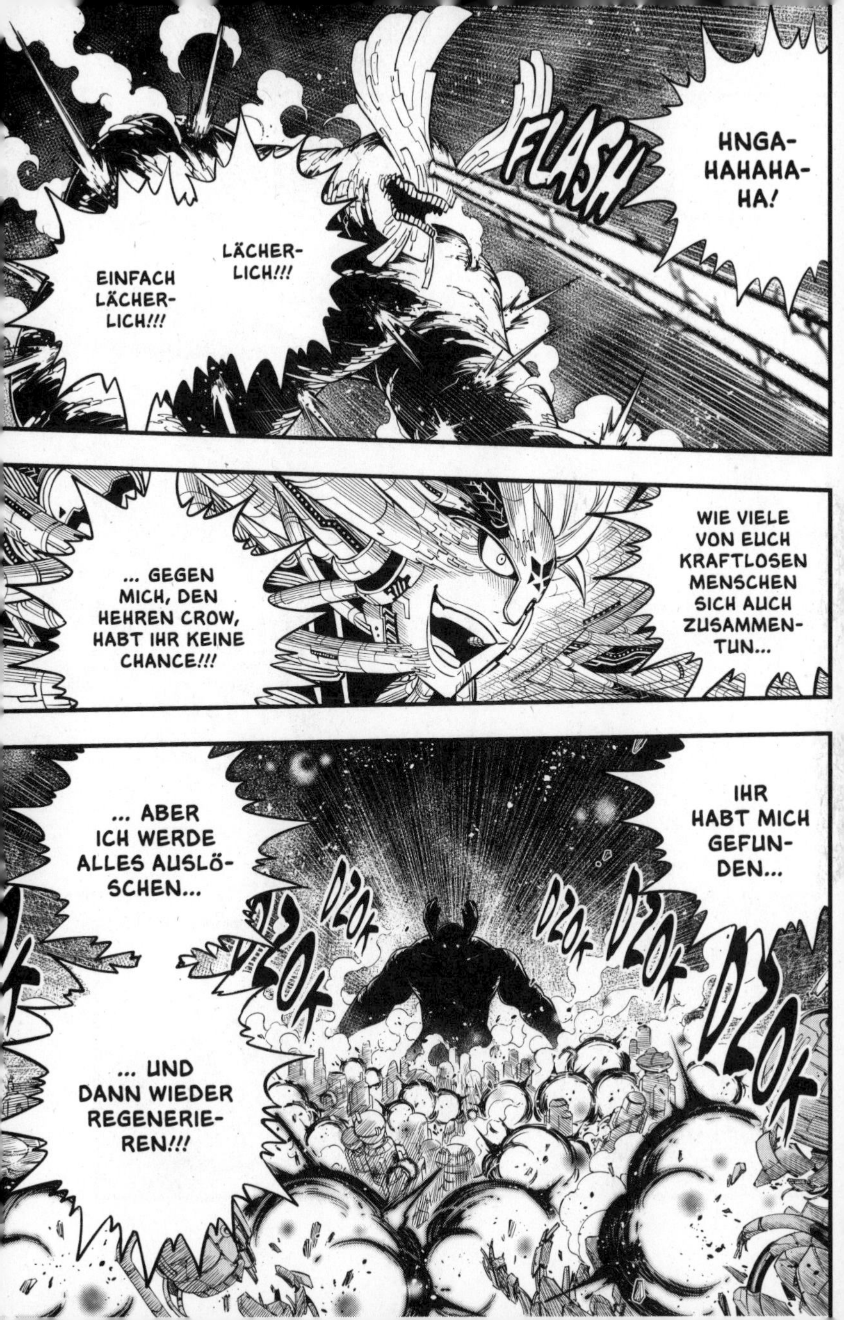
HNGA-HAHAHAHA-HA!
FLASH
LÄCHER-LICH!!!
EINFACH LÄCHER-LICH!!!
WIE VIELE VON EUCH KRAFTLOSEN MENSCHEN SICH AUCH ZUSAMMEN-TUN...
... GEGEN MICH, DEN HEHREN CROW, HABT IHR KEINE CHANCE!!!
IHR HABT MICH GEFUN-DEN...
DZOK
DZOK
DZOK
DZOK
DZOK
DZOK
... ABER ICH WERDE ALLES AUSLÖ-SCHEN...
... UND DANN WIEDER REGENERIE-REN!!!

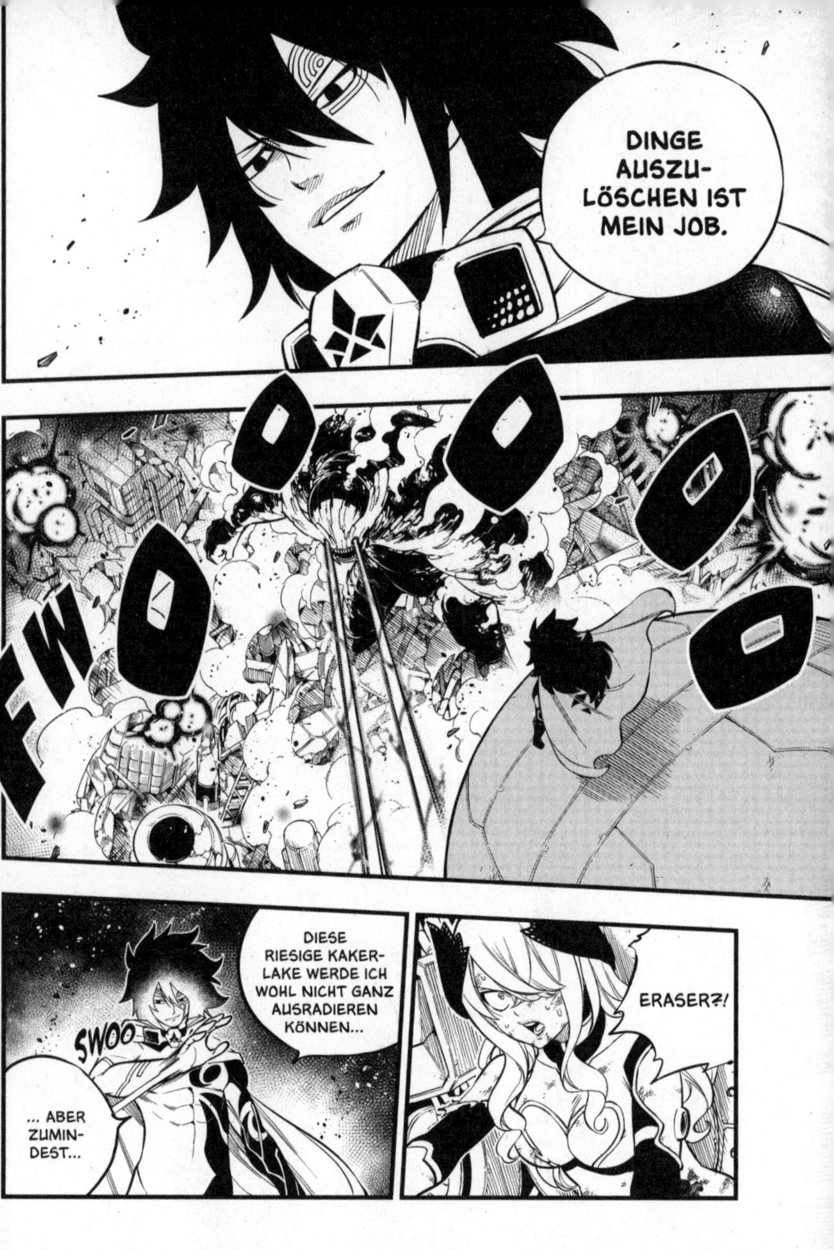
DINGE AUSZU-LÖSCHEN IST MEIN JOB.
FWOOOOO
DIESE RIESIGE KAKER-LAKE WERDE ICH WOHL NICHT GANZ AUSRADIEREN KÖNNEN...
SWOO
... ABER ZUMIN-DEST...
ERASER?!

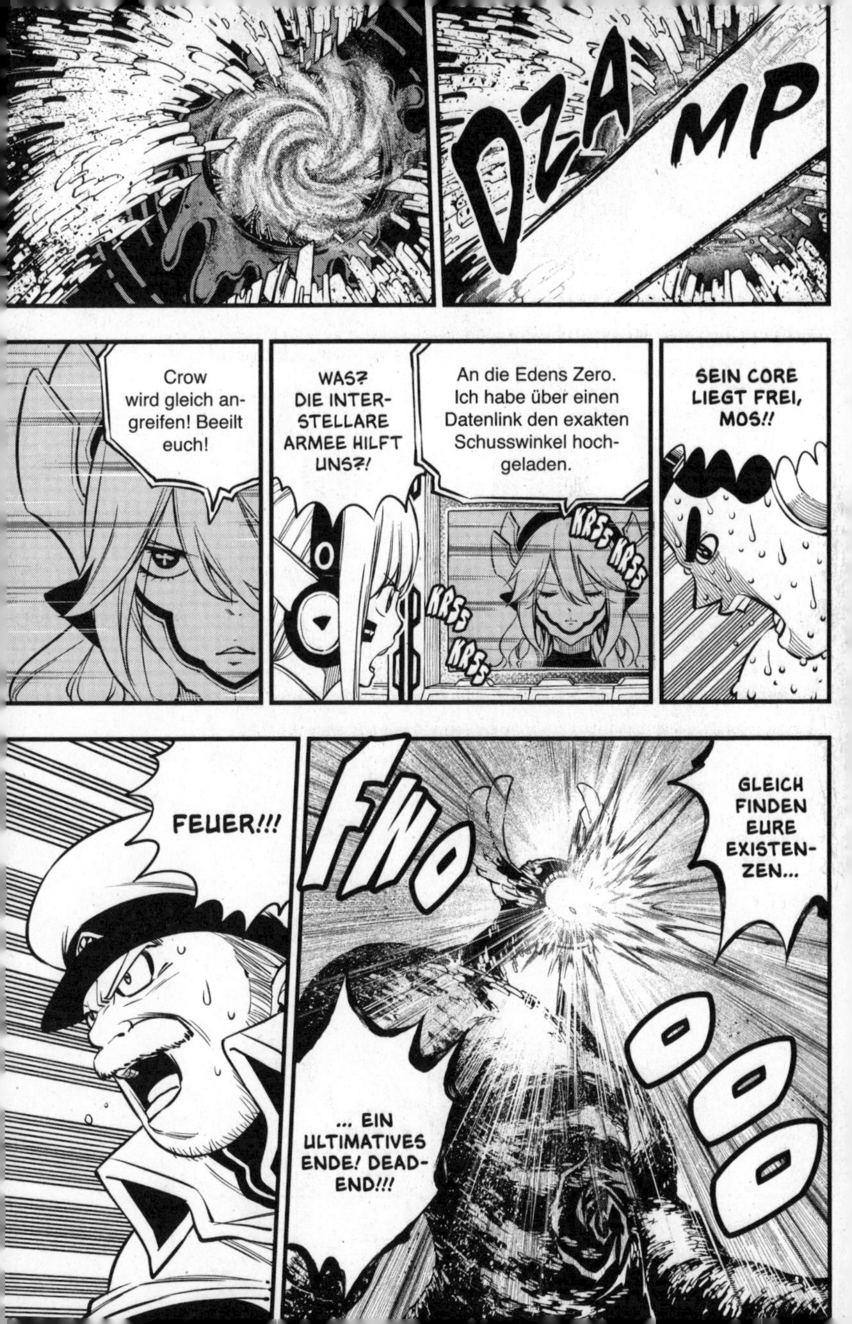
DOZAMP
Crow wird gleich angreifen! Beeilt euch!
WAS? DIE INTERSTELLARE ARMEE HILFT UNS?!
An die Edens Zero. Ich habe über einen Datenlink den exakten Schusswinkel hochgeladen.
KRSS KRSS
KRSS KRSS
SEIN CORE LIEGT FREI, MOS!!
FEUER!!!
FWO
GLEICH FINDEN EURE EXISTENZEN...
... EIN ULTIMATIVES ENDE! DEADEND!!!
OOOO

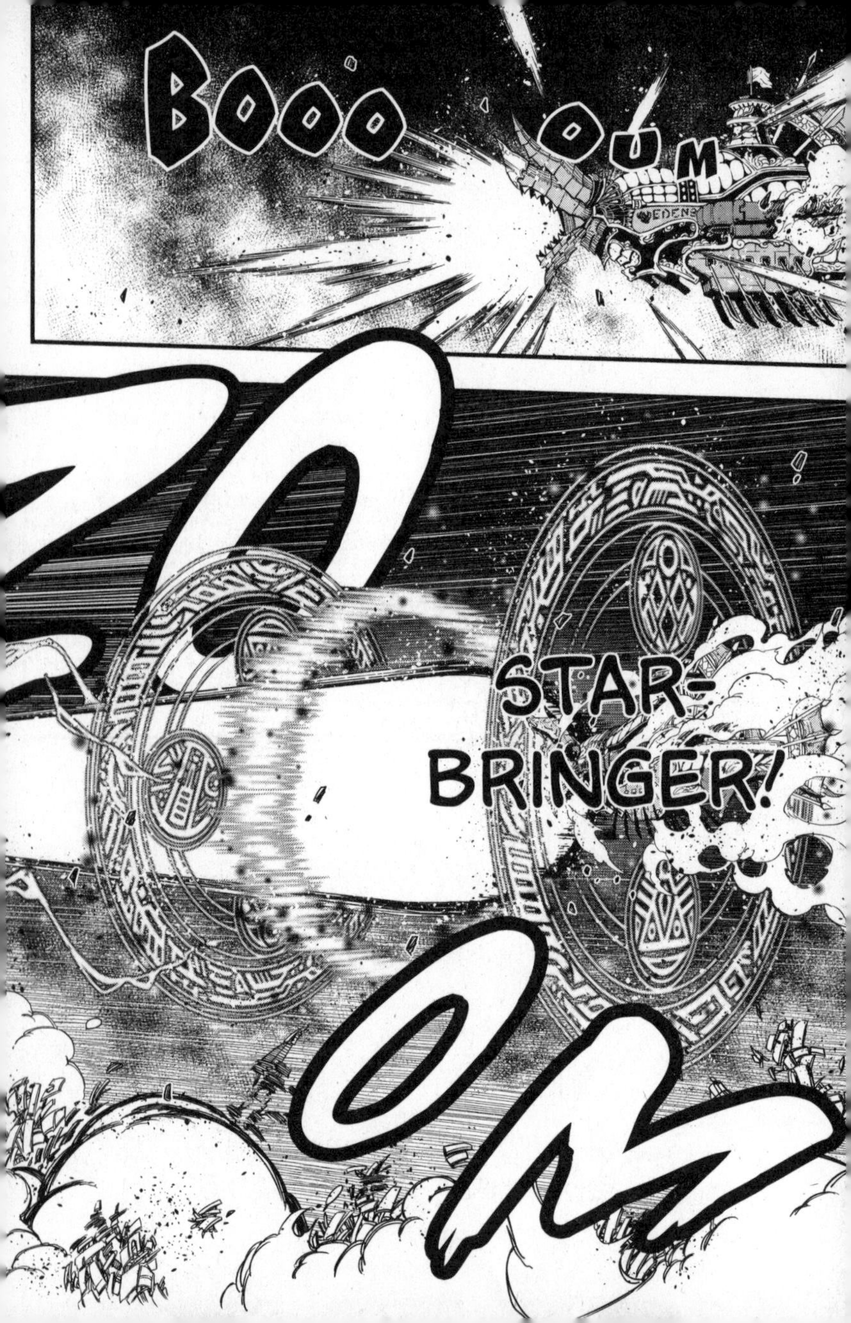
BOOO OUM
STAR-
BRINGER!

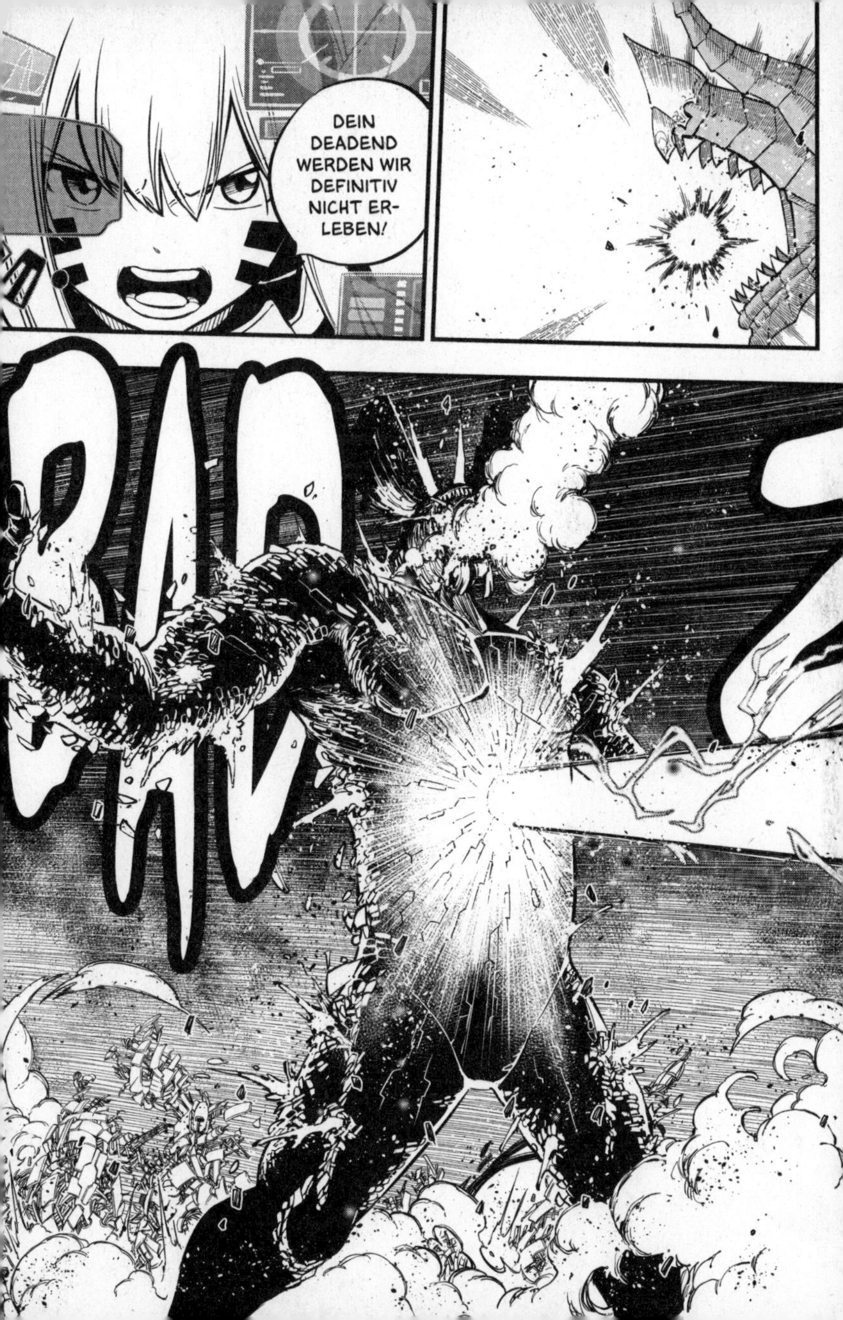
DEIN DEADEND WERDEN WIR DEFINITIV NICHT ER-LEBEN!

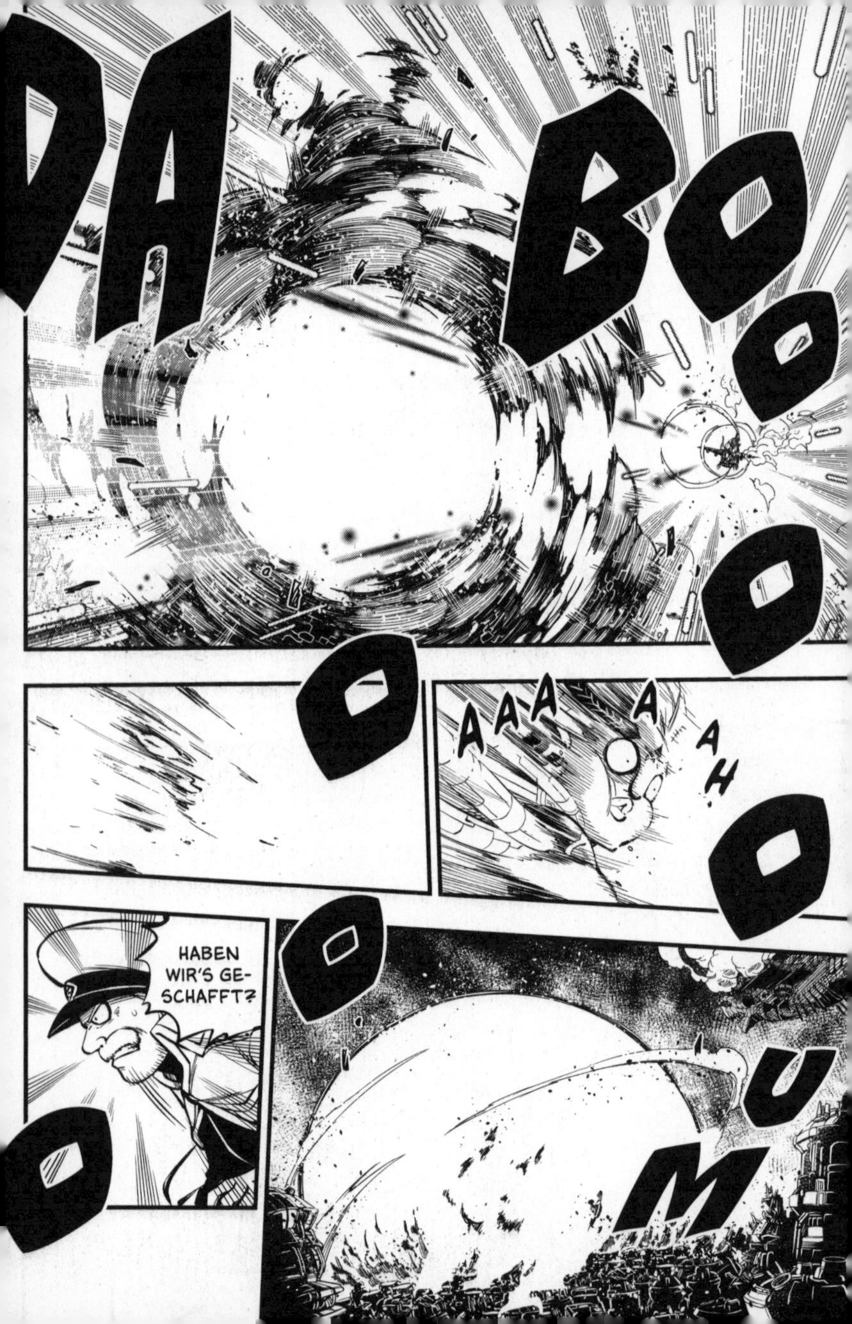
DA BOOOOOOOUM
AAAAAH
HABEN WIR'S GE-SCHAFFT?

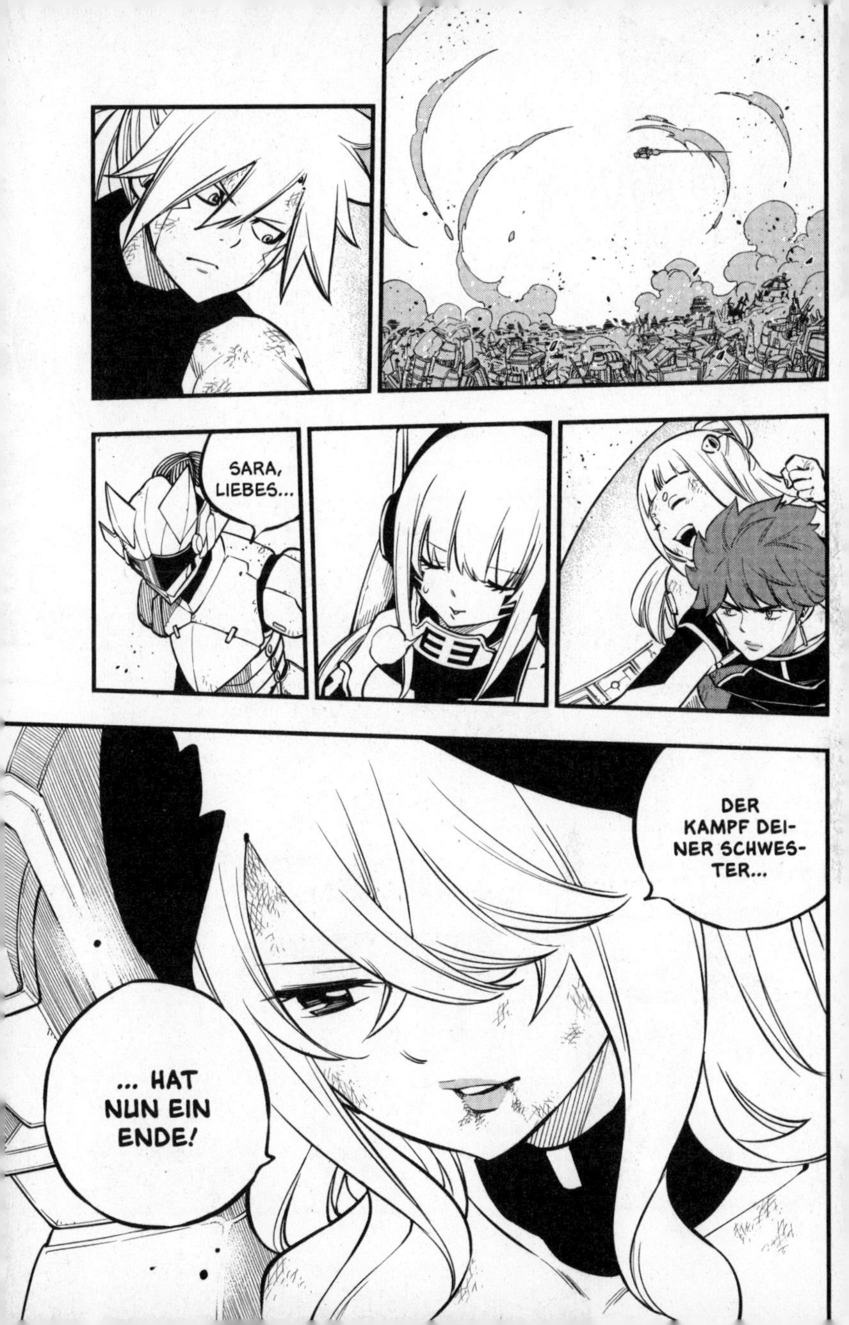
SARA, LIEBES...
DER KAMPF DEINER SCHWESTER...
... HAT NUN EIN ENDE!

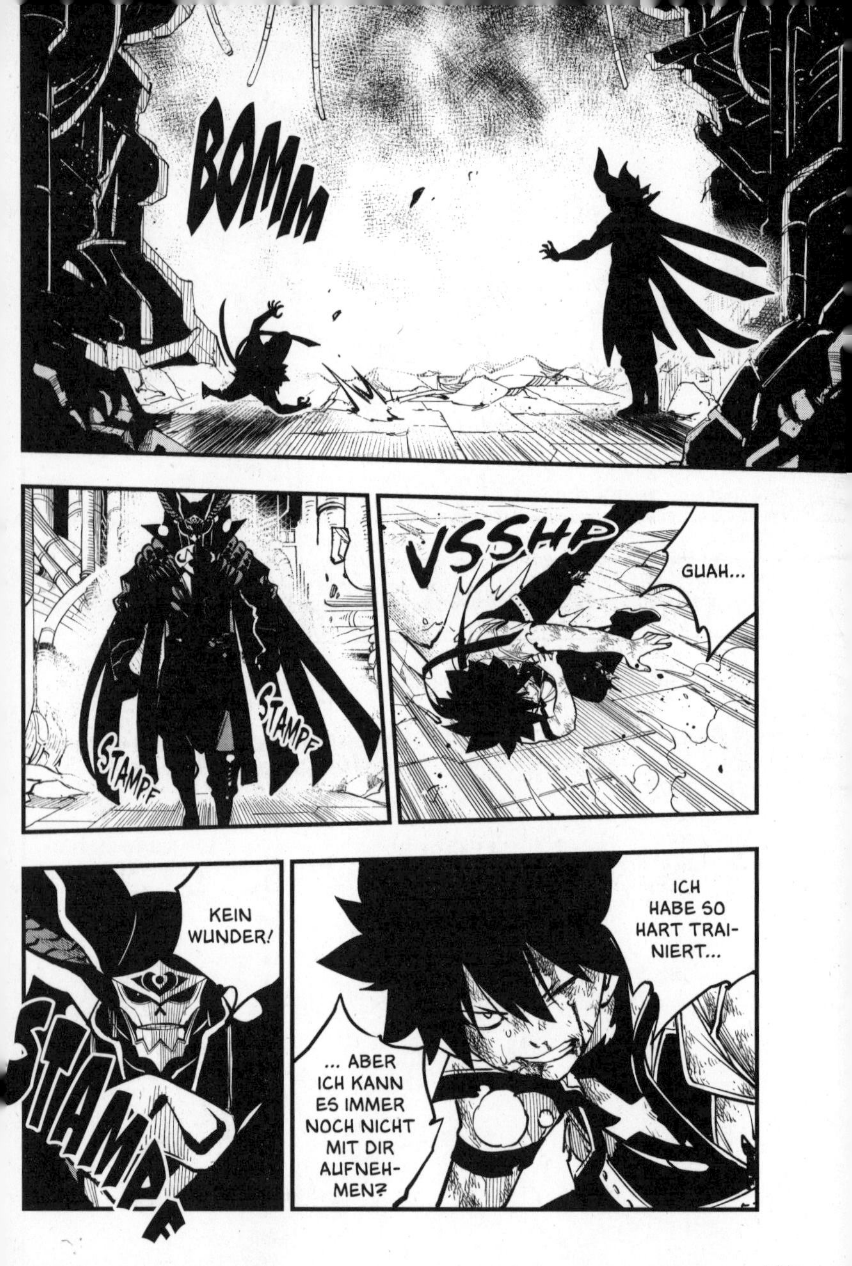
BOMM
GUAH...
VSSHP
STAMPF
STAMPF
ICH HABE SO HART TRAI-NIERT...
... ABER ICH KANN ES IMMER NOCH NICHT MIT DIR AUFNEH-MEN?
KEIN WUNDER!
STAMPF

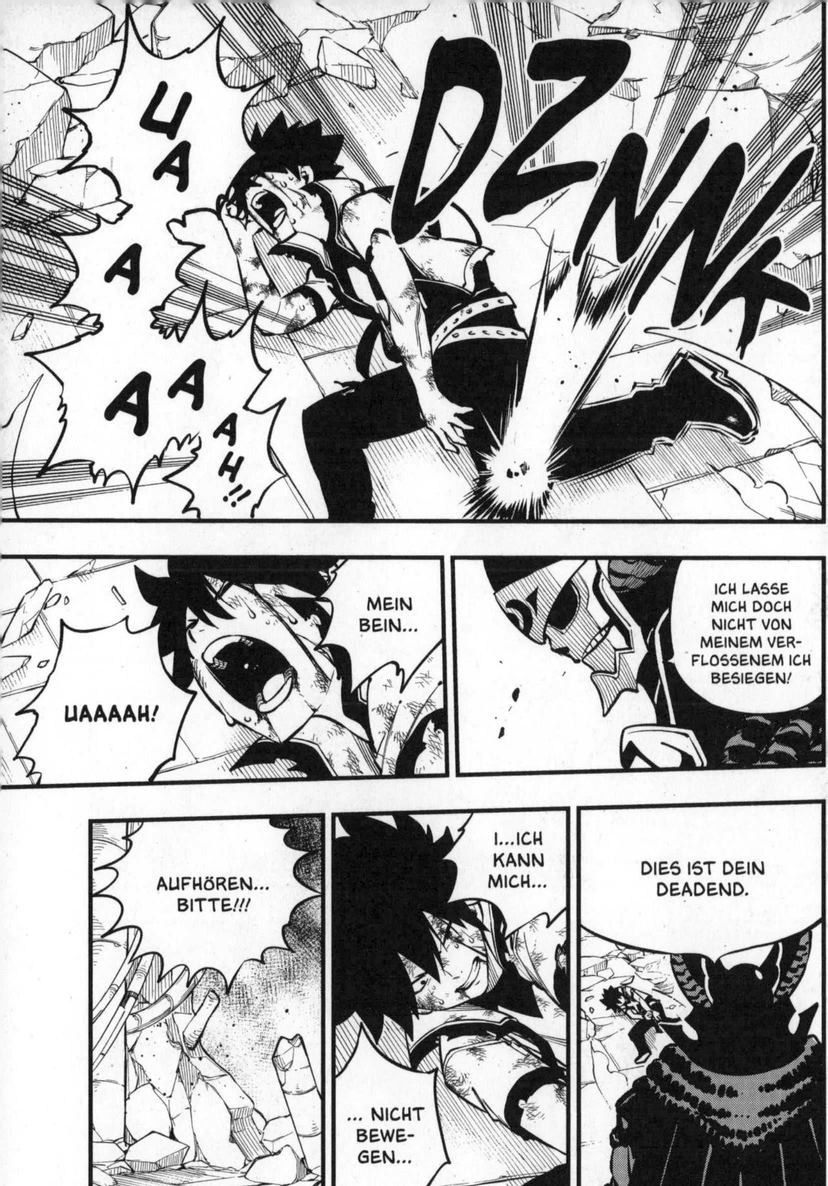
DZMNK
UAAAAAH!!!
ICH LASSE MICH DOCH NICHT VON MEINEM VER-FLOSSENEM ICH BESIEGEN!
MEIN BEIN...
UAAAAH!
DIES IST DEIN DEADEND.
I...ICH KANN MICH...
... NICHT BEWE-GEN...
AUFHÖREN... BITTE!!!

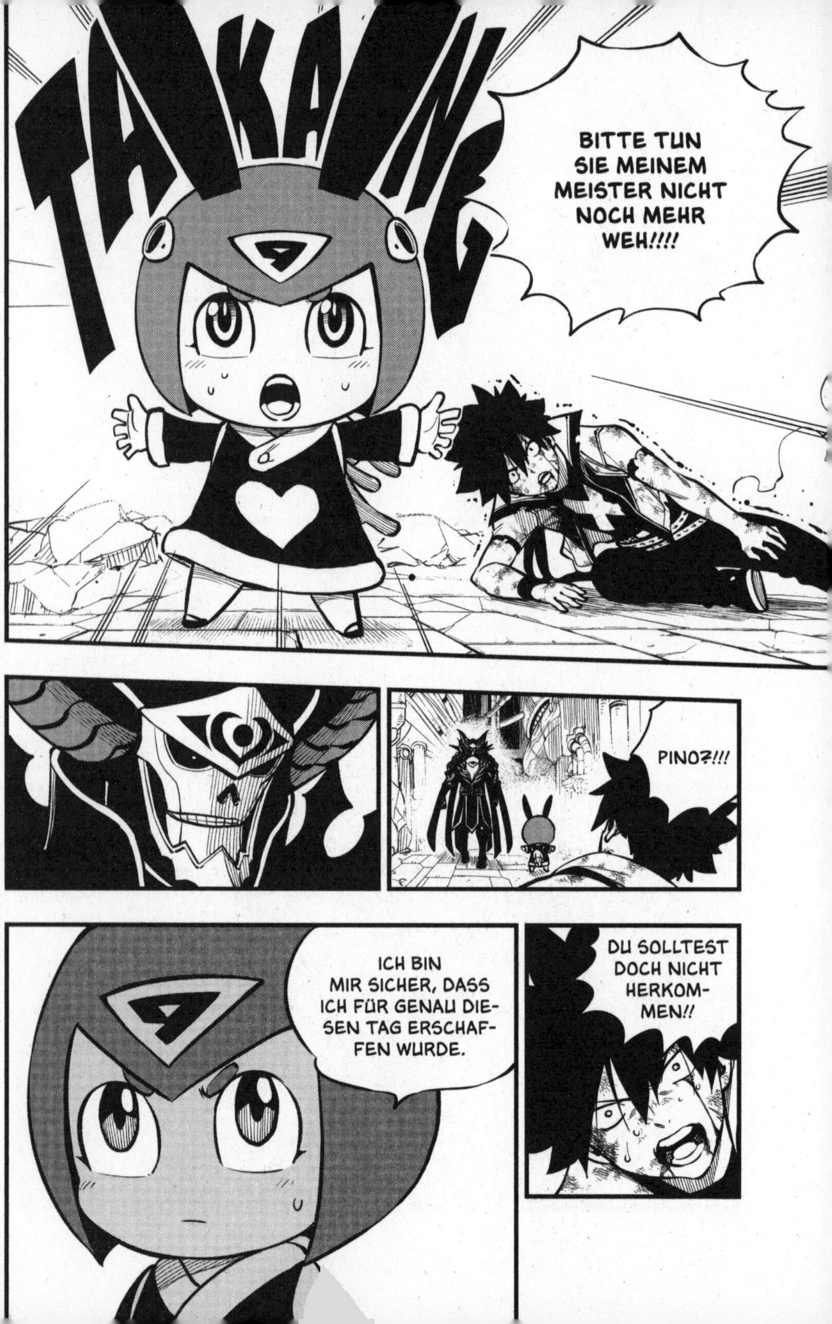
TAKANG
BITTE TUN SIE MEINEM MEISTER NICHT NOCH MEHR WEH!!!!
PINO?!!!
DU SOLLTEST DOCH NICHT HERKOM-MEN!!
ICH BIN MIR SICHER, DASS ICH FÜR GENAU DIE-SEN TAG ERSCHAF-FEN WURDE.

EDENS ZERO

* VERBRECHEN
** GROSSARTIG

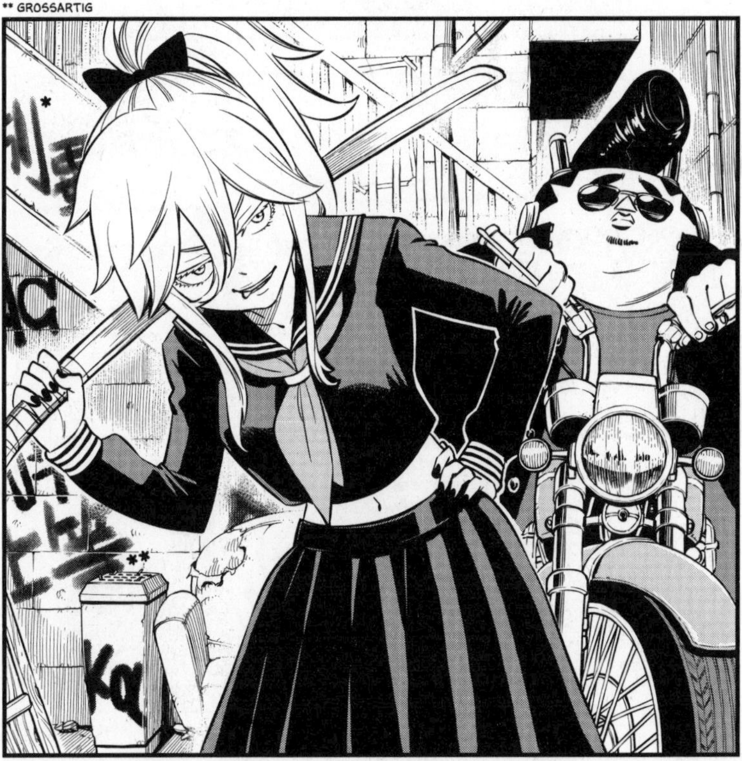

KAPITEL 209: ES GEHT LOS...

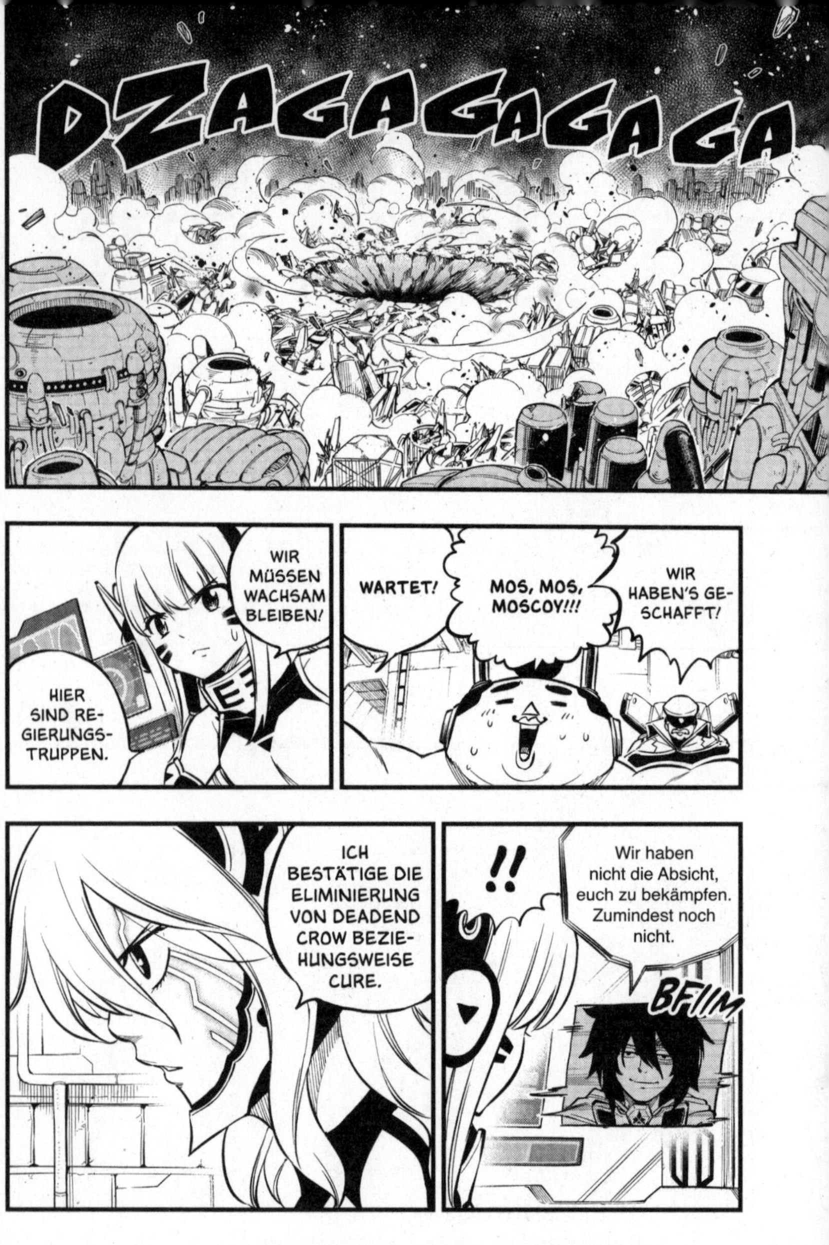
DZAGAGAGAGA
WIR HABEN'S GESCHAFFT!
MOS, MOS, MOSCOY!!!
WARTET!
WIR MÜSSEN WACHSAM BLEIBEN!
HIER SIND REGIERUNGSTRUPPEN.
!!
Wir haben nicht die Absicht, euch zu bekämpfen. Zumindest noch nicht.
BFIIM
ICH BESTÄTIGE DIE ELIMINIERUNG VON DEADEND CROW BEZIEHUNGSWEISE CURE.

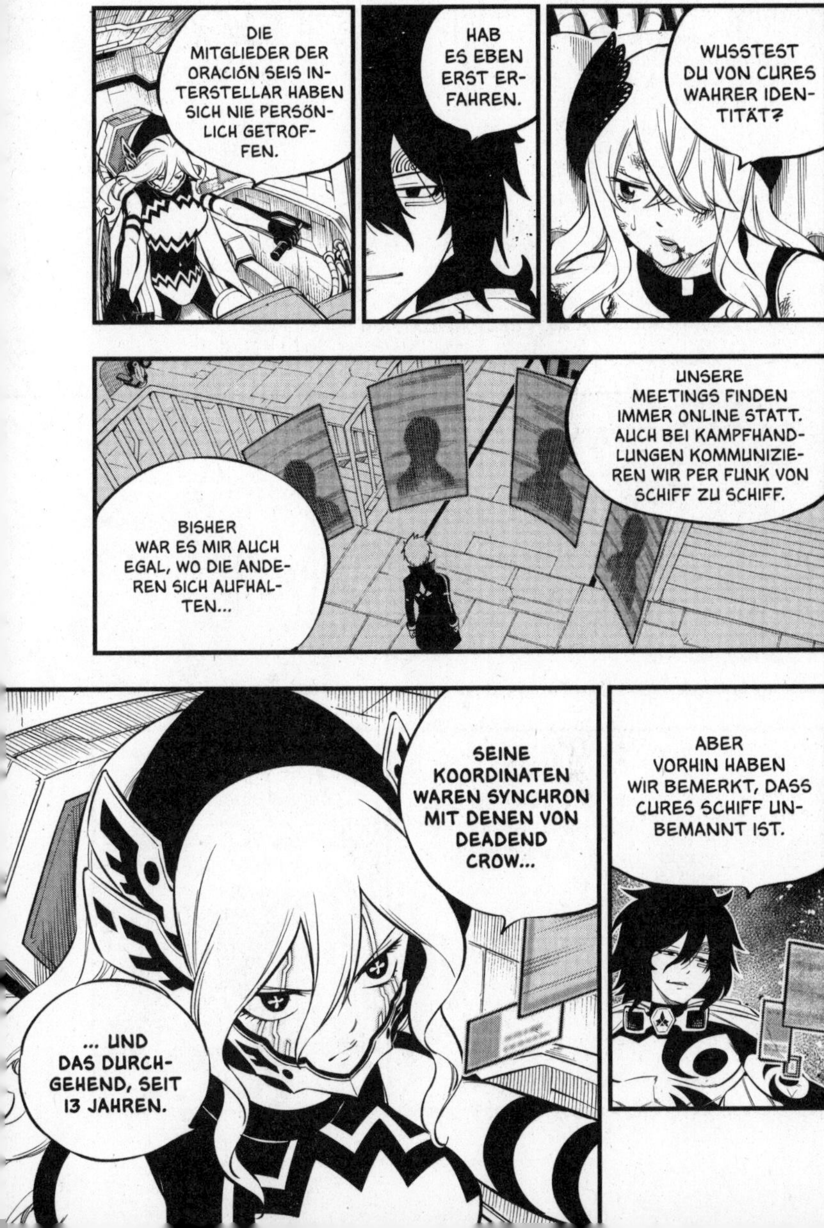

DIE MITGLIEDER DER ORACIÓN SEIS INTERSTELLAR HABEN SICH NIE PERSÖNLICH GETROFFEN.
HAB ES EBEN ERST ERFAHREN.
WUSSTEST DU VON CURES WAHRER IDENTITÄT?
UNSERE MEETINGS FINDEN IMMER ONLINE STATT. AUCH BEI KAMPFHANDLUNGEN KOMMUNIZIEREN WIR PER FUNK VON SCHIFF ZU SCHIFF.
BISHER WAR ES MIR AUCH EGAL, WO DIE ANDEREN SICH AUFHALTEN...
ABER VORHIN HABEN WIR BEMERKT, DASS CURES SCHIFF UNBEMANNT IST.
SEINE KOORDINATEN WAREN SYNCHRON MIT DENEN VON DEADEND CROW...
... UND DAS DURCHGEHEND, SEIT 13 JAHREN.

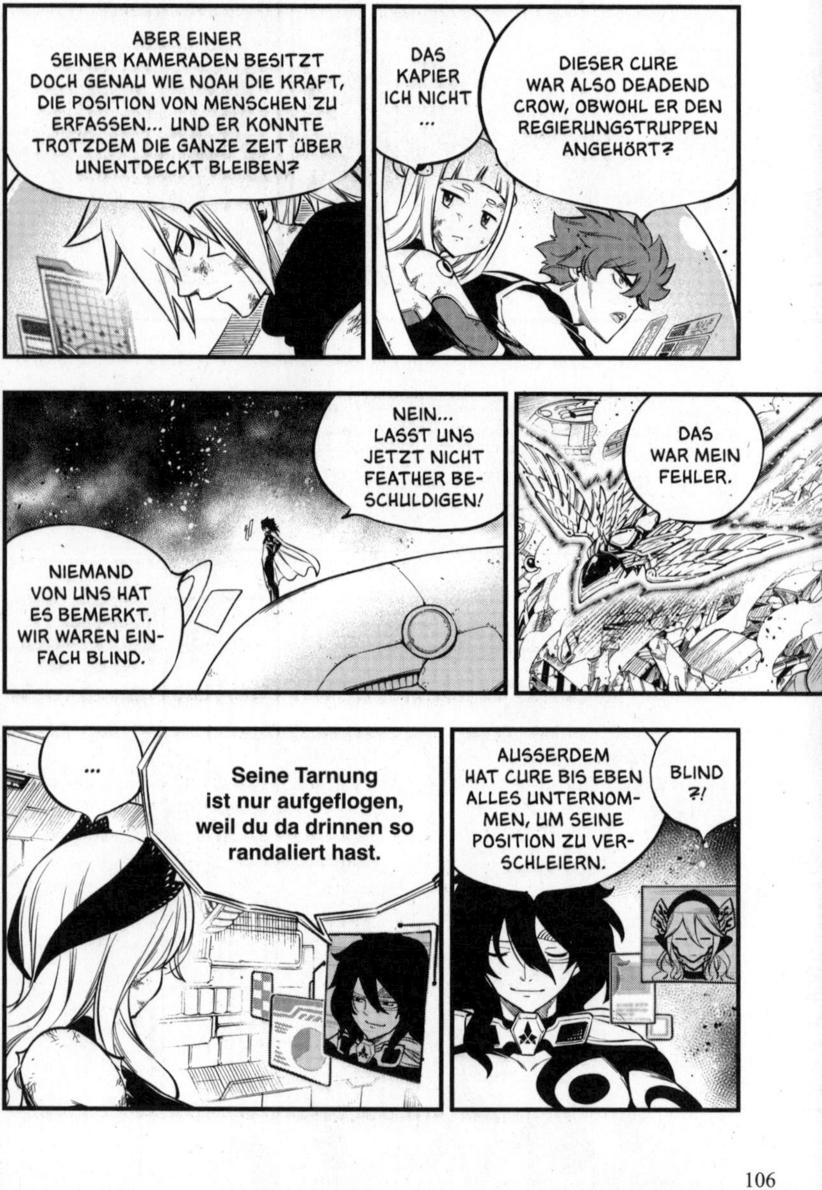
DIESER CURE WAR ALSO DEADEND CROW, OBWOHL ER DEN REGIERUNGSTRUPPEN ANGEHÖRT?
DAS KAPIER ICH NICHT ...
ABER EINER SEINER KAMERADEN BESITZT DOCH GENAU WIE NOAH DIE KRAFT, DIE POSITION VON MENSCHEN ZU ERFASSEN... UND ER KONNTE TROTZDEM DIE GANZE ZEIT ÜBER UNENTDECKT BLEIBEN?
DAS WAR MEIN FEHLER.
NEIN... LASST UNS JETZT NICHT FEATHER BESCHULDIGEN!
NIEMAND VON UNS HAT ES BEMERKT. WIR WAREN EINFACH BLIND.
BLIND ?!
AUSSERDEM HAT CURE BIS EBEN ALLES UNTERNOMMEN, UM SEINE POSITION ZU VERSCHLEIERN.
...
Seine Tarnung ist nur aufgeflogen, weil du da drinnen so randaliert hast.

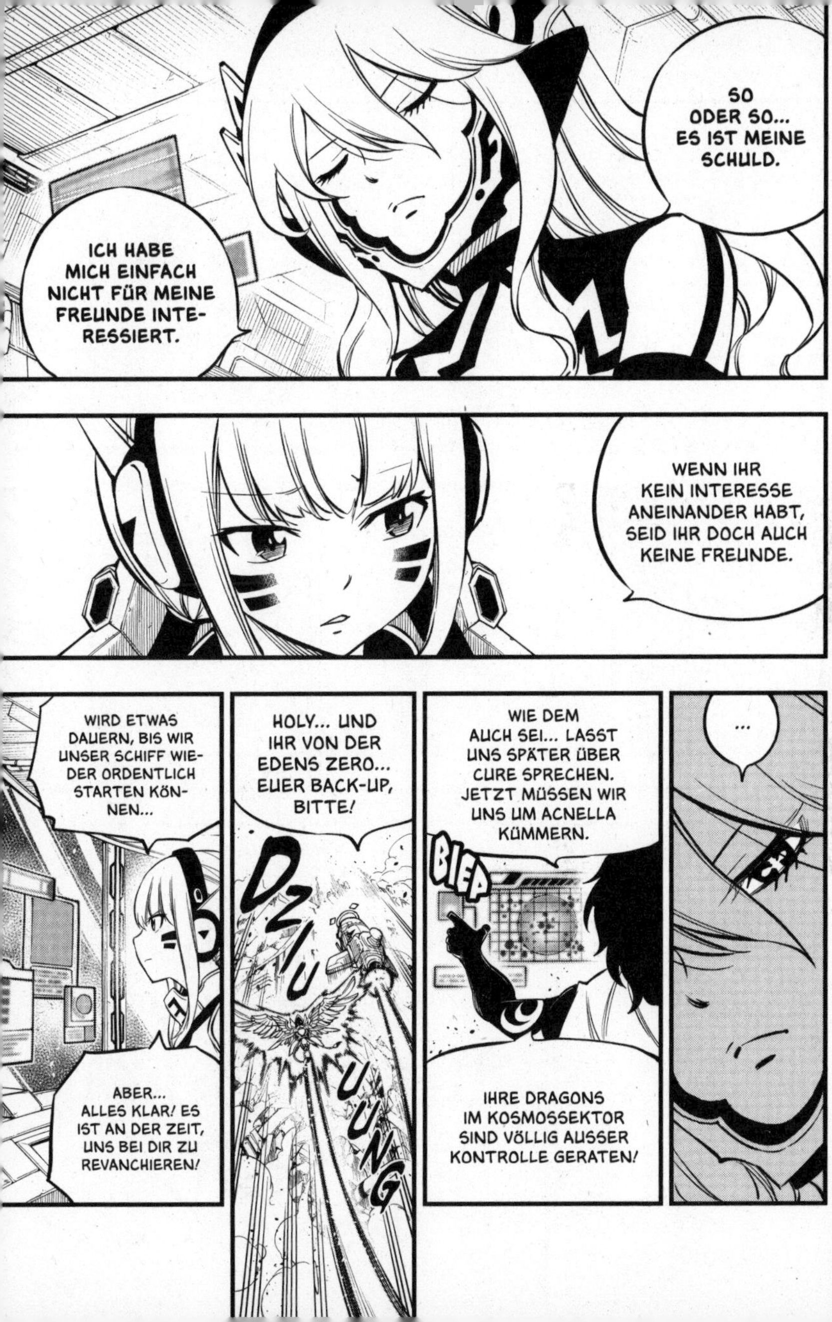
SO ODER SO... ES IST MEINE SCHULD.
ICH HABE MICH EINFACH NICHT FÜR MEINE FREUNDE INTE-RESSIERT.
WENN IHR KEIN INTERESSE ANEINANDER HABT, SEID IHR DOCH AUCH KEINE FREUNDE.
WIRD ETWAS DAUERN, BIS WIR UNSER SCHIFF WIE-DER ORDENTLICH STARTEN KÖN-NEN...
ABER... ALLES KLAR! ES IST AN DER ZEIT, UNS BEI DIR ZU REVANCHIEREN!
HOLY... UND IHR VON DER EDENS ZERO... EUER BACK-UP, BITTE!
DZIUUUNG
WIE DEM AUCH SEI... LASST UNS SPÄTER ÜBER CURE SPRECHEN. JETZT MÜSSEN WIR UNS UM ACNELLA KÜMMERN.
BIEP
IHRE DRAGONS IM KOSMOSSEKTOR SIND VÖLLIG AUSSER KONTROLLE GERATEN!
...

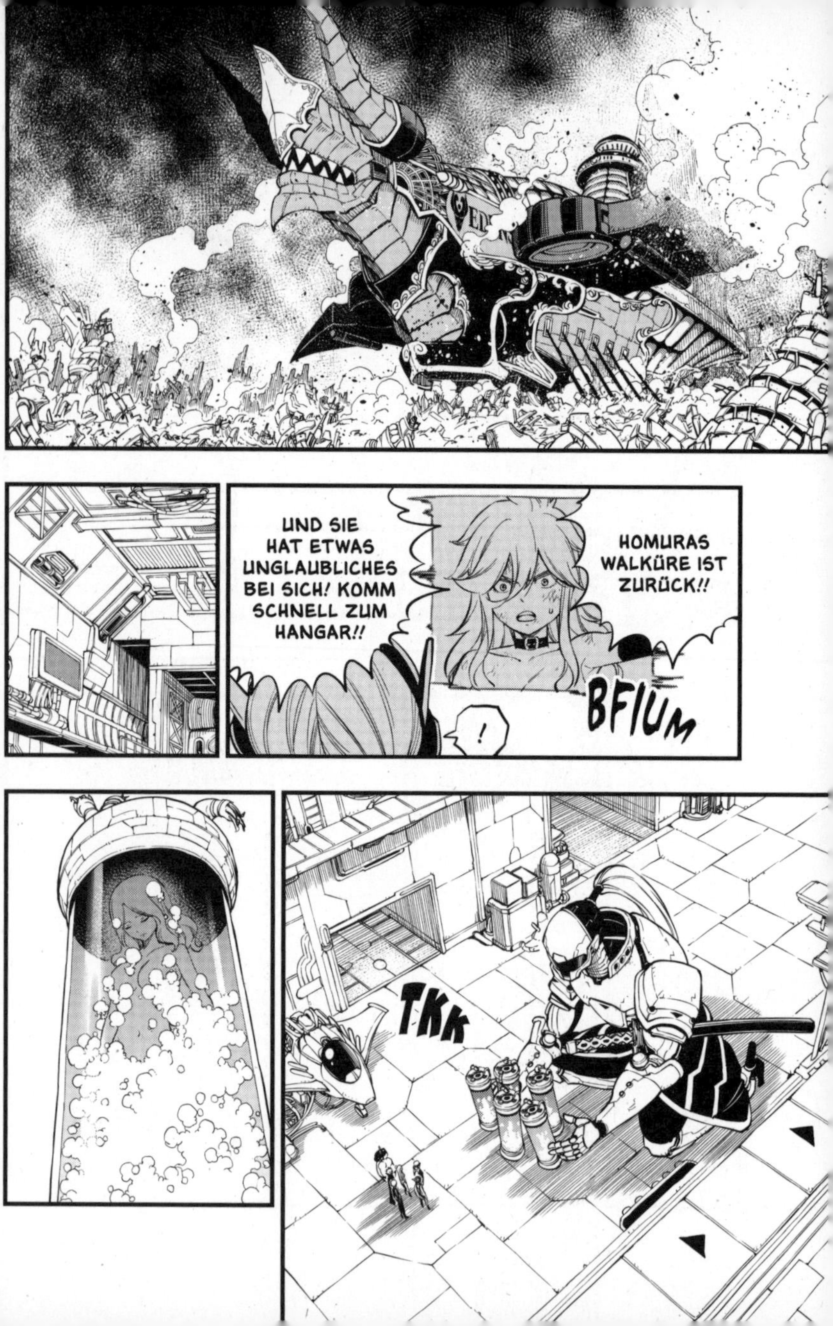
HOMURAS WALKÜRE IST ZURÜCK!!
UND SIE HAT ETWAS UNGLAUBLICHES BEI SICH! KOMM SCHNELL ZUM HANGAR!!
BFIUM
!
TKK

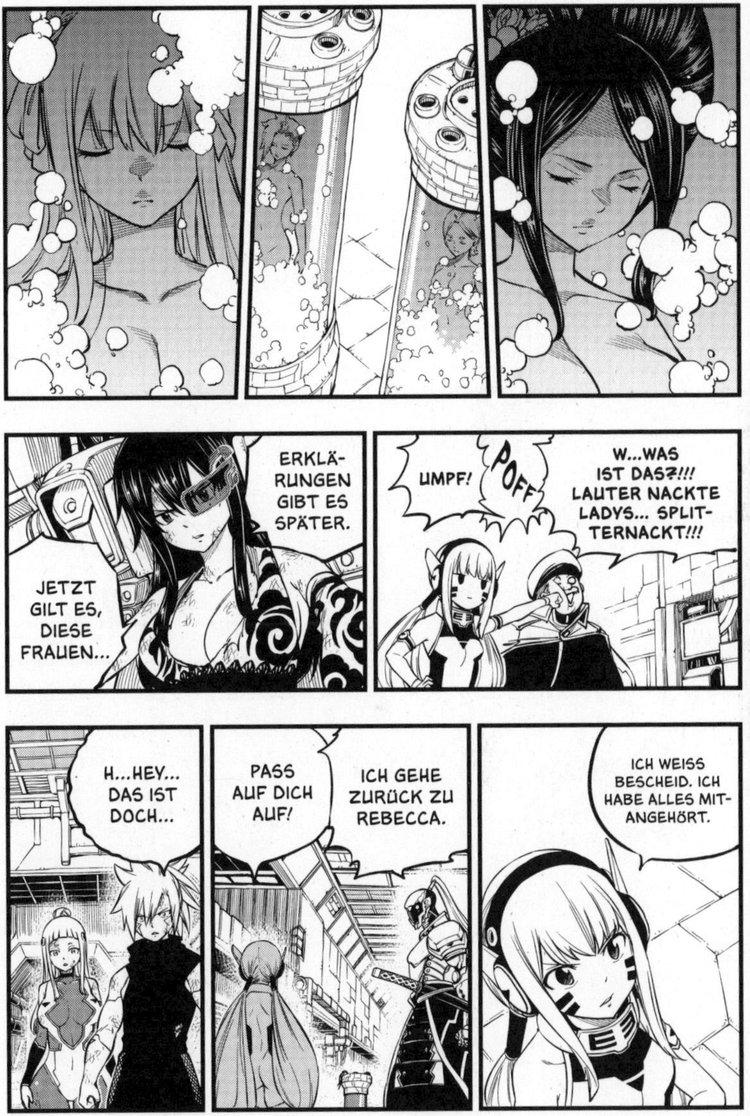
W...WAS IST DAS?!!! LAUTER NACKTE LADYS... SPLITTERNACKT!!!
POFF
UMPF!
ERKLÄRUNGEN GIBT ES SPÄTER.
JETZT GILT ES, DIESE FRAUEN...
ICH WEISS BESCHEID. ICH HABE ALLES MITANGEHÖRT.
ICH GEHE ZURÜCK ZU REBECCA.
PASS AUF DICH AUF!
H...HEY... DAS IST DOCH...

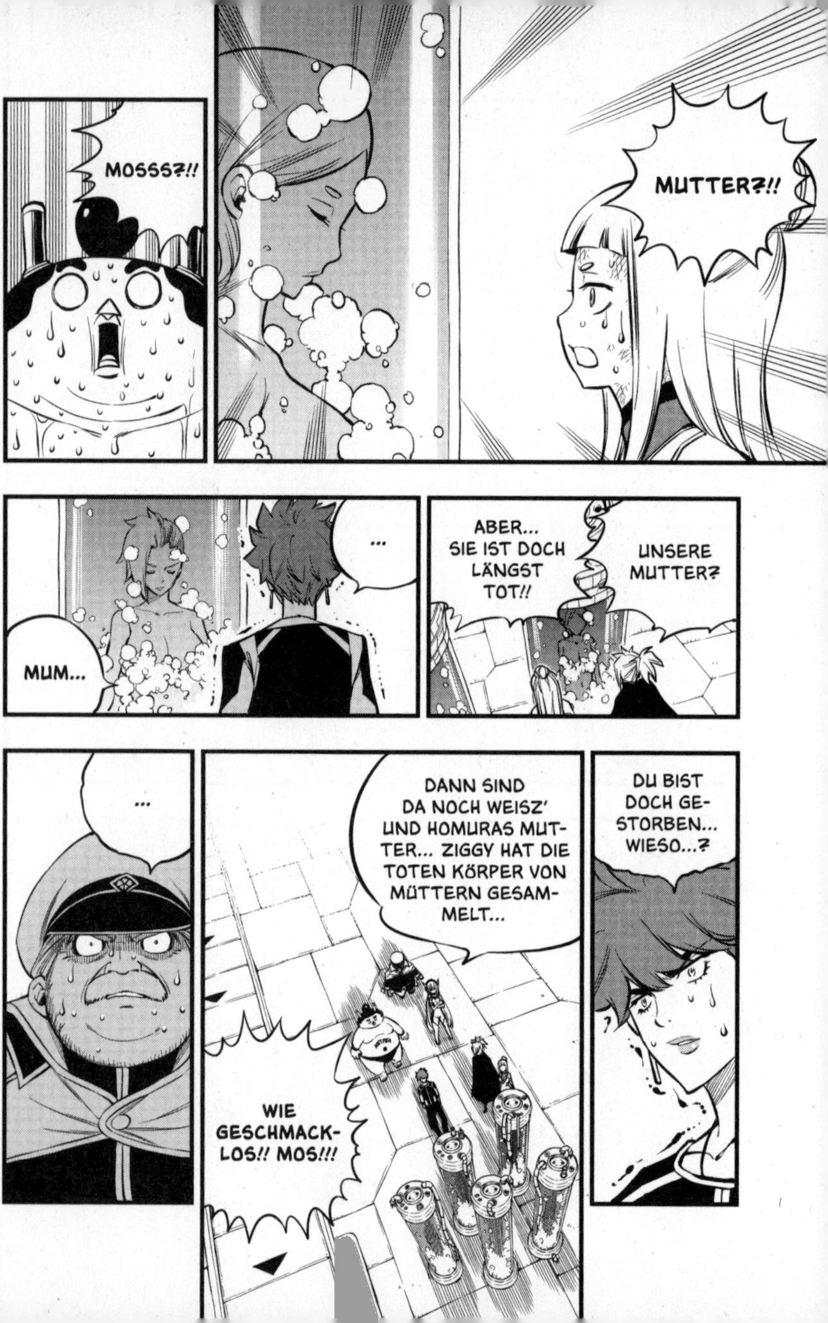
MUTTER?!!
MOSSS?!!
UNSERE MUTTER?
ABER... SIE IST DOCH LÄNGST TOT!!
...
MUM...
DU BIST DOCH GE-STORBEN... WIESO...?
DANN SIND DA NOCH WEISZ' UND HOMURAS MUT-TER... ZIGGY HAT DIE TOTEN KÖRPER VON MÜTTERN GESAM-MELT...
WIE GESCHMACK-LOS!! MOS!!!
...

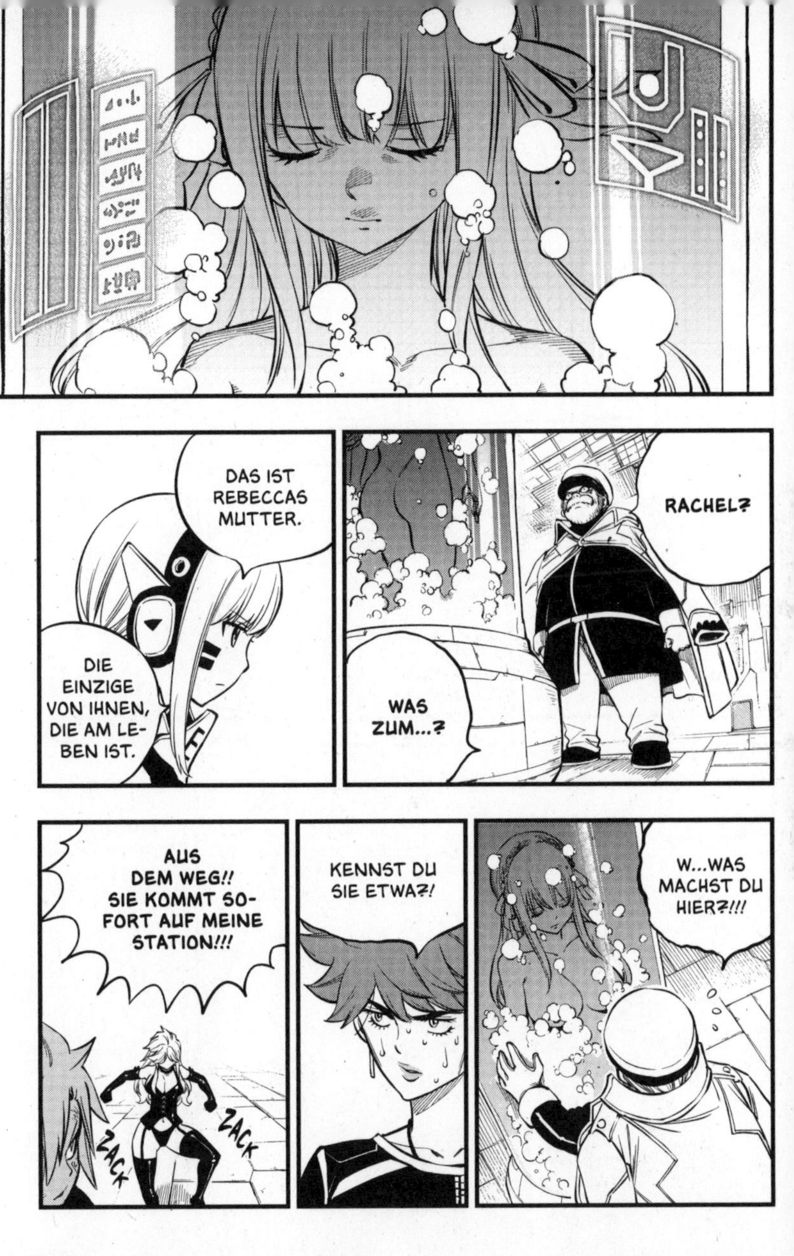
DAS IST REBECCAS MUTTER.
DIE EINZIGE VON IHNEN, DIE AM LEBEN IST.
RACHEL?
WAS ZUM...?
AUS DEM WEG!! SIE KOMMT SOFORT AUF MEINE STATION!!!
ZACK
ZACK
KENNST DU SIE ETWA?!
W...WAS MACHST DU HIER?!!!

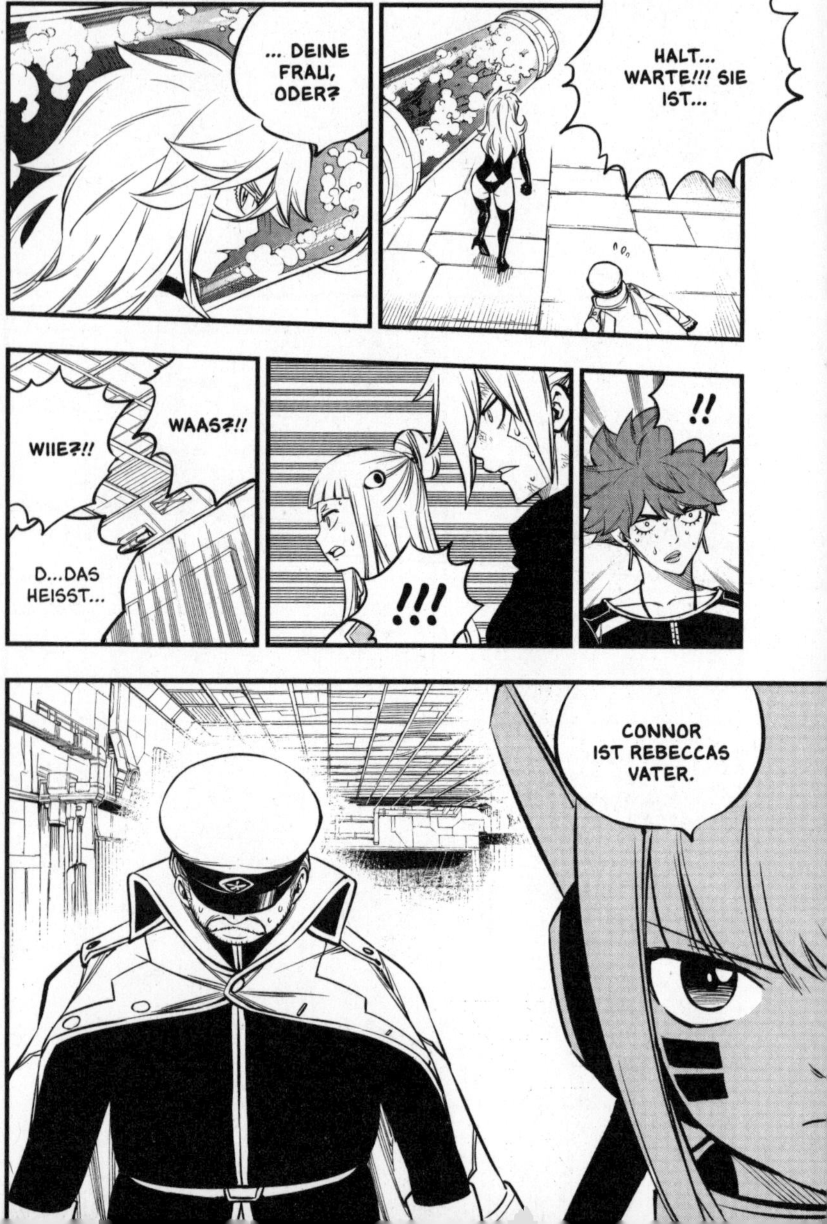

... DEINE FRAU, ODER?
HALT... WARTE!!! SIE IST...
WAAS?!!
WIIE?!!
D...DAS HEISST...
!!!
!!
CONNOR IST REBECCAS VATER.

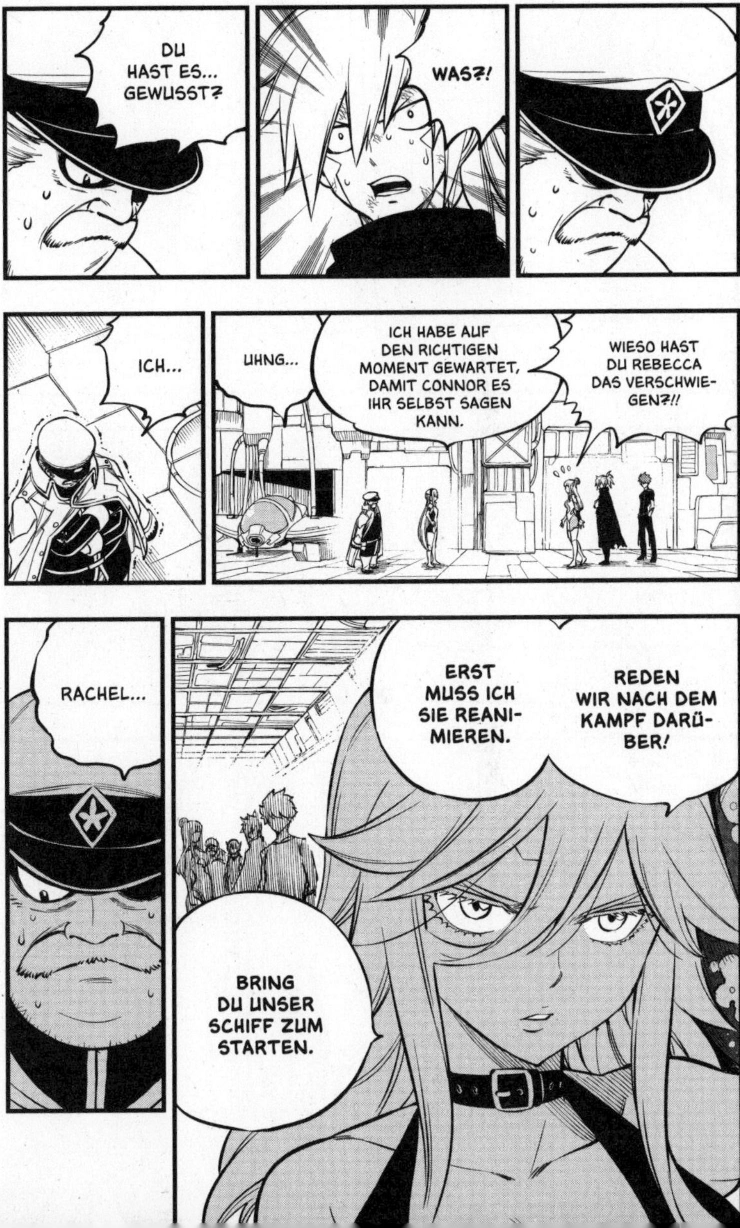
DU HAST ES... GEWUSST?
WAS?!
ICH...
UHNG...
ICH HABE AUF DEN RICHTIGEN MOMENT GEWARTET, DAMIT CONNOR ES IHR SELBST SAGEN KANN.
WIESO HAST DU REBECCA DAS VERSCHWIEGEN?!!
RACHEL...
ERST MUSS ICH SIE REANIMIEREN.
REDEN WIR NACH DEM KAMPF DARÜBER!
BRING DU UNSER SCHIFF ZUM STARTEN.

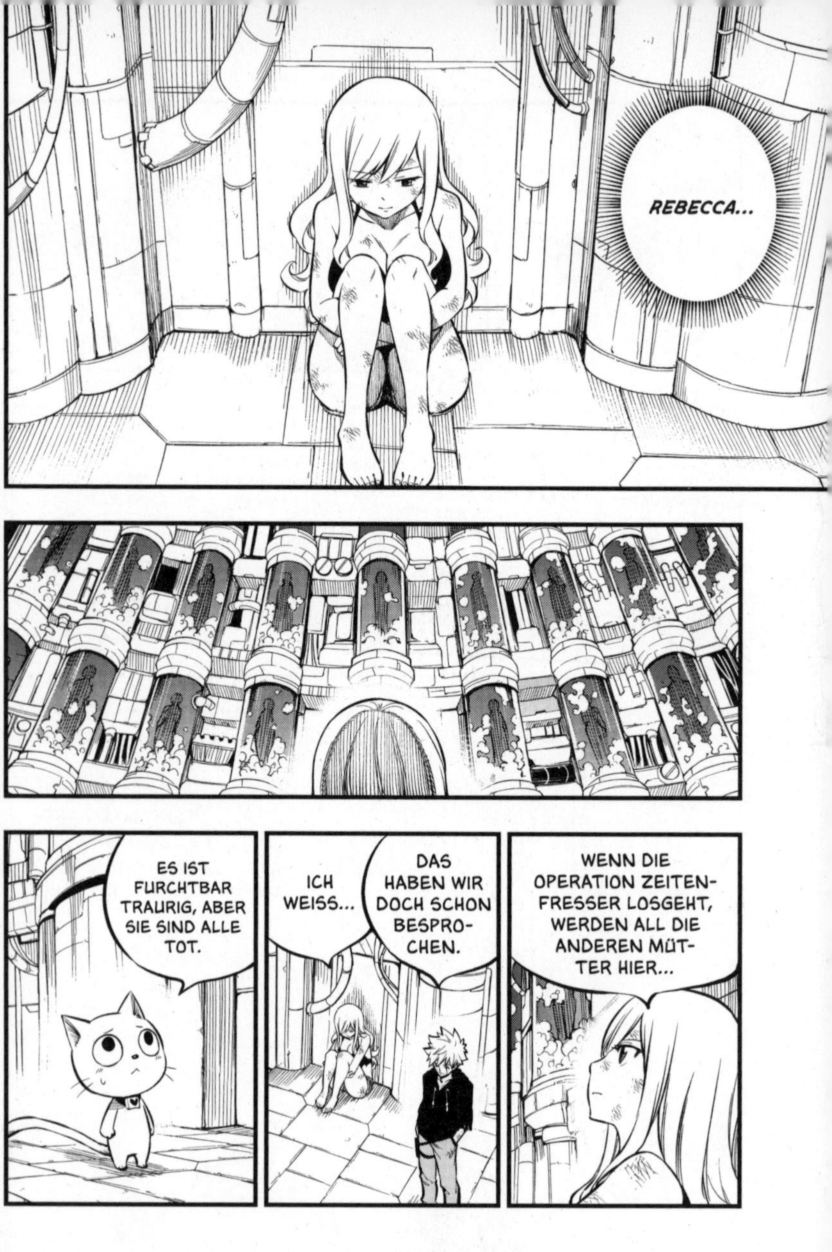
REBECCA...
WENN DIE OPERATION ZEITEN-FRESSER LOSGEHT, WERDEN ALL DIE ANDEREN MÜTTER HIER...
DAS HABEN WIR DOCH SCHON BESPROCHEN.
ICH WEISS...
ES IST FURCHTBAR TRAURIG, ABER SIE SIND ALLE TOT.

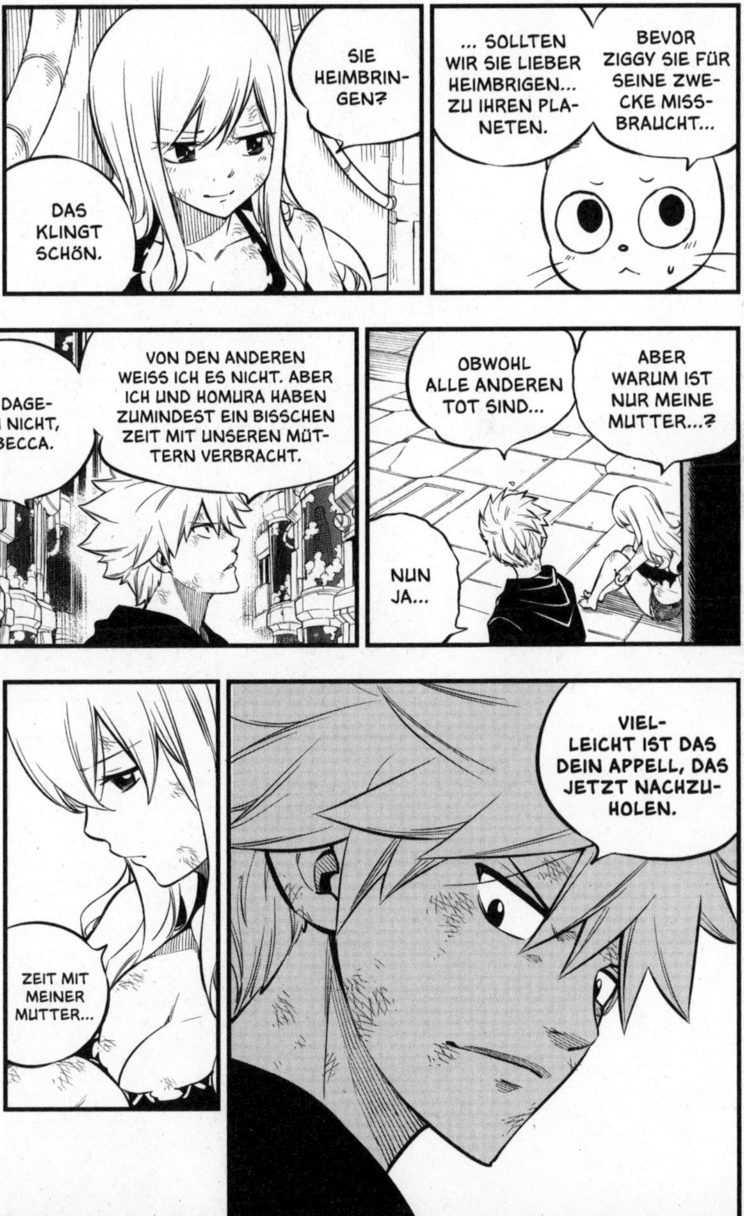
BEVOR ZIGGY SIE FÜR SEINE ZWECKE MISSBRAUCHT...
... SOLLTEN WIR SIE LIEBER HEIMBRIGEN... ZU IHREN PLANETEN.
SIE HEIMBRINGEN?
DAS KLINGT SCHÖN.
ABER WARUM IST NUR MEINE MUTTER...?
OBWOHL ALLE ANDEREN TOT SIND...
NUN JA...
VON DEN ANDEREN WEISS ICH ES NICHT. ABER ICH UND HOMURA HABEN ZUMINDEST EIN BISSCHEN ZEIT MIT UNSEREN MÜTTERN VERBRACHT.
DU DAGEGEN NICHT, REBECCA.
ZEIT MIT MEINER MUTTER...
VIELLEICHT IST DAS DEIN APPELL, DAS JETZT NACHZUHOLEN.

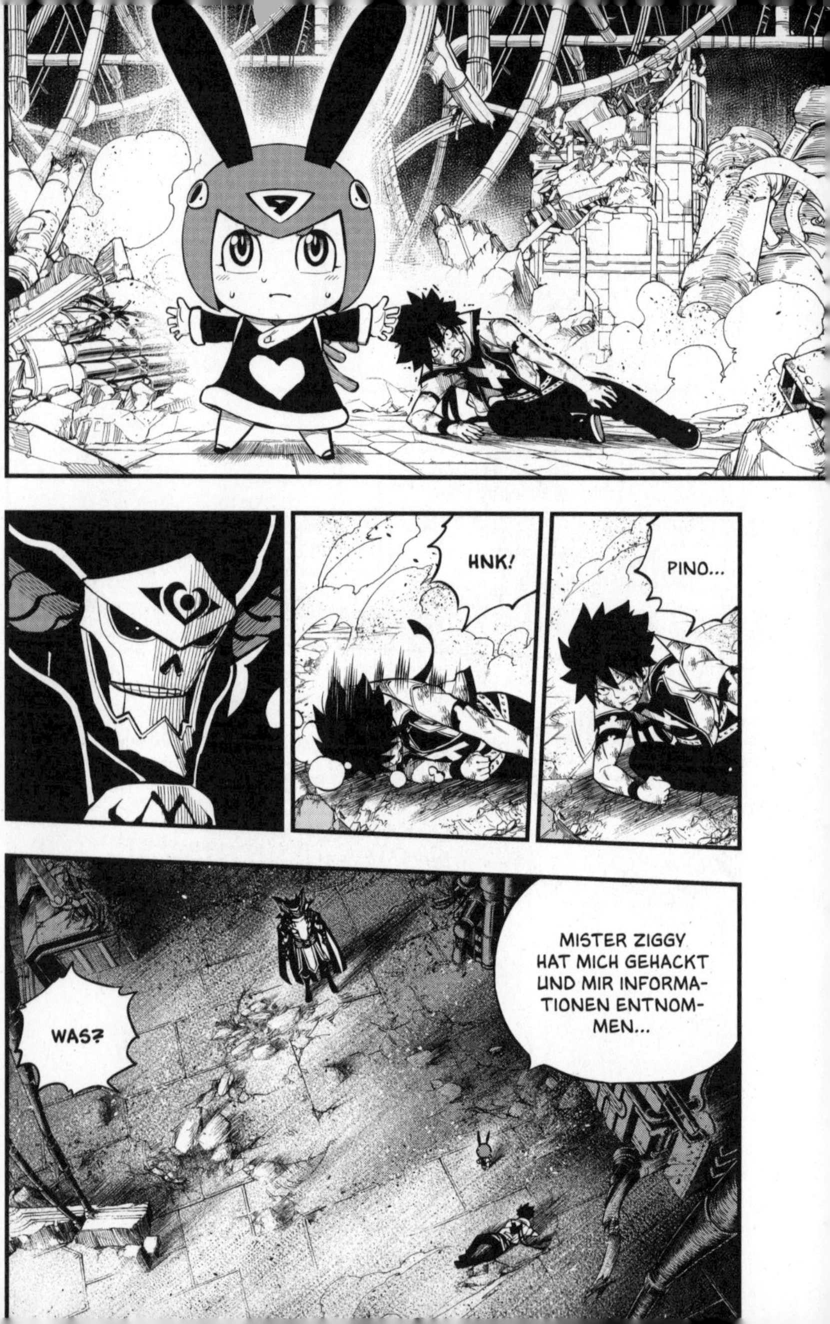
HNK!
PINO...
MISTER ZIGGY HAT MICH GEHACKT UND MIR INFORMATIONEN ENTNOMMEN...
WAS?

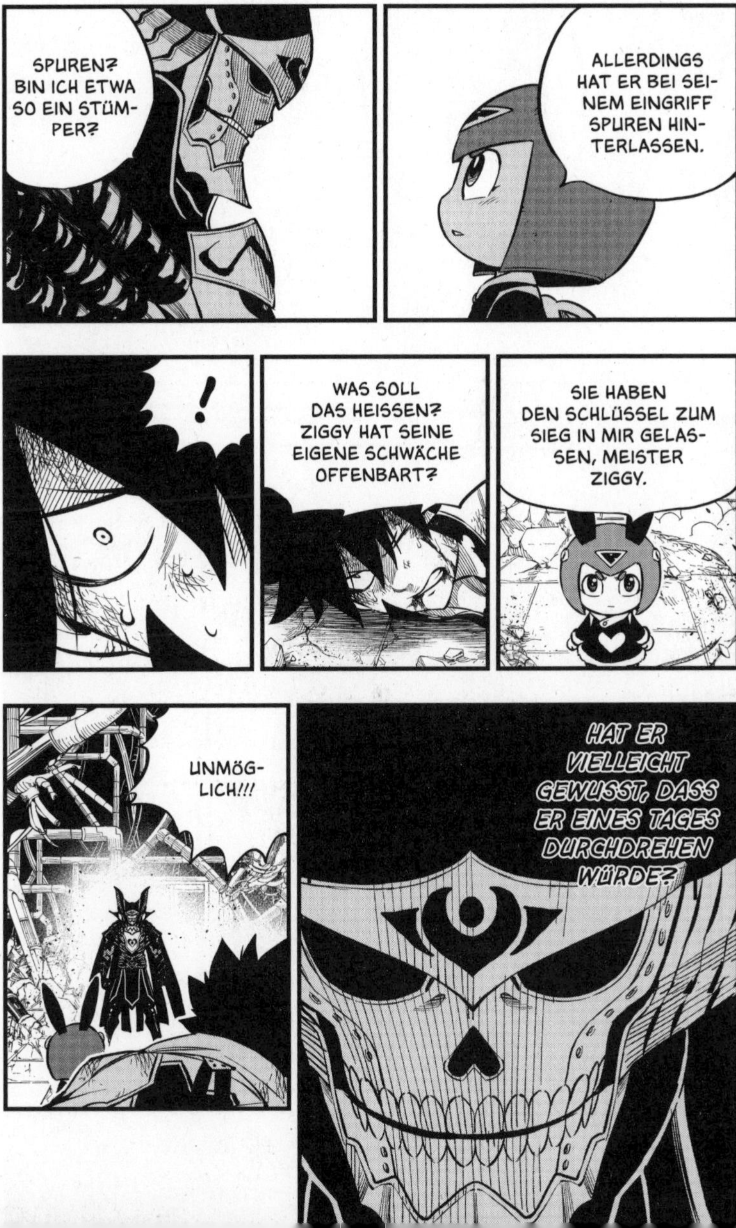

SPUREN? BIN ICH ETWA SO EIN STÜMPER?
ALLERDINGS HAT ER BEI SEINEM EINGRIFF SPUREN HINTERLASSEN.
!
WAS SOLL DAS HEISSEN? ZIGGY HAT SEINE EIGENE SCHWÄCHE OFFENBART?
SIE HABEN DEN SCHLÜSSEL ZUM SIEG IN MIR GELASSEN, MEISTER ZIGGY.
UNMÖGLICH!!!
HAT ER VIELLEICHT GEWUSST, DASS ER EINES TAGES DURCHDREHEN WÜRDE?

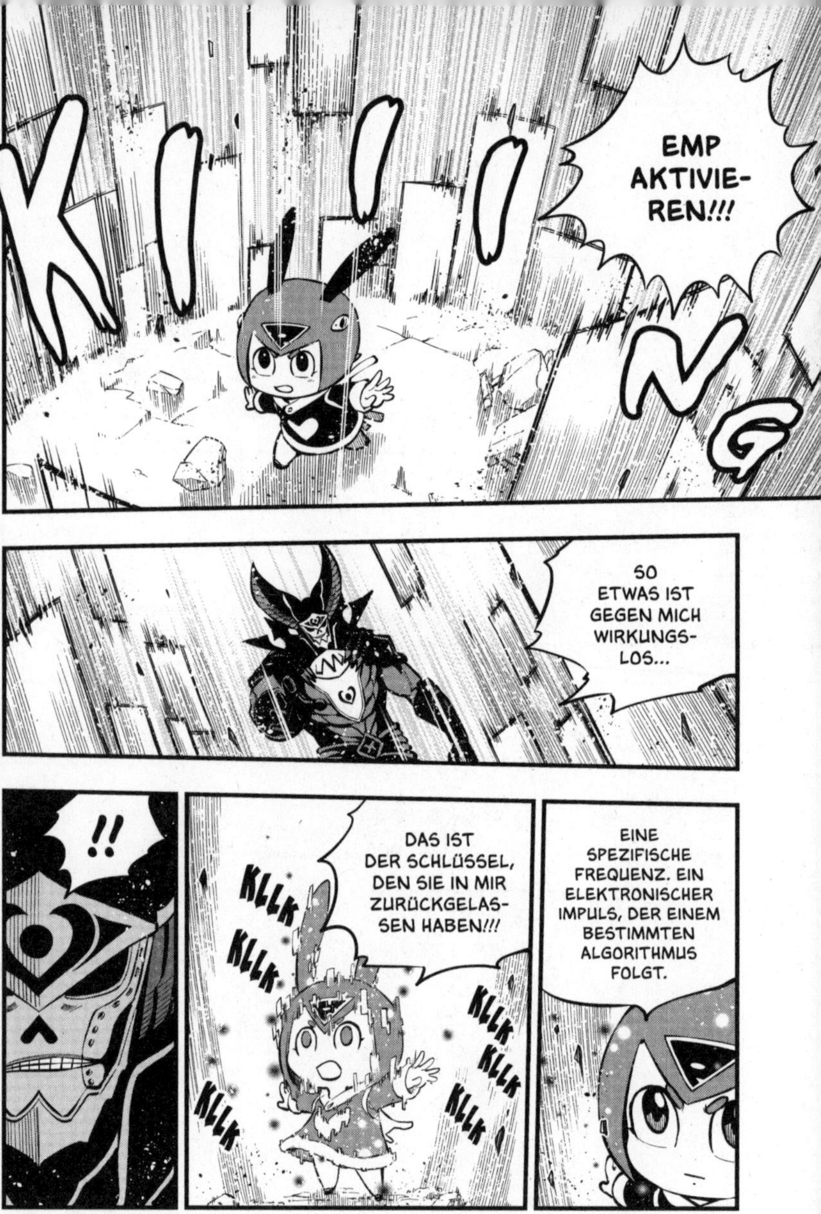
KIIIINNG
EMP AKTIVIE-REN!!!
SO ETWAS IST GEGEN MICH WIRKUNGS-LOS...
!!
KLLK KLLK
DAS IST DER SCHLÜSSEL, DEN SIE IN MIR ZURÜCKGELAS-SEN HABEN!!!
KLLK KLLK KLLK KLLK
EINE SPEZIFISCHE FREQUENZ. EIN ELEKTRONISCHER IMPULS, DER EINEM BESTIMMTEN ALGORITHMUS FOLGT.

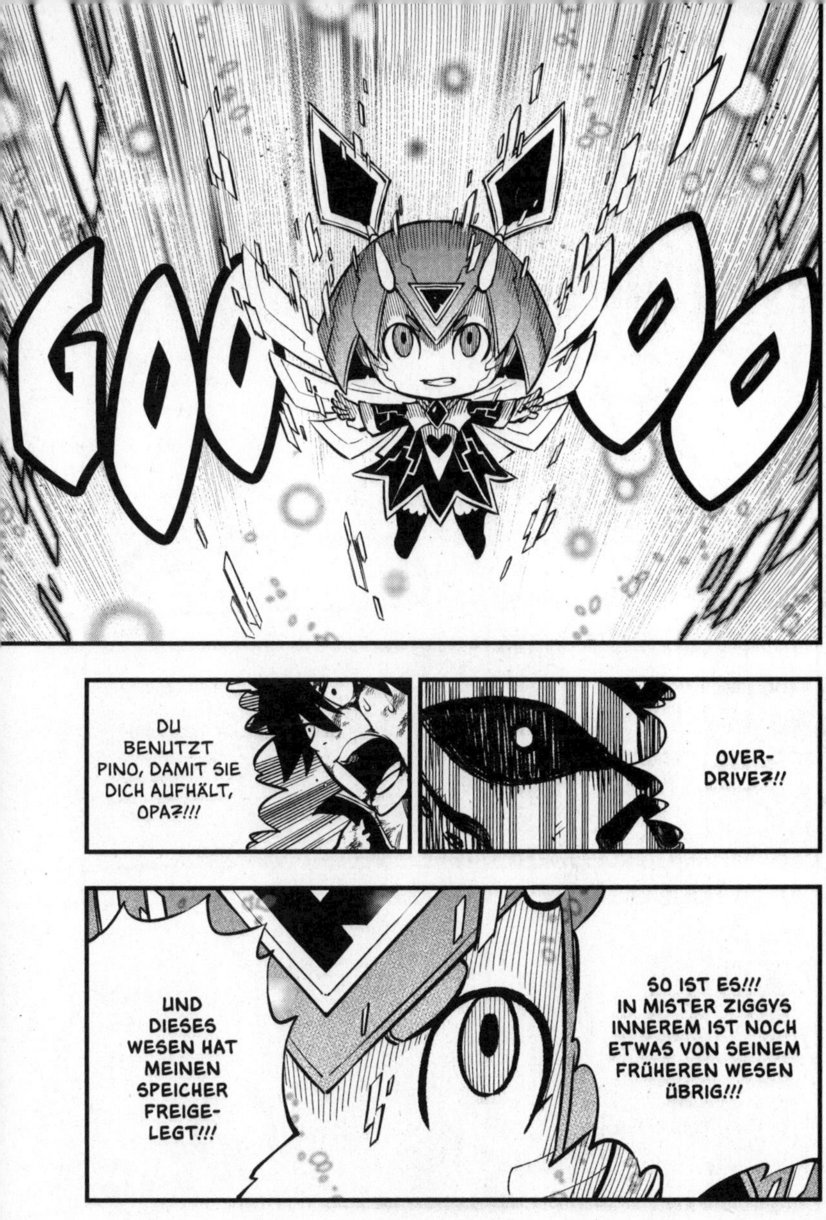
GOOOOO
OVER-DRIVE?!!
DU BENUTZT PINO, DAMIT SIE DICH AUFHÄLT, OPA?!!!
SO IST ES!!! IN MISTER ZIGGYS INNEREM IST NOCH ETWAS VON SEINEM FRÜHEREN WESEN ÜBRIG!!!
UND DIESES WESEN HAT MEINEN SPEICHER FREIGE-LEGT!!!

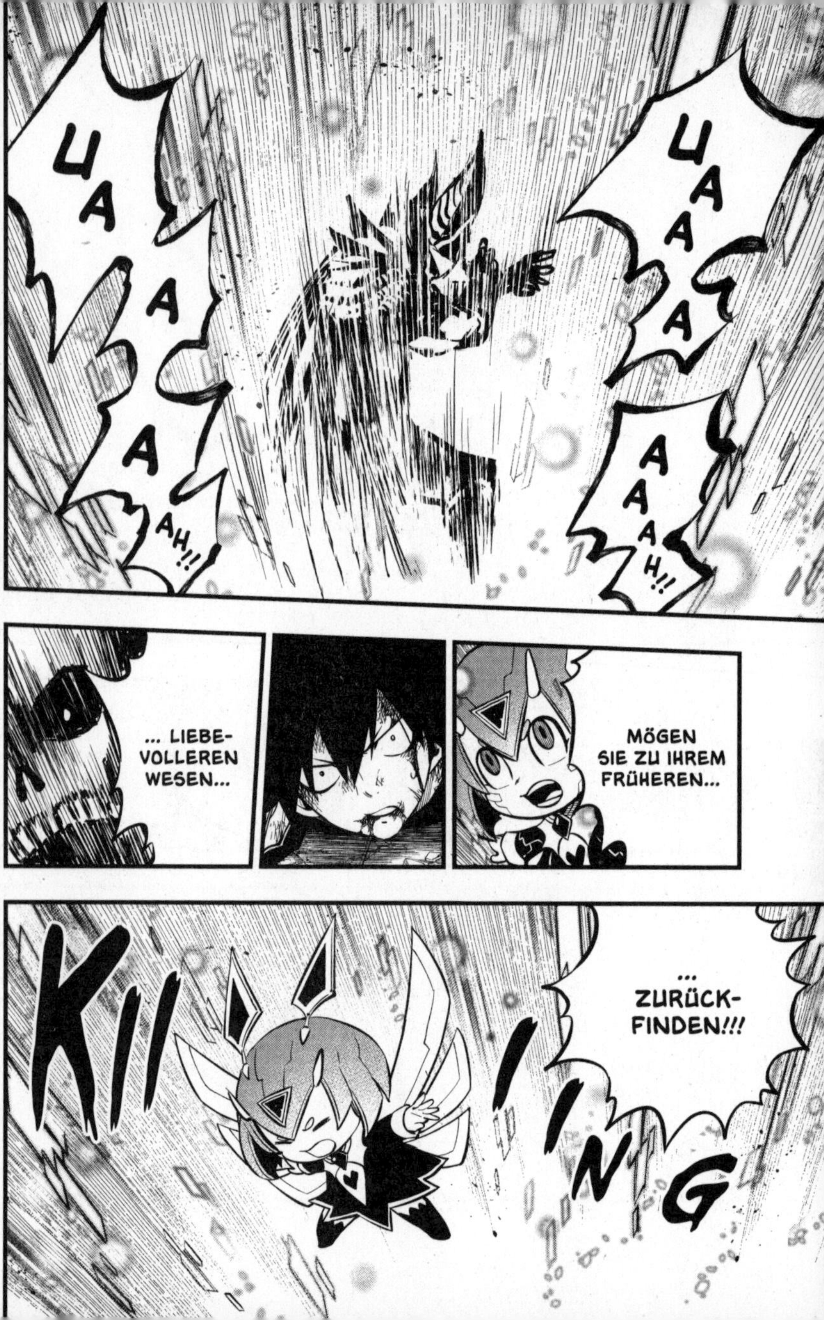
UAAAAAAAH!!
UAAAAH!!
MÖGEN SIE ZU IHREM FRÜHEREN...
... LIEBE-VOLLEREN WESEN...
... ZURÜCK-FINDEN!!!
KIIIIING

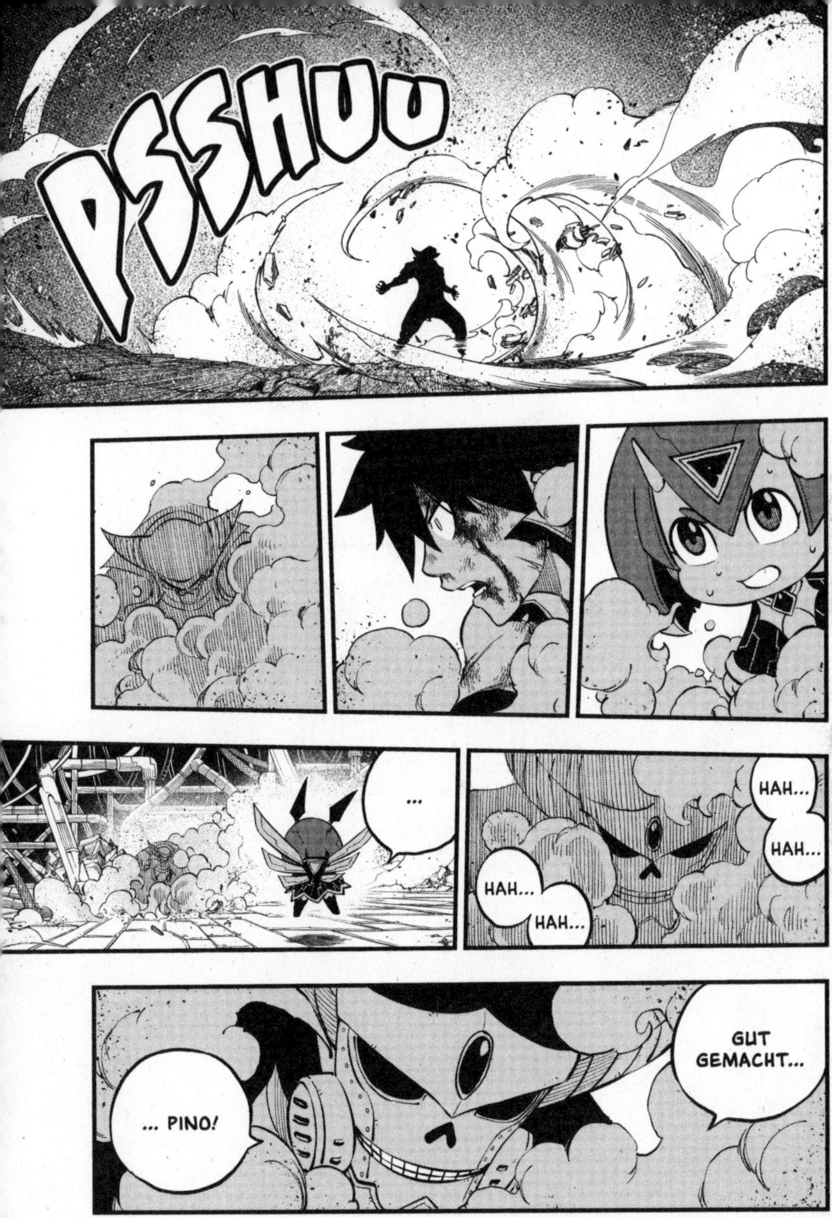
PSSHUU
...
HAH...
HAH...
HAH...
HAH...
GUT GEMACHT...
... PINO!

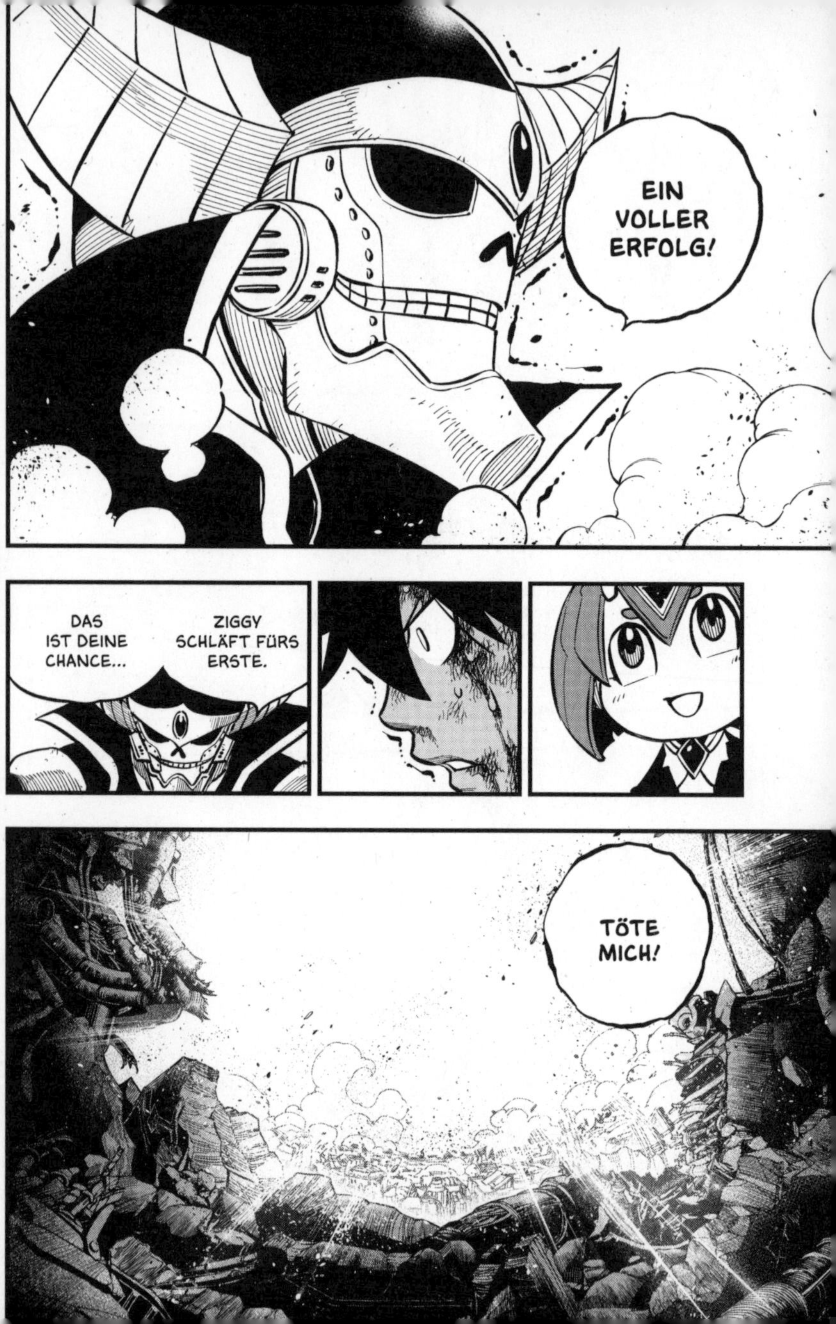
EIN VOLLER ERFOLG!
ZIGGY SCHLÄFT FÜRS ERSTE.
DAS IST DEINE CHANCE...
TÖTE MICH!

EDENS ZERO

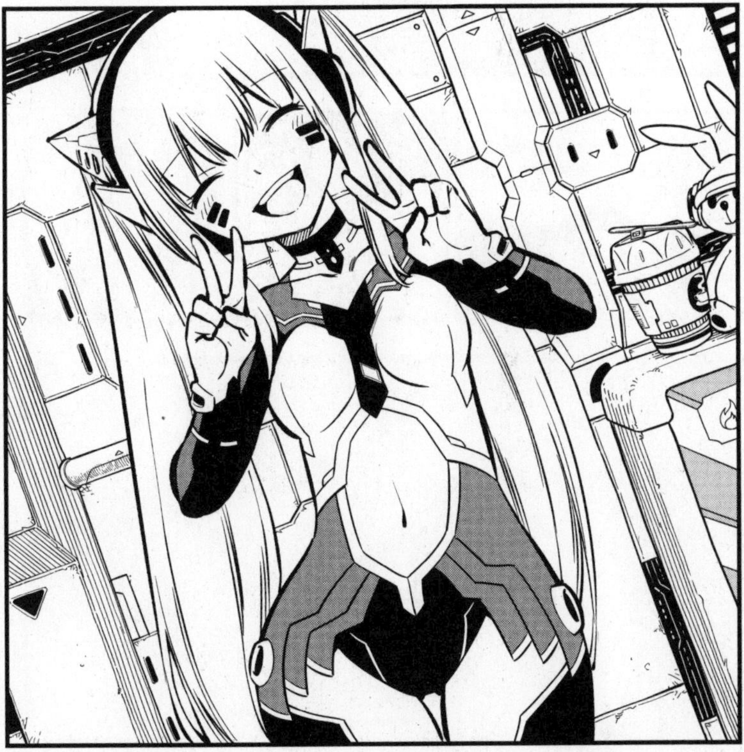

KAPITEL 210: DER WAHRE FEIND

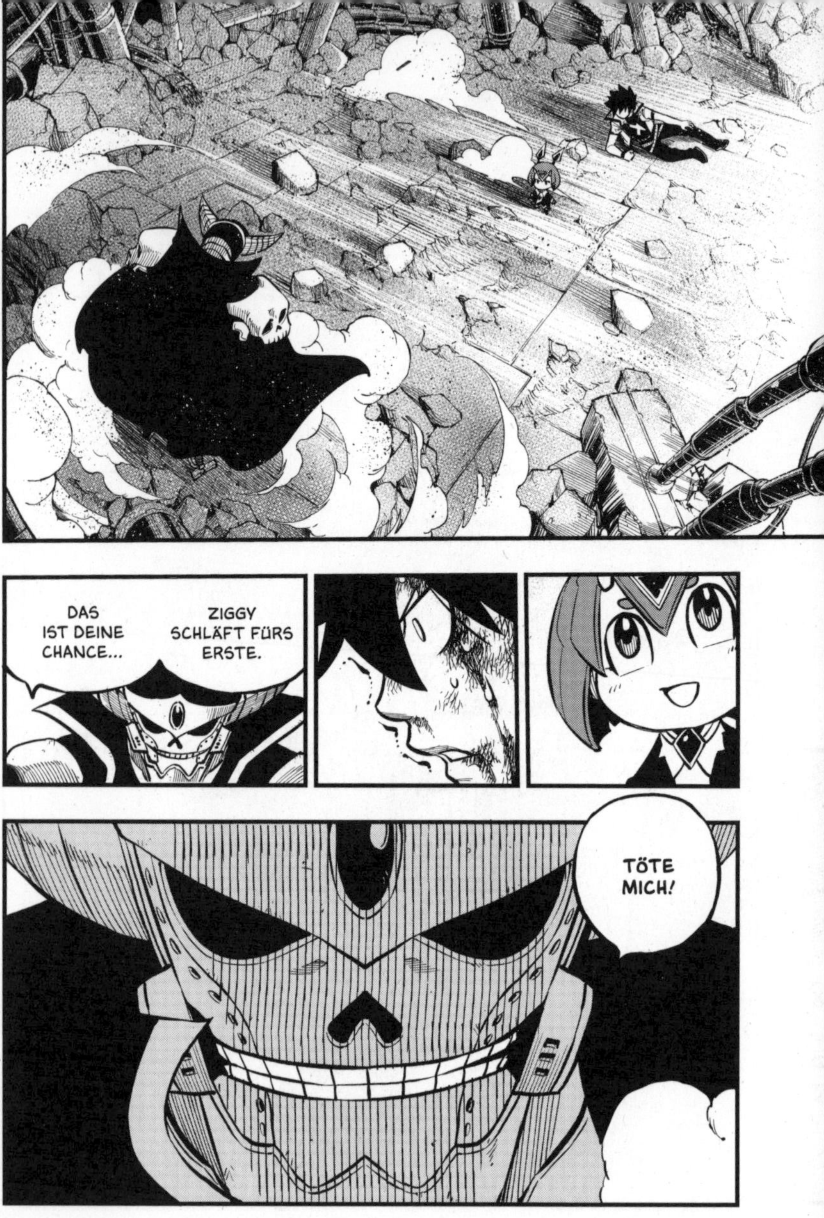
ZIGGY SCHLÄFT FÜRS ERSTE.
DAS IST DEINE CHANCE...
TÖTE MICH!

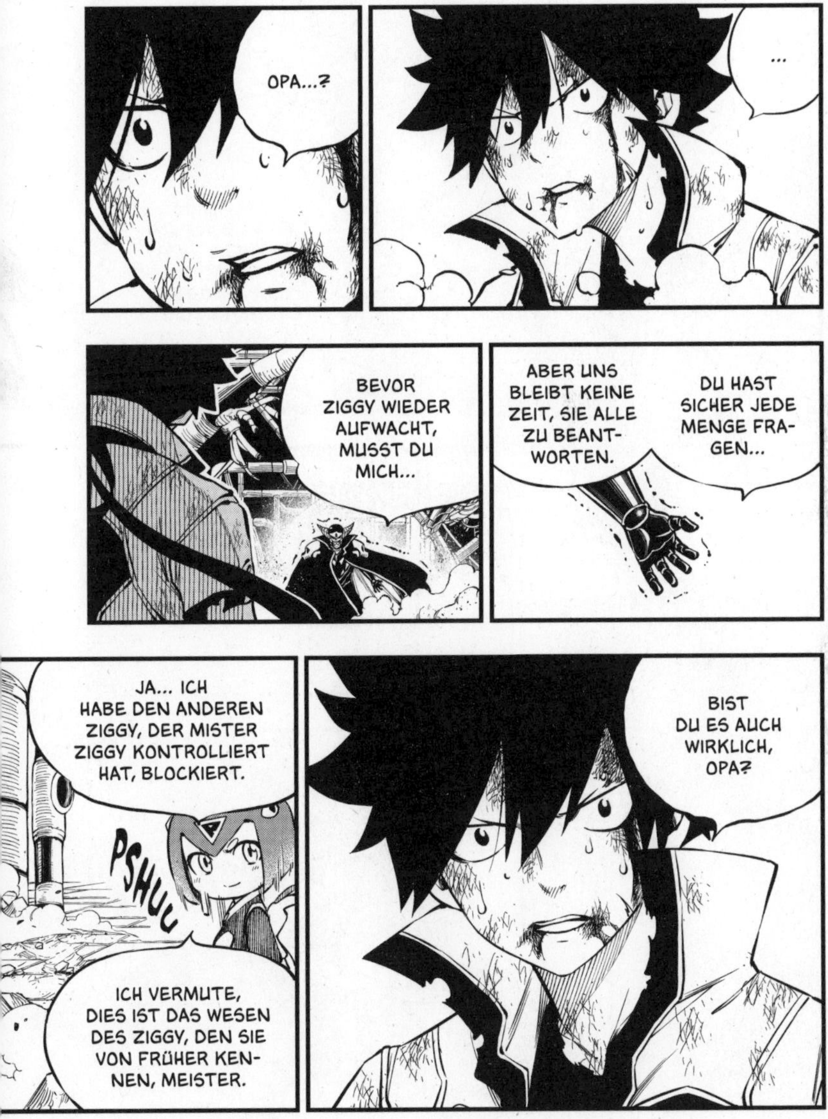
...
OPA...?
DU HAST SICHER JEDE MENGE FRAGEN...
ABER UNS BLEIBT KEINE ZEIT, SIE ALLE ZU BEANTWORTEN.
BEVOR ZIGGY WIEDER AUFWACHT, MUSST DU MICH...
BIST DU ES AUCH WIRKLICH, OPA?
JA... ICH HABE DEN ANDEREN ZIGGY, DER MISTER ZIGGY KONTROLLIERT HAT, BLOCKIERT.
PSHUU
ICH VERMUTE, DIES IST DAS WESEN DES ZIGGY, DEN SIE VON FRÜHER KENNEN, MEISTER.

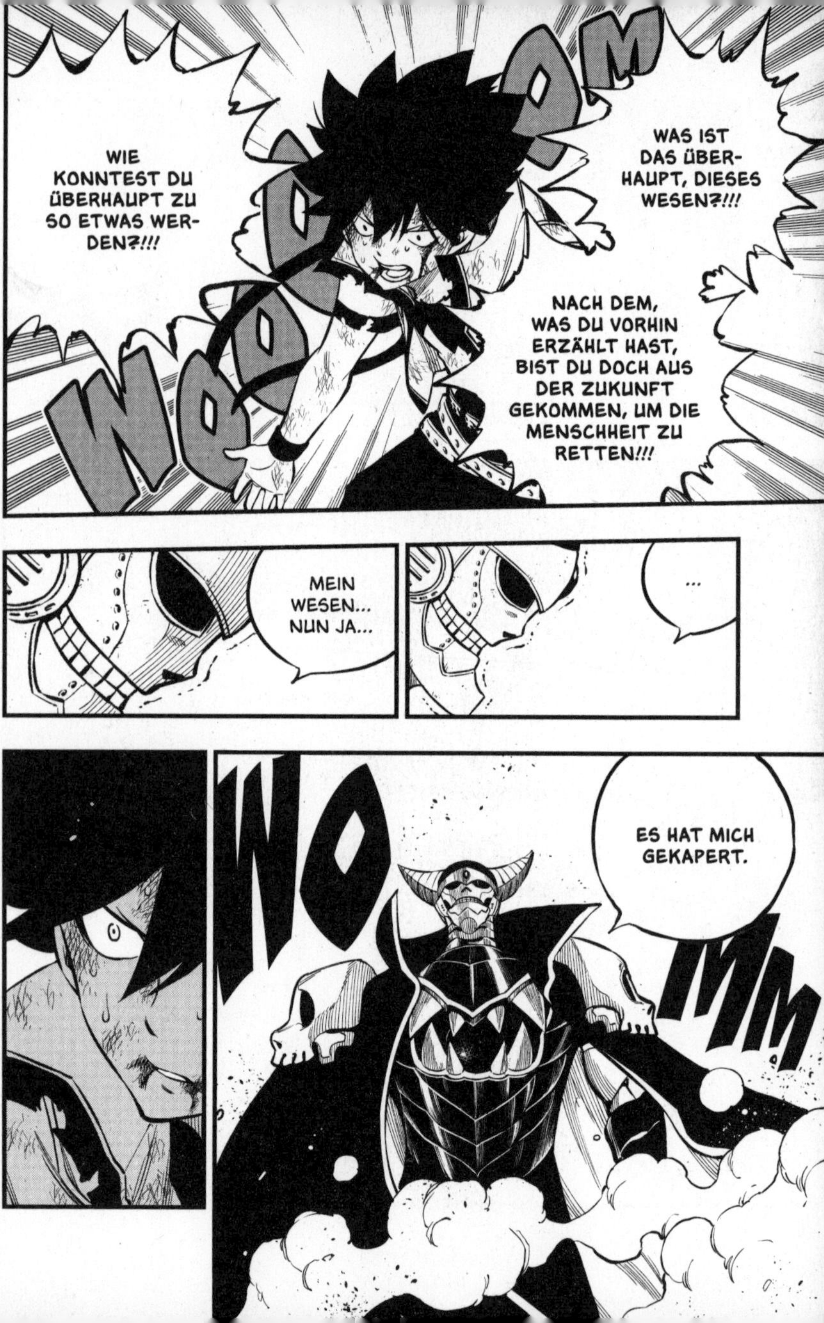
WAS IST DAS ÜBERHAUPT, DIESES WESEN?!!!
WIE KONNTEST DU ÜBERHAUPT ZU SO ETWAS WERDEN?!!!
NACH DEM, WAS DU VORHIN ERZÄHLT HAST, BIST DU DOCH AUS DER ZUKUNFT GEKOMMEN, UM DIE MENSCHHEIT ZU RETTEN!!!
MEIN WESEN... NUN JA...
...
ES HAT MICH GEKAPERT.

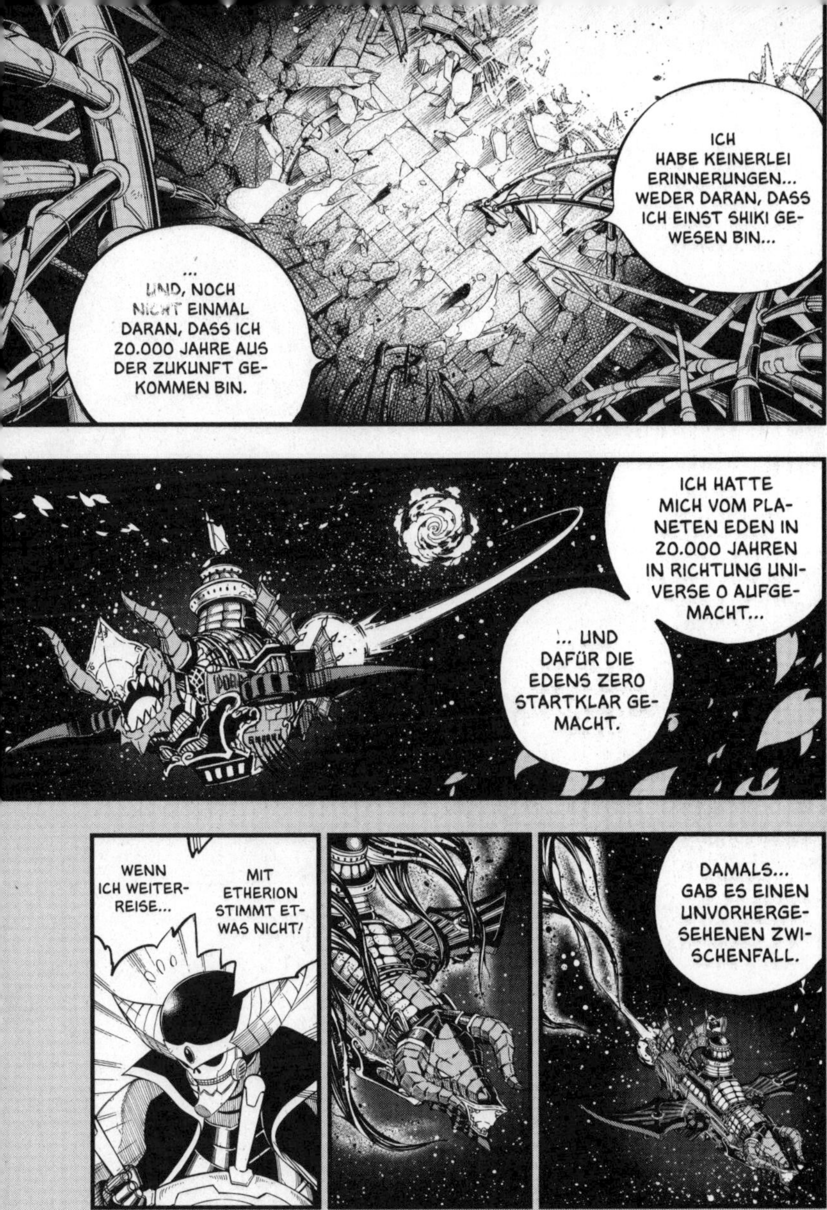
ICH HABE KEINERLEI ERINNERUNGEN... WEDER DARAN, DASS ICH EINST SHIKI GEWESEN BIN...
... UND, NOCH NICHT EINMAL DARAN, DASS ICH 20.000 JAHRE AUS DER ZUKUNFT GEKOMMEN BIN.
ICH HATTE MICH VOM PLANETEN EDEN IN 20.000 JAHREN IN RICHTUNG UNIVERSE 0 AUFGEMACHT...
... UND DAFÜR DIE EDENS ZERO STARTKLAR GEMACHT.
DAMALS... GAB ES EINEN UNVORHERGESEHENEN ZWISCHENFALL.
MIT ETHERION STIMMT ETWAS NICHT!
WENN ICH WEITERREISE...

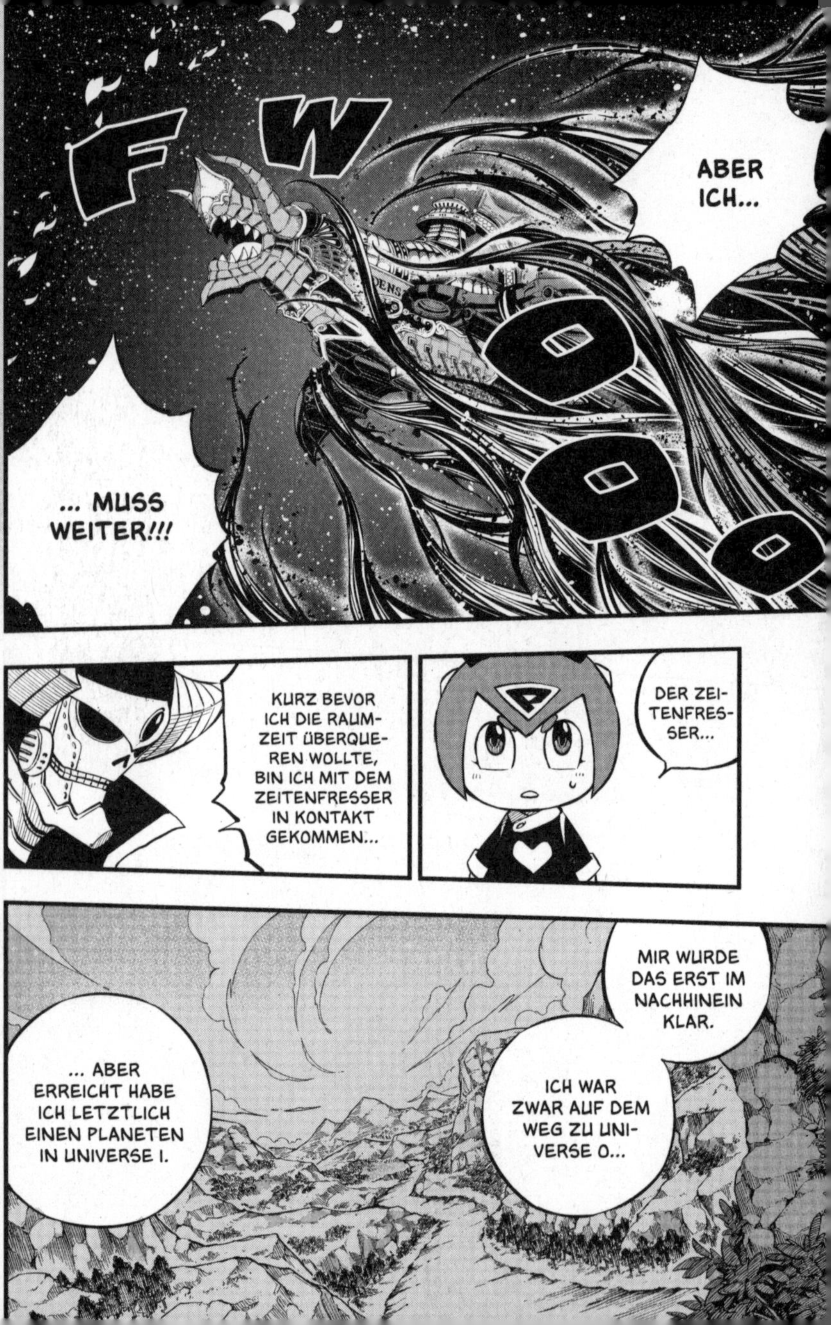
FWOOO
ABER ICH...
... MUSS WEITER!!!
KURZ BEVOR ICH DIE RAUMZEIT ÜBERQUEREN WOLLTE, BIN ICH MIT DEM ZEITENFRESSER IN KONTAKT GEKOMMEN...
DER ZEITENFRESSER...
MIR WURDE DAS ERST IM NACHHINEIN KLAR.
ICH WAR ZWAR AUF DEM WEG ZU UNIVERSE 0...
... ABER ERREICHT HABE ICH LETZTLICH EINEN PLANETEN IN UNIVERSE 1.

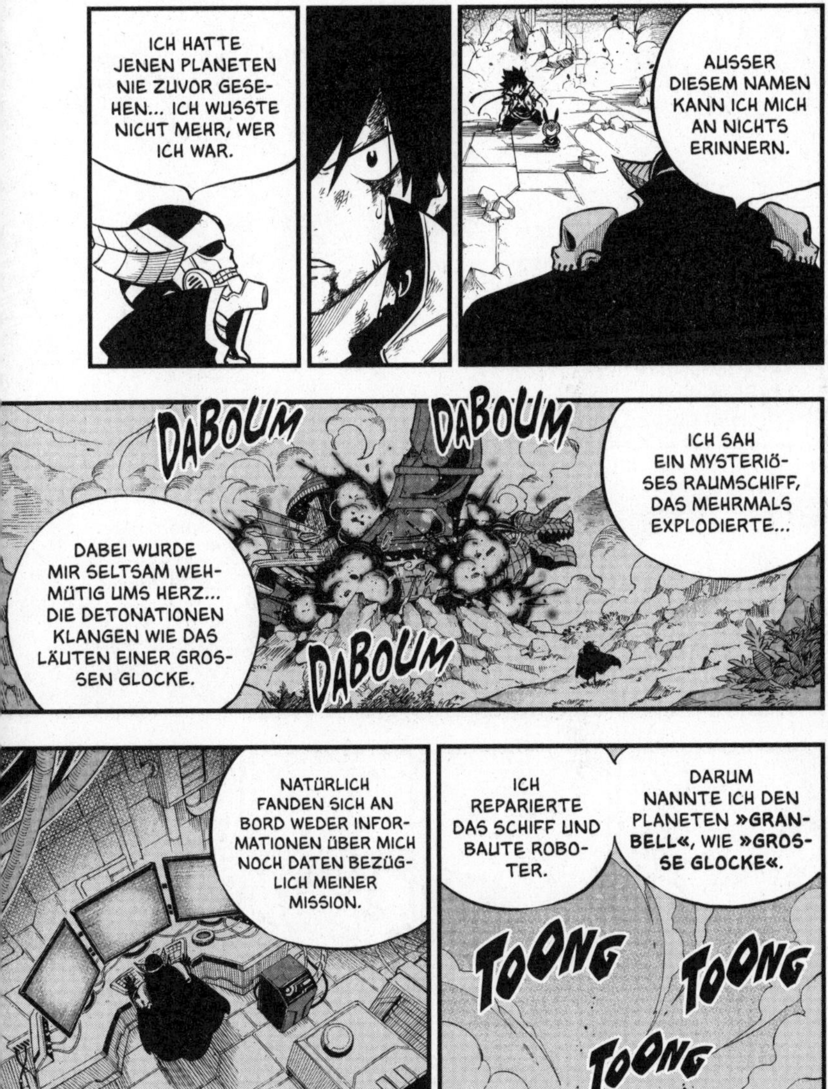
ICH HATTE JENEN PLANETEN NIE ZUVOR GESEHEN... ICH WUSSTE NICHT MEHR, WER ICH WAR.
AUSSER DIESEM NAMEN KANN ICH MICH AN NICHTS ERINNERN.
DABOUM
DABOUM
ICH SAH EIN MYSTERIÖSES RAUMSCHIFF, DAS MEHRMALS EXPLODIERTE...
DABEI WURDE MIR SELTSAM WEHMÜTIG UMS HERZ... DIE DETONATIONEN KLANGEN WIE DAS LÄUTEN EINER GROSSEN GLOCKE.
DABOUM
NATÜRLICH FANDEN SICH AN BORD WEDER INFORMATIONEN ÜBER MICH NOCH DATEN BEZÜGLICH MEINER MISSION.
ICH REPARIERTE DAS SCHIFF UND BAUTE ROBOTER.
DARUM NANNTE ICH DEN PLANETEN »GRANBELL«, WIE »GROSSE GLOCKE«.
TOONG
TOONG
TOONG

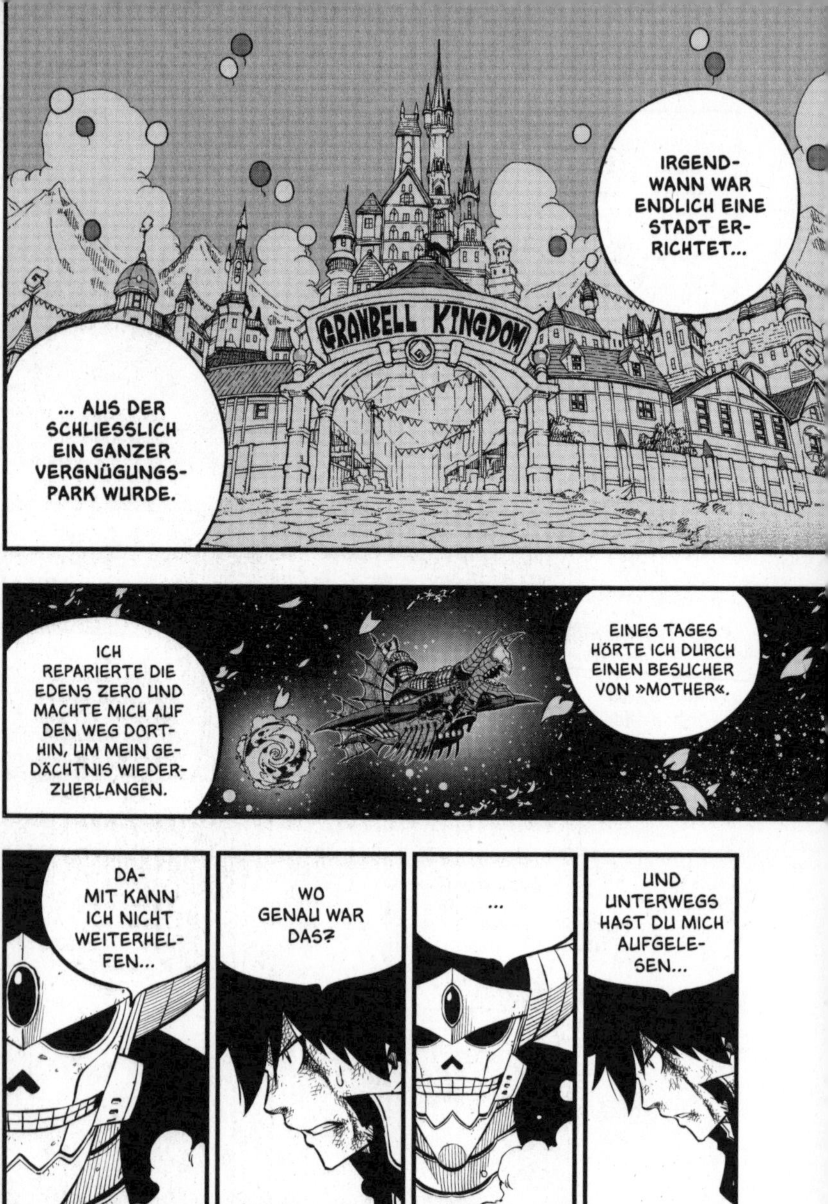
IRGENDWANN WAR ENDLICH EINE STADT ERRICHTET...
GRANBELL KINGDOM
... AUS DER SCHLIESSLICH EIN GANZER VERGNÜGUNGSPARK WURDE.
EINES TAGES HÖRTE ICH DURCH EINEN BESUCHER VON »MOTHER«.
ICH REPARIERTE DIE EDENS ZERO UND MACHTE MICH AUF DEN WEG DORTHIN, UM MEIN GEDÄCHTNIS WIEDERZUERLANGEN.
UND UNTERWEGS HAST DU MICH AUFGELESEN...
...
WO GENAU WAR DAS?
DAMIT KANN ICH NICHT WEITERHELFEN...

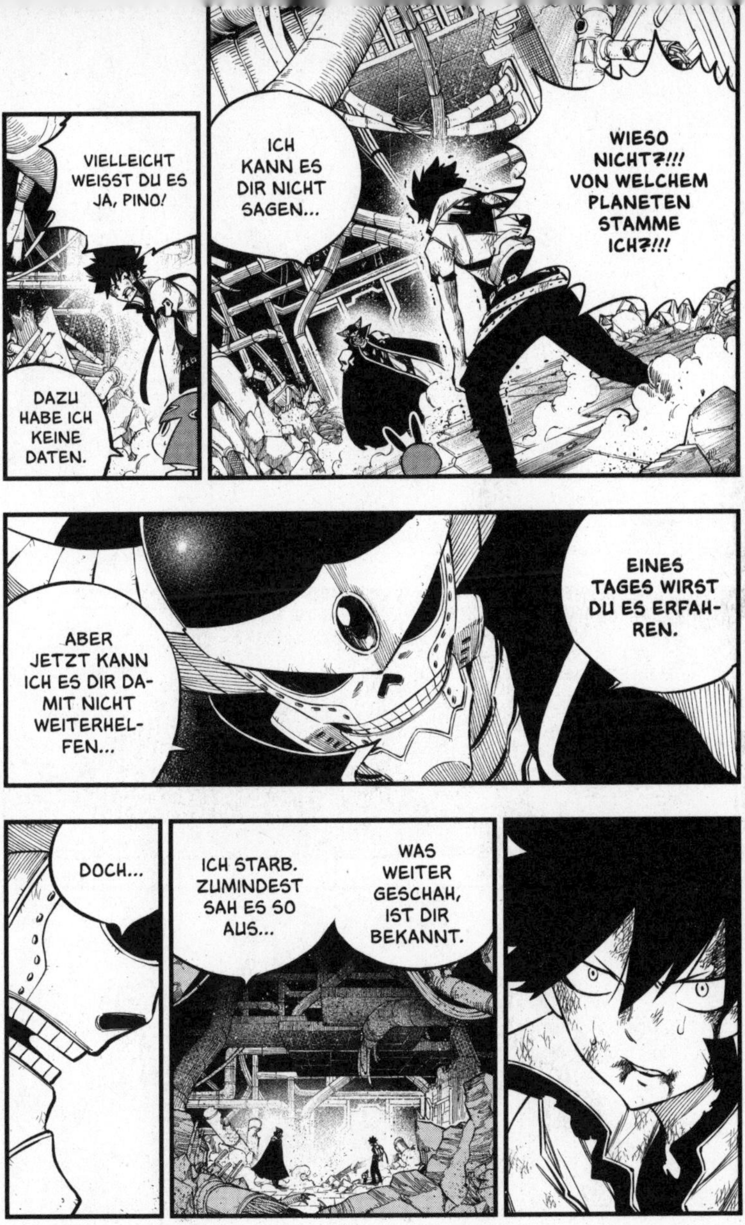
WIESO NICHT?!!! VON WELCHEM PLANETEN STAMME ICH?!!!
ICH KANN ES DIR NICHT SAGEN...
VIELLEICHT WEISST DU ES JA, PINO!
DAZU HABE ICH KEINE DATEN.
EINES TAGES WIRST DU ES ERFAH-REN.
ABER JETZT KANN ICH ES DIR DA-MIT NICHT WEITERHEL-FEN...
WAS WEITER GESCHAH, IST DIR BEKANNT.
ICH STARB. ZUMINDEST SAH ES SO AUS...
DOCH...

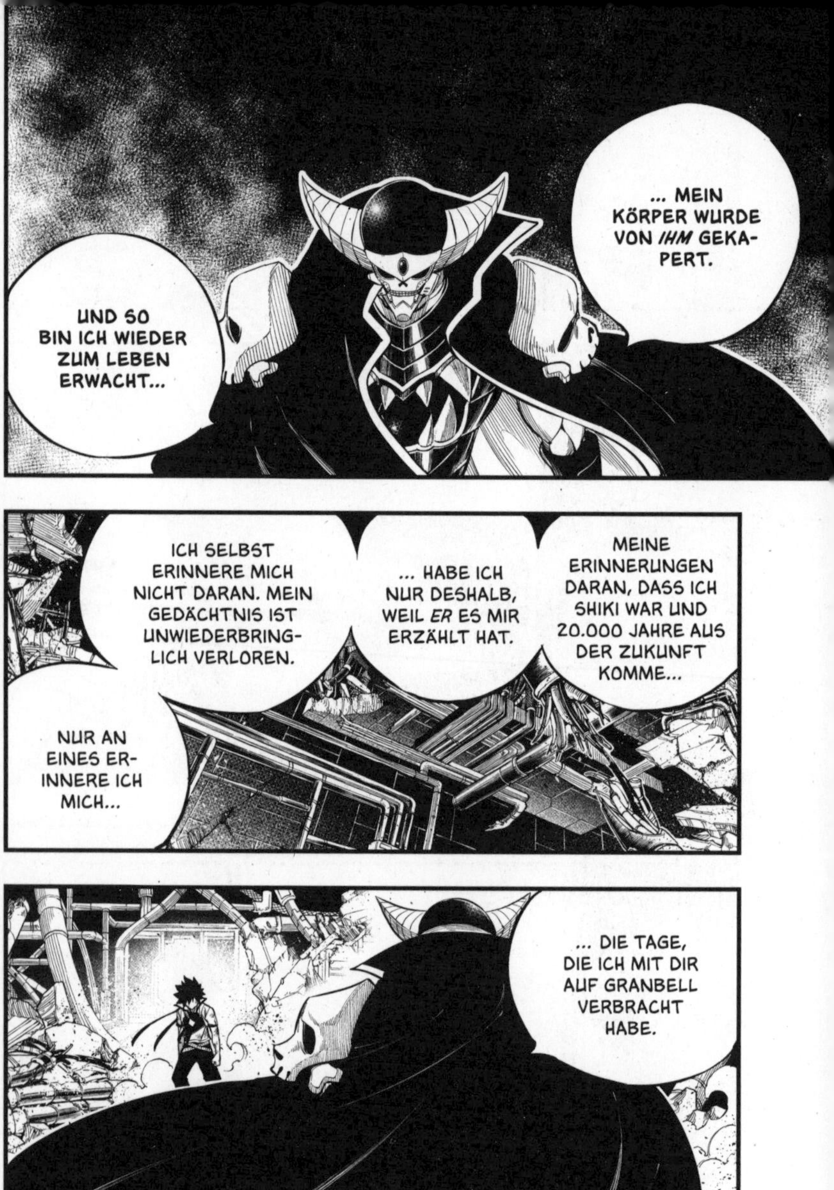
... MEIN KÖRPER WURDE VON *IHM* GEKAPERT.
UND SO BIN ICH WIEDER ZUM LEBEN ERWACHT...
MEINE ERINNERUNGEN DARAN, DASS ICH SHIKI WAR UND 20.000 JAHRE AUS DER ZUKUNFT KOMME...
... HABE ICH NUR DESHALB, WEIL *ER* ES MIR ERZÄHLT HAT.
ICH SELBST ERINNERE MICH NICHT DARAN. MEIN GEDÄCHTNIS IST UNWIEDERBRING-LICH VERLOREN.
NUR AN EINES ER-INNERE ICH MICH...
... DIE TAGE, DIE ICH MIT DIR AUF GRANBELL VERBRACHT HABE.

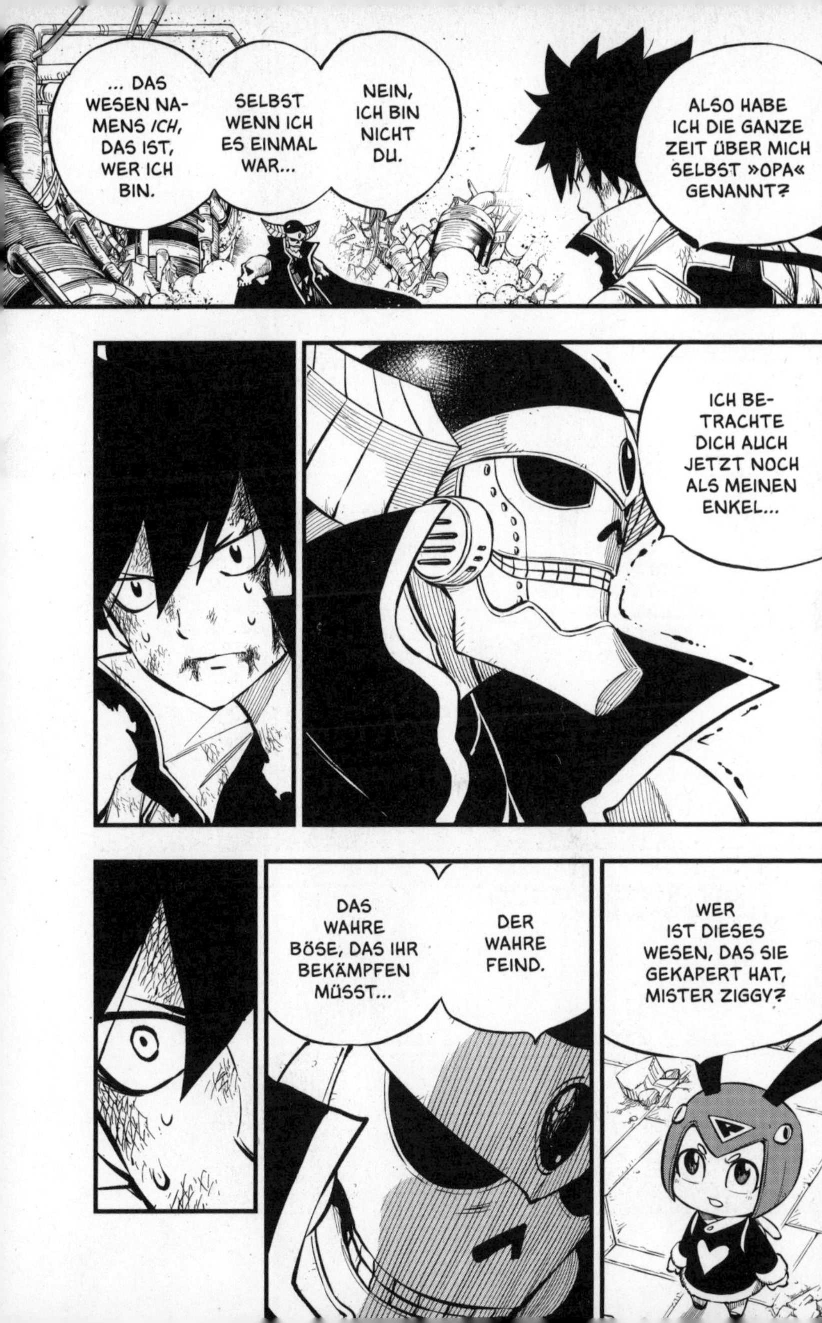
ALSO HABE ICH DIE GANZE ZEIT ÜBER MICH SELBST »OPA« GENANNT?
NEIN, ICH BIN NICHT DU.
SELBST WENN ICH ES EINMAL WAR...
... DAS WESEN NAMENS *ICH*, DAS IST, WER ICH BIN.
ICH BETRACHTE DICH AUCH JETZT NOCH ALS MEINEN ENKEL...
WER IST DIESES WESEN, DAS SIE GEKAPERT HAT, MISTER ZIGGY?
DER WAHRE FEIND.
DAS WAHRE BÖSE, DAS IHR BEKÄMPFEN MÜSST...

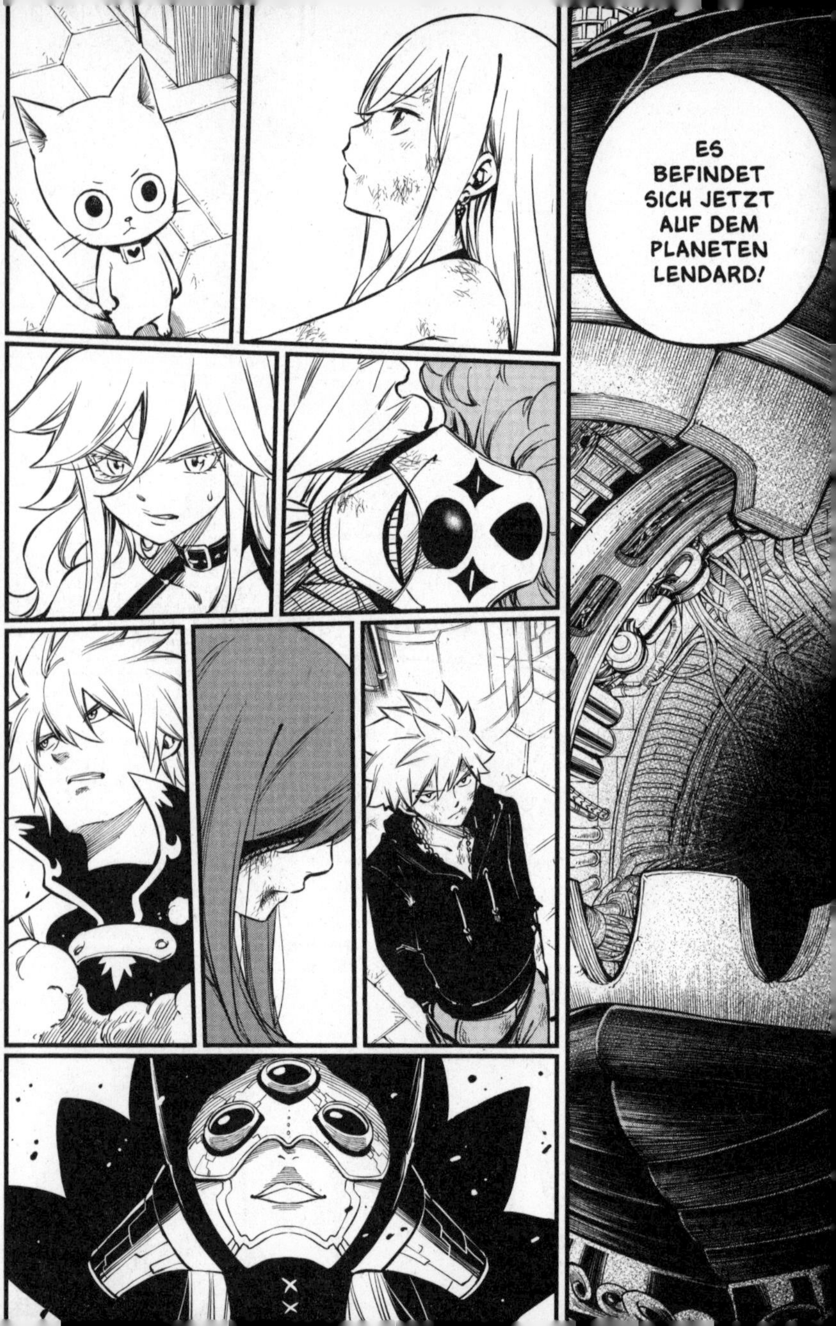
ES BEFINDET SICH JETZT AUF DEM PLANETEN LENDARD!

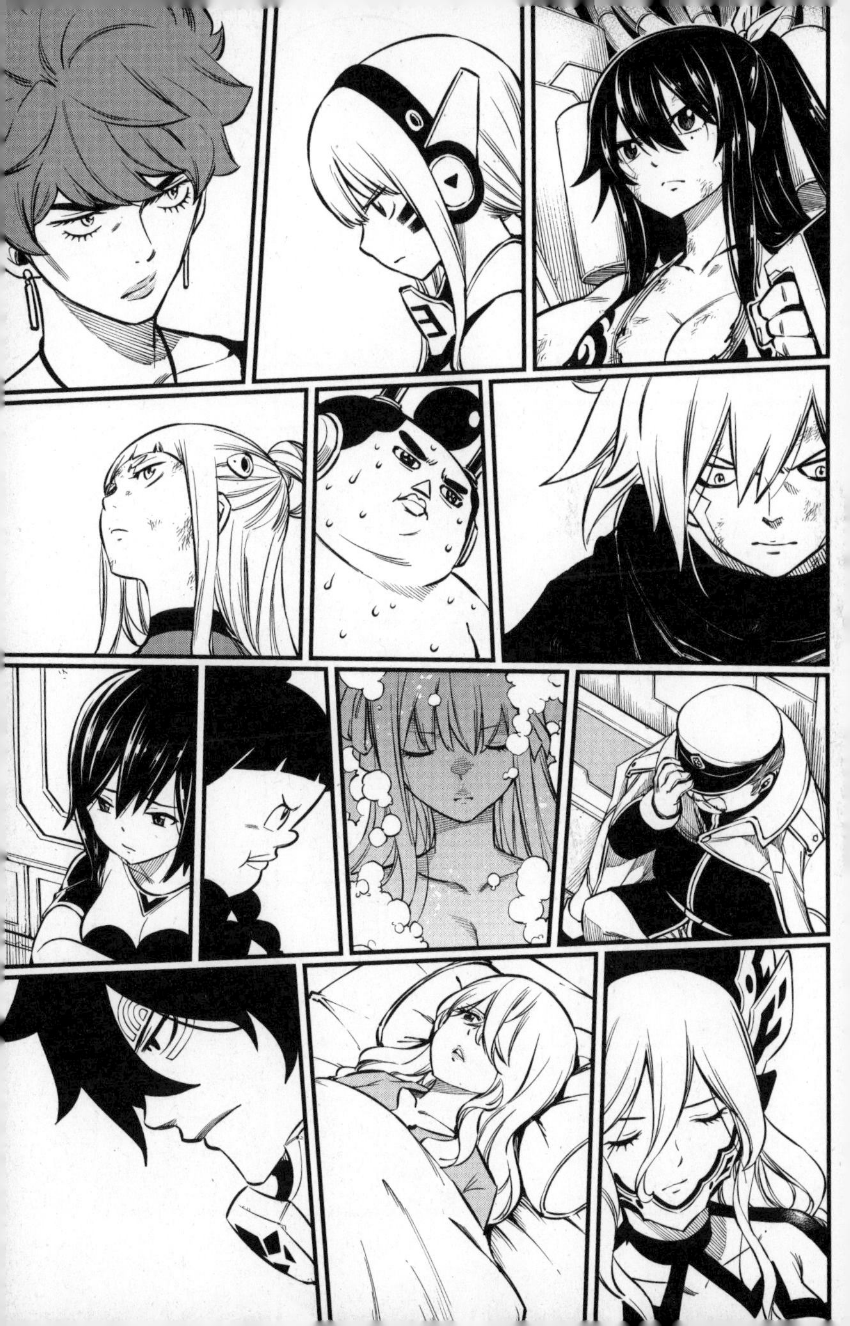

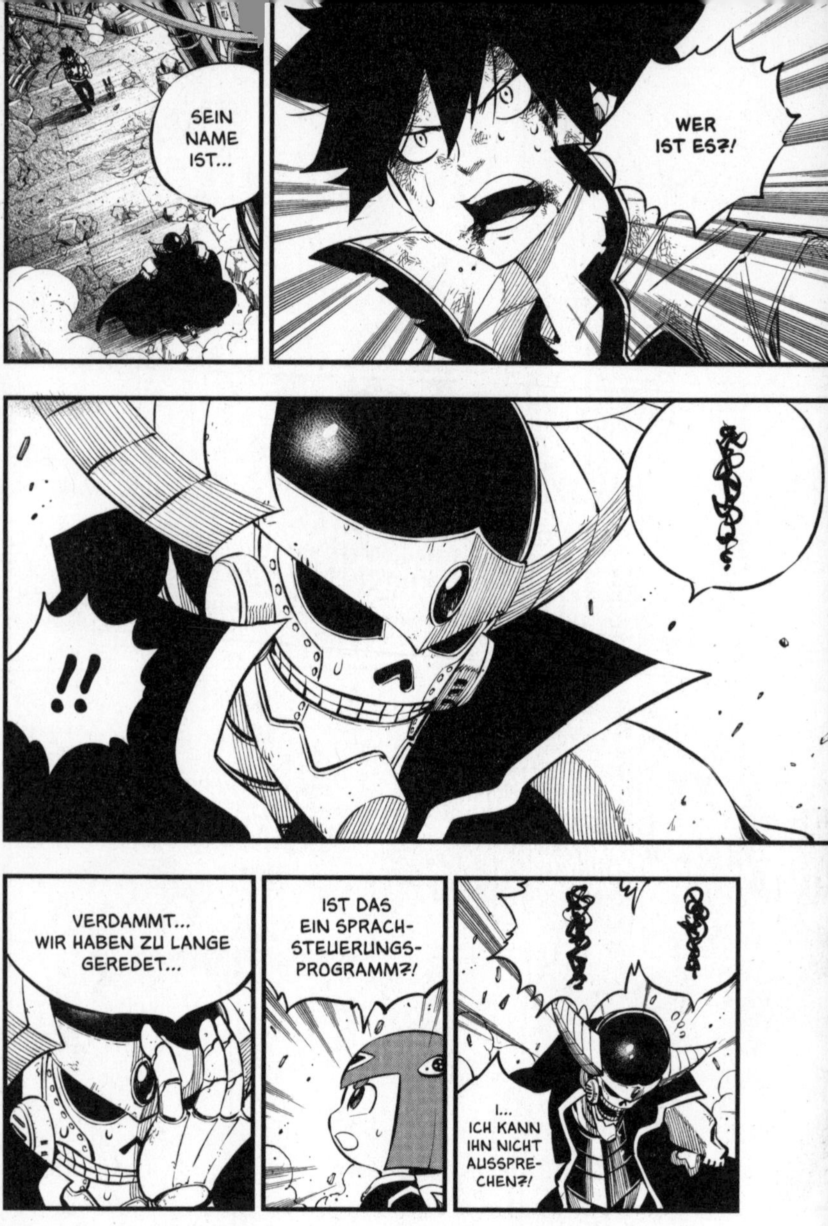

SEIN NAME IST...
WER IST ES?!
!!
VERDAMMT... WIR HABEN ZU LANGE GEREDET...
IST DAS EIN SPRACH-STEUERUNGS-PROGRAMM?!
I... ICH KANN IHN NICHT AUSSPRE-CHEN?!

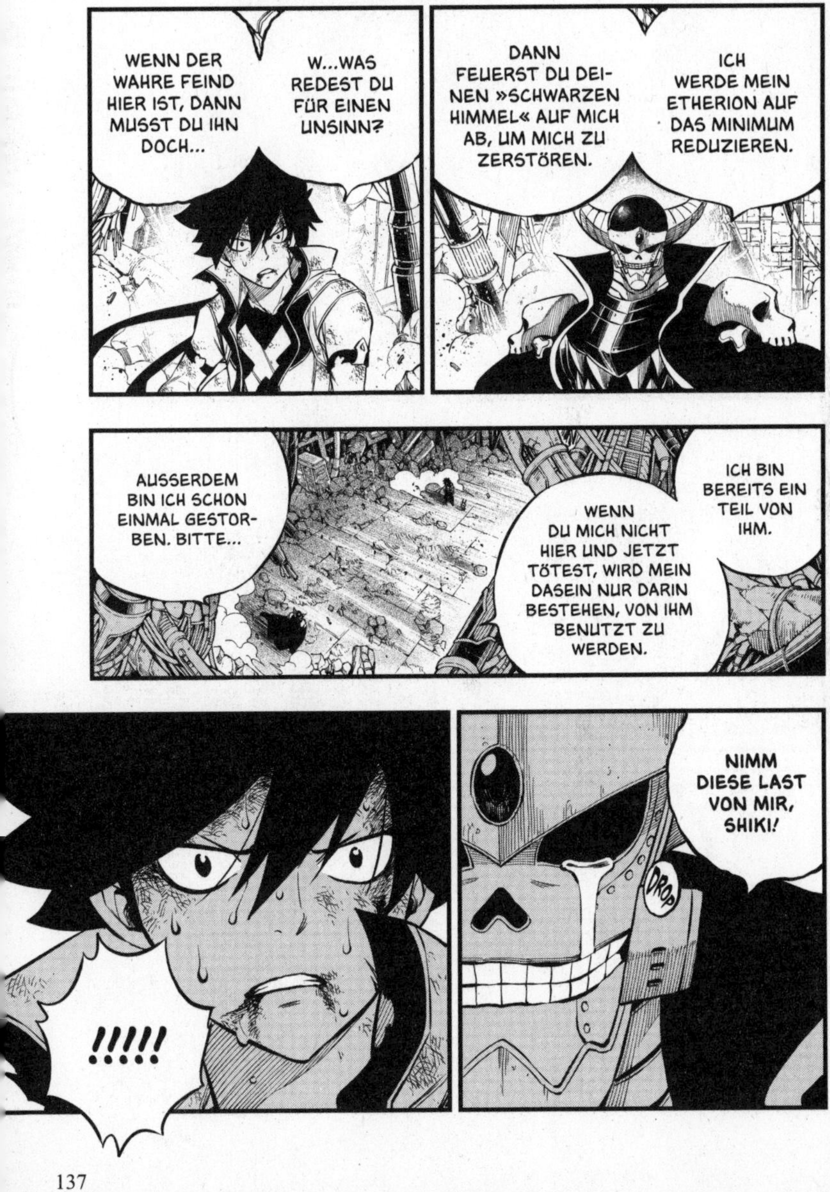
ICH WERDE MEIN ETHERION AUF DAS MINIMUM REDUZIEREN.
DANN FEUERST DU DEINEN »SCHWARZEN HIMMEL« AUF MICH AB, UM MICH ZU ZERSTÖREN.
W...WAS REDEST DU FÜR EINEN UNSINN?
WENN DER WAHRE FEIND HIER IST, DANN MUSST DU IHN DOCH...
ICH BIN BEREITS EIN TEIL VON IHM.
WENN DU MICH NICHT HIER UND JETZT TÖTEST, WIRD MEIN DASEIN NUR DARIN BESTEHEN, VON IHM BENUTZT ZU WERDEN.
AUSSERDEM BIN ICH SCHON EINMAL GESTORBEN. BITTE...
NIMM DIESE LAST VON MIR, SHIKI!
DROP
!!!!!

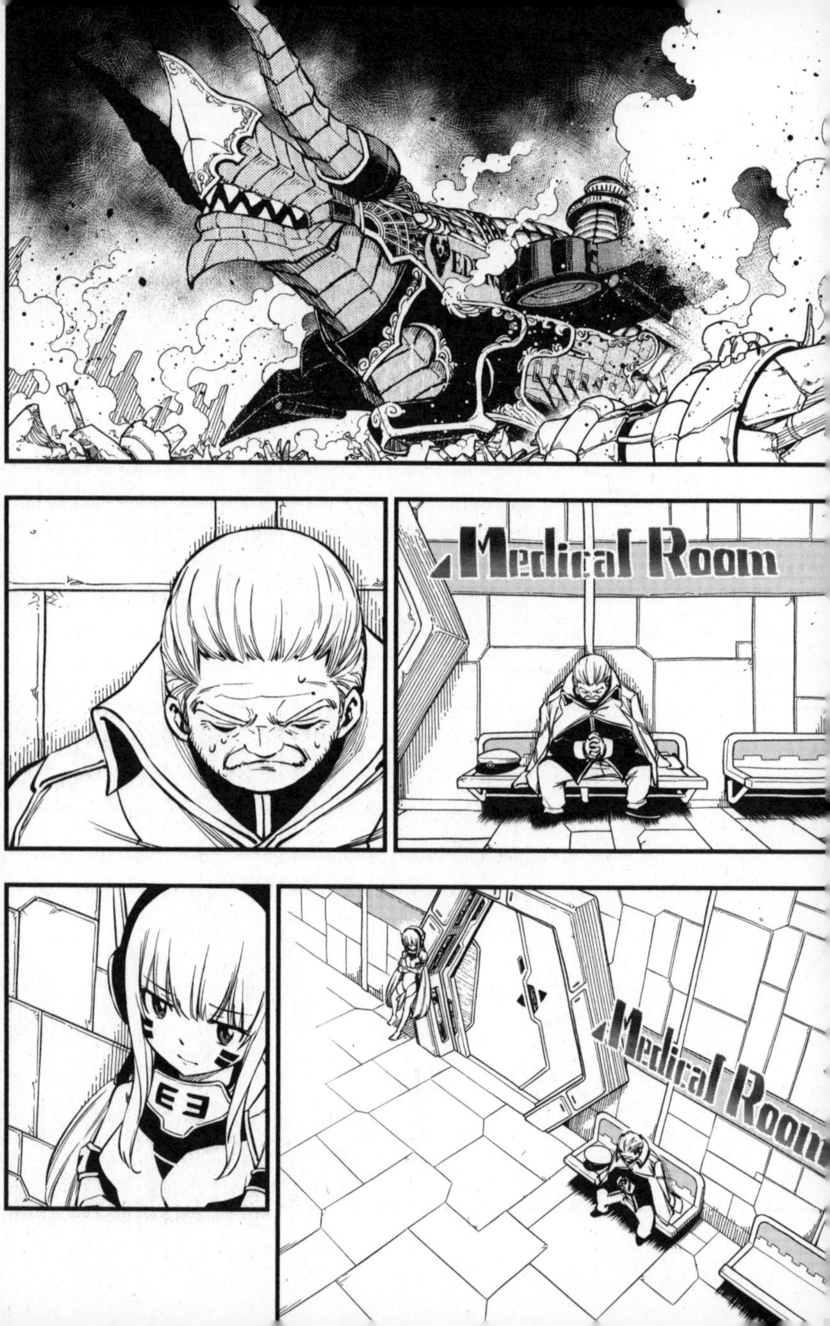
Medical Room
Medical Room

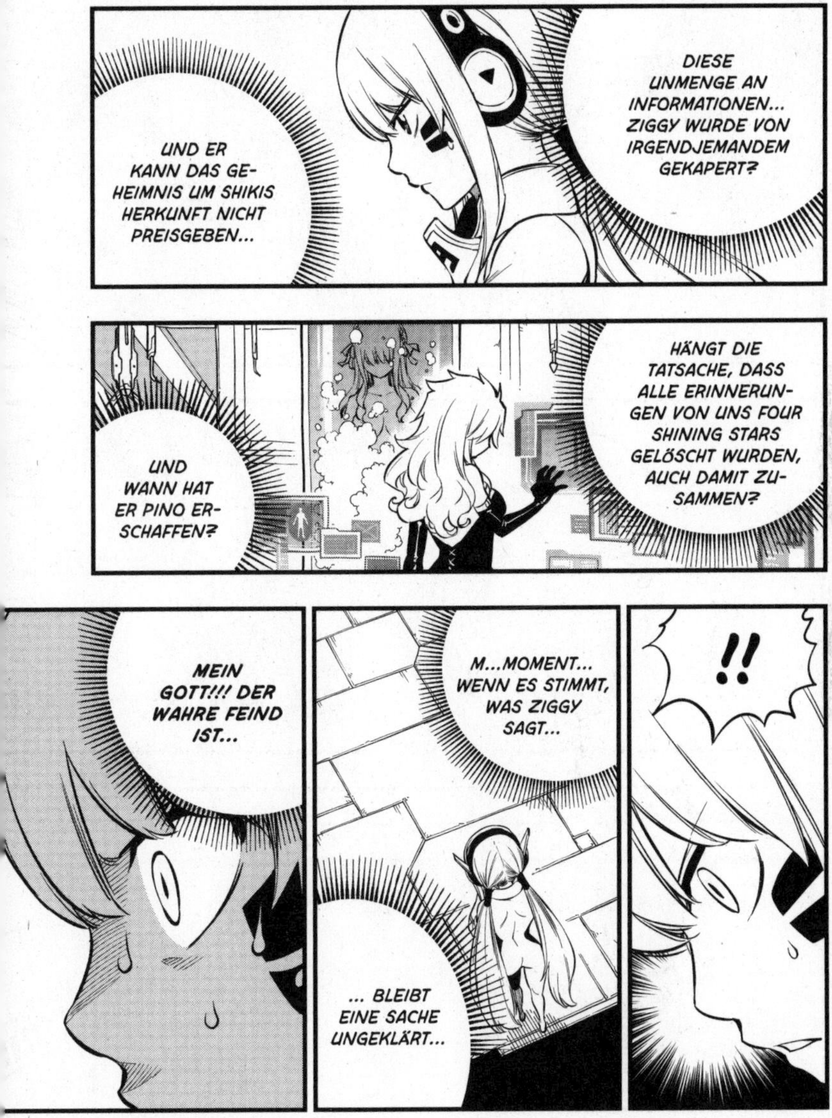
DIESE UNMENGE AN INFORMATIONEN... ZIGGY WURDE VON IRGENDJEMANDEM GEKAPERT?
UND ER KANN DAS GEHEIMNIS UM SHIKIS HERKUNFT NICHT PREISGEBEN...
HÄNGT DIE TATSACHE, DASS ALLE ERINNERUNGEN VON UNS FOUR SHINING STARS GELÖSCHT WURDEN, AUCH DAMIT ZUSAMMEN?
UND WANN HAT ER PINO ERSCHAFFEN?
!!
M...MOMENT... WENN ES STIMMT, WAS ZIGGY SAGT...
... BLEIBT EINE SACHE UNGEKLÄRT...
MEIN GOTT!!! DER WAHRE FEIND IST...

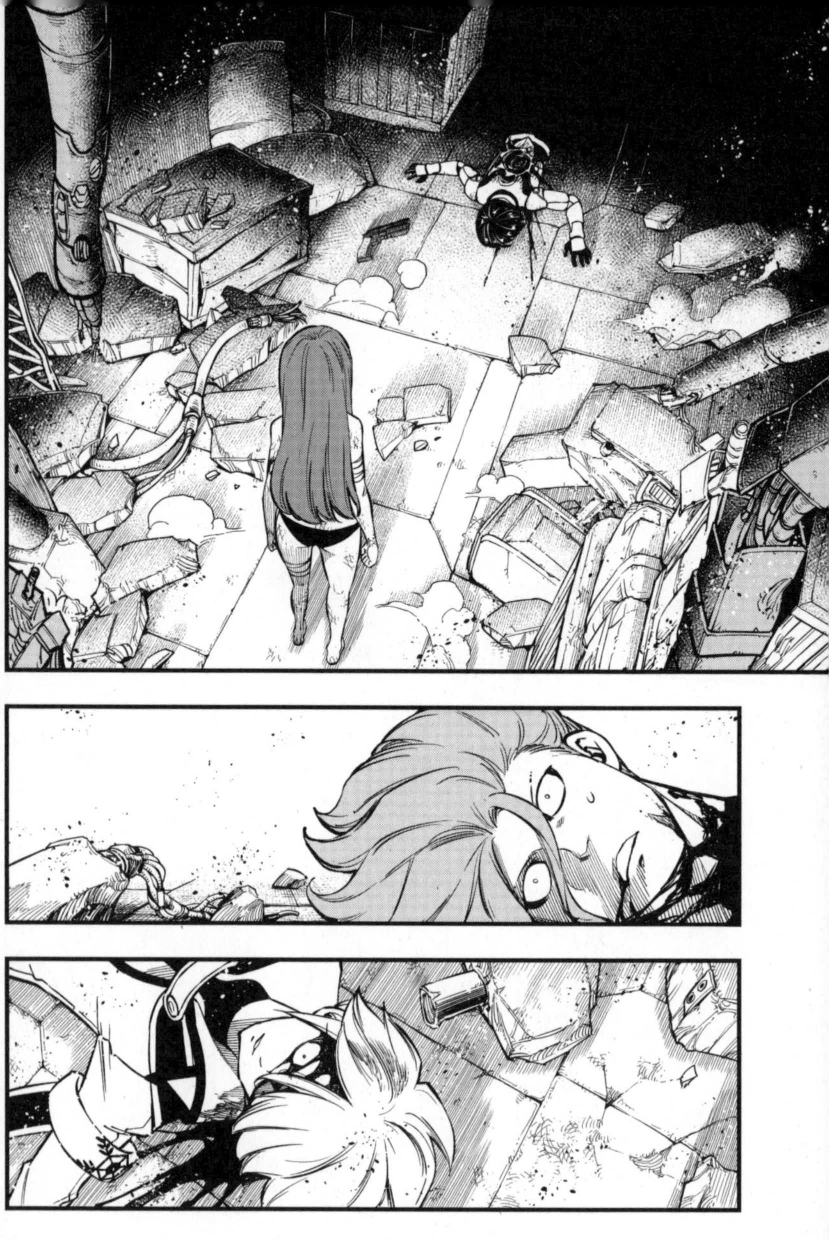

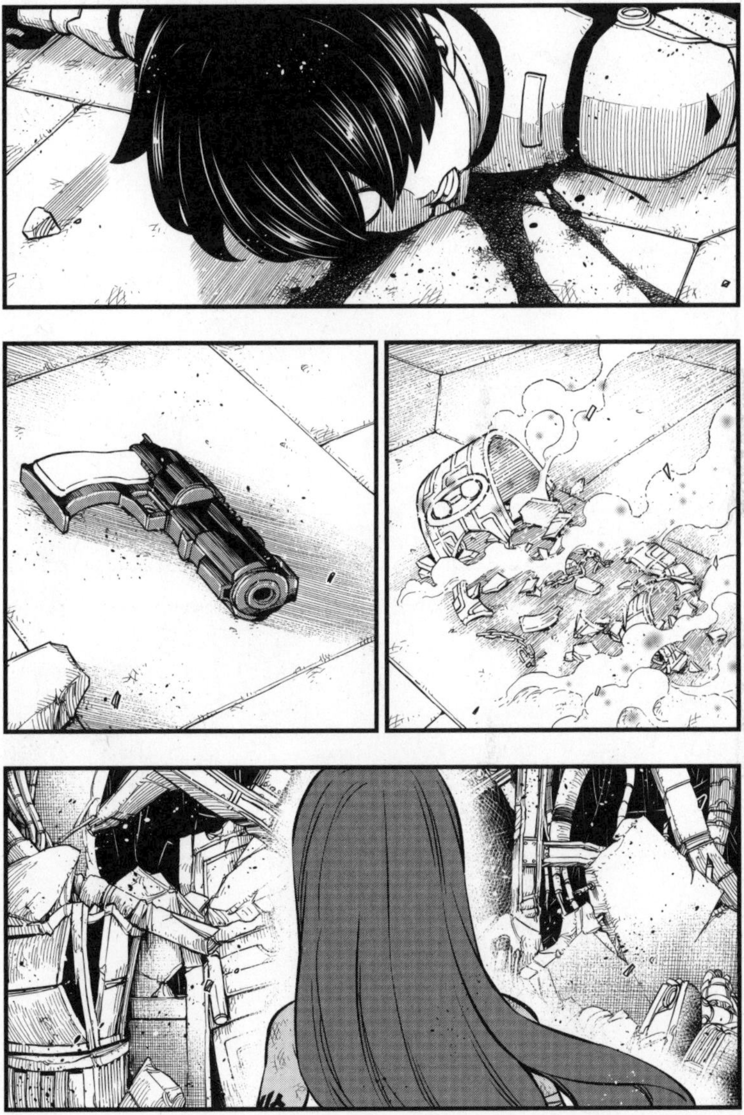

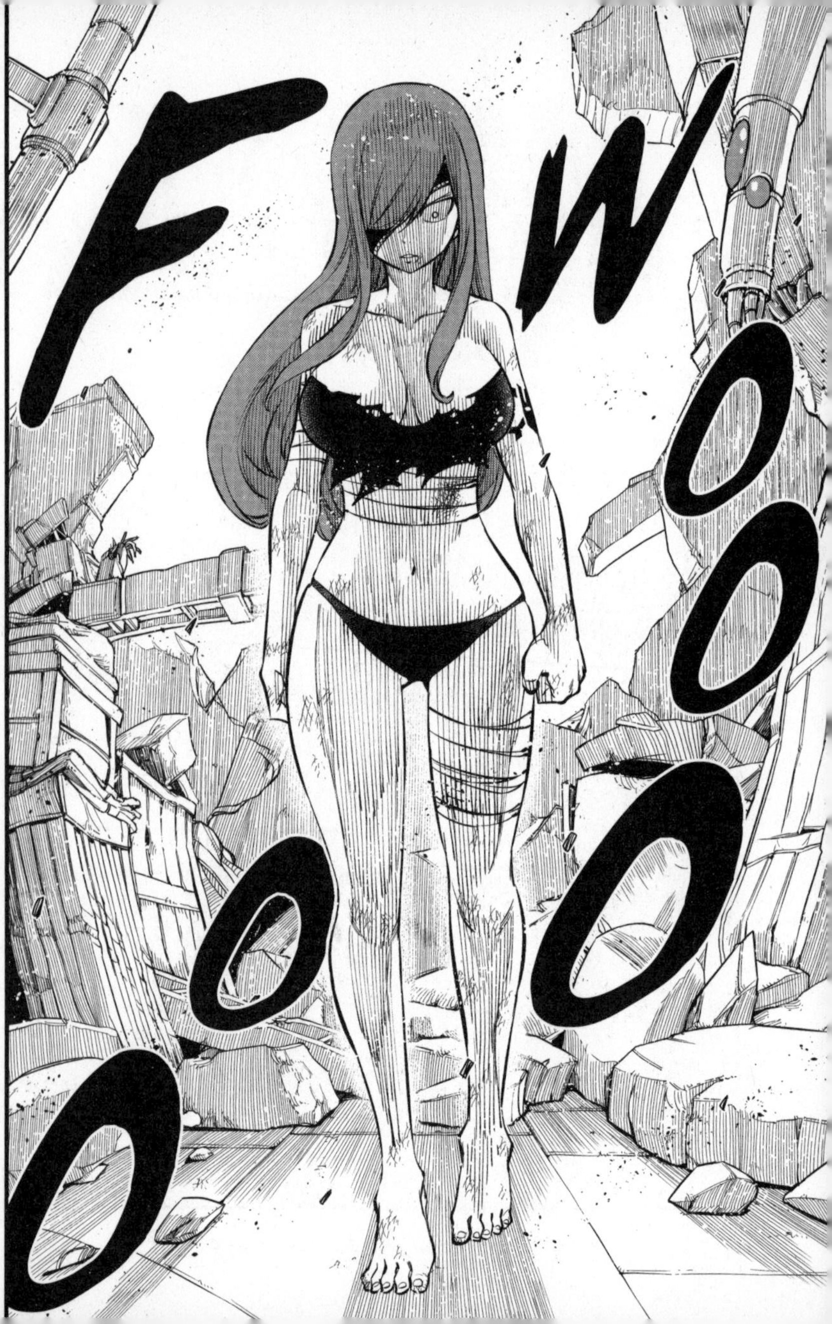
FWOOOOO

EDENS ZERO

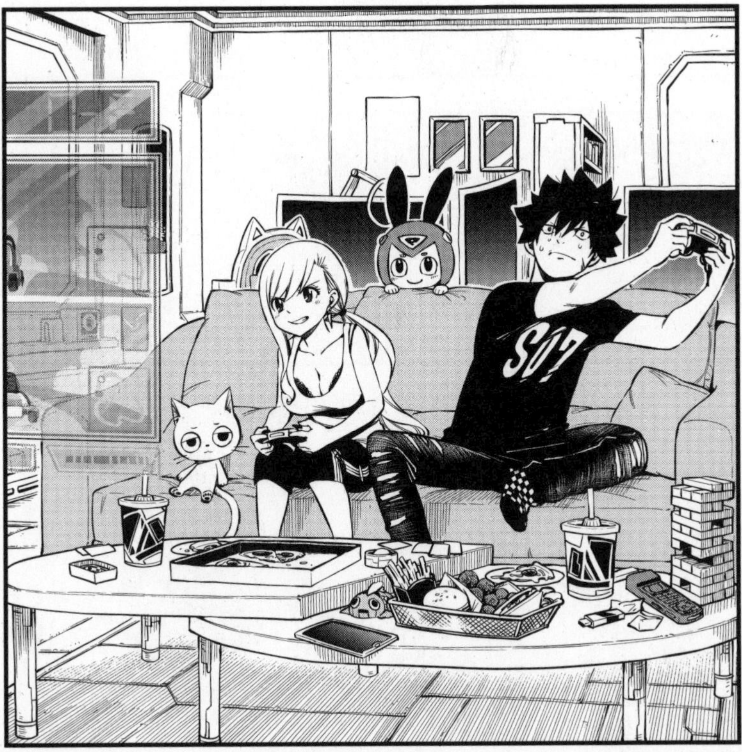

KAPITEL 211: EINE SCHRECKLICHE TRAGÖDIE

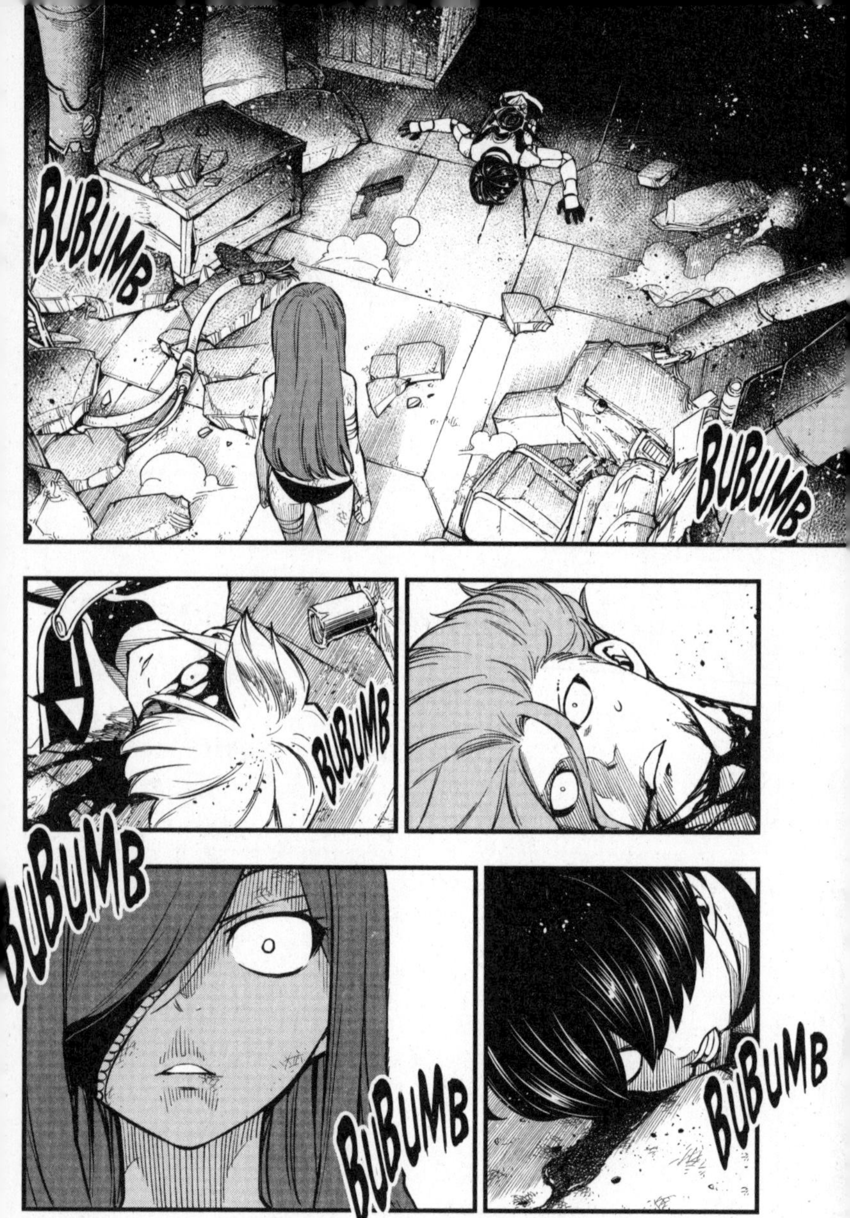
BUBUMB
BUBUMB
BUBUMB
BUBUMB
BUBUMB
BUBUMB

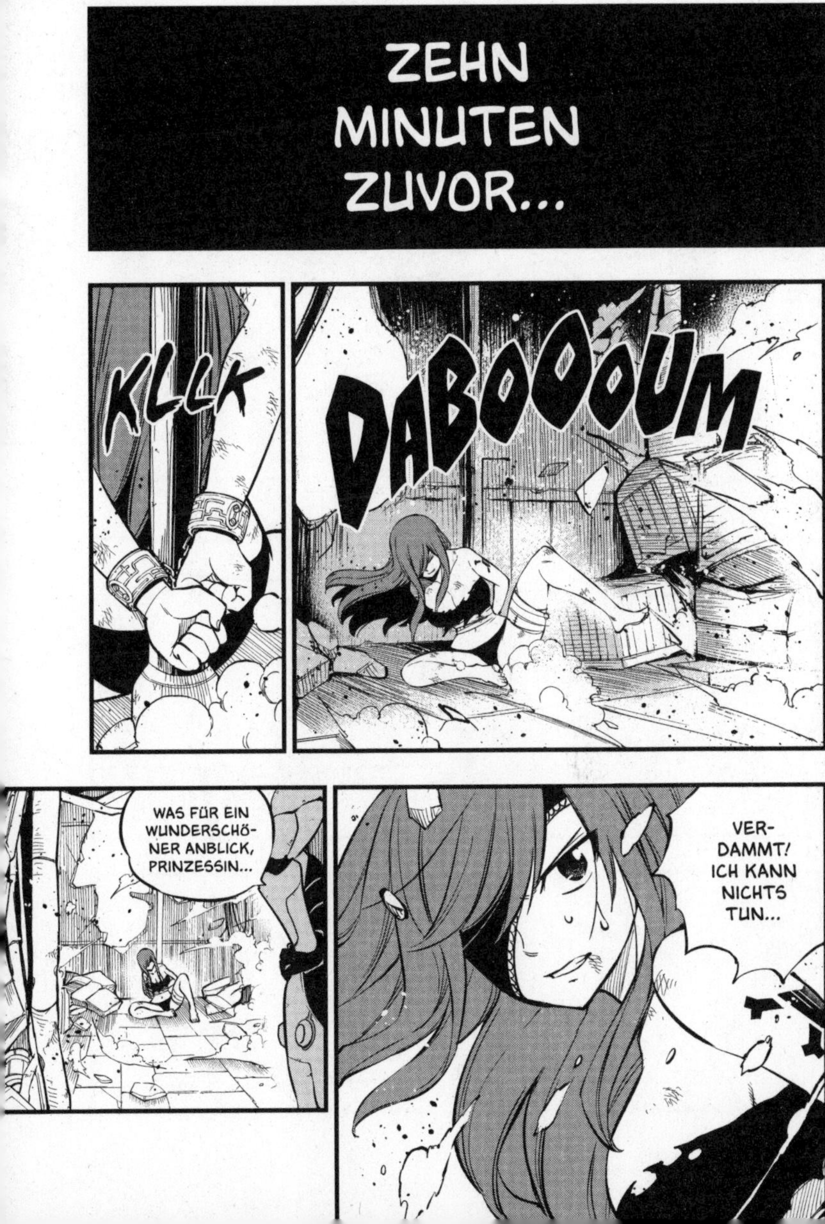
ZEHN MINUTEN ZUVOR...
KLLK
DABOOOUM
WAS FÜR EIN WUNDERSCHÖNER ANBLICK, PRINZESSIN...
VERDAMMT! ICH KANN NICHTS TUN...

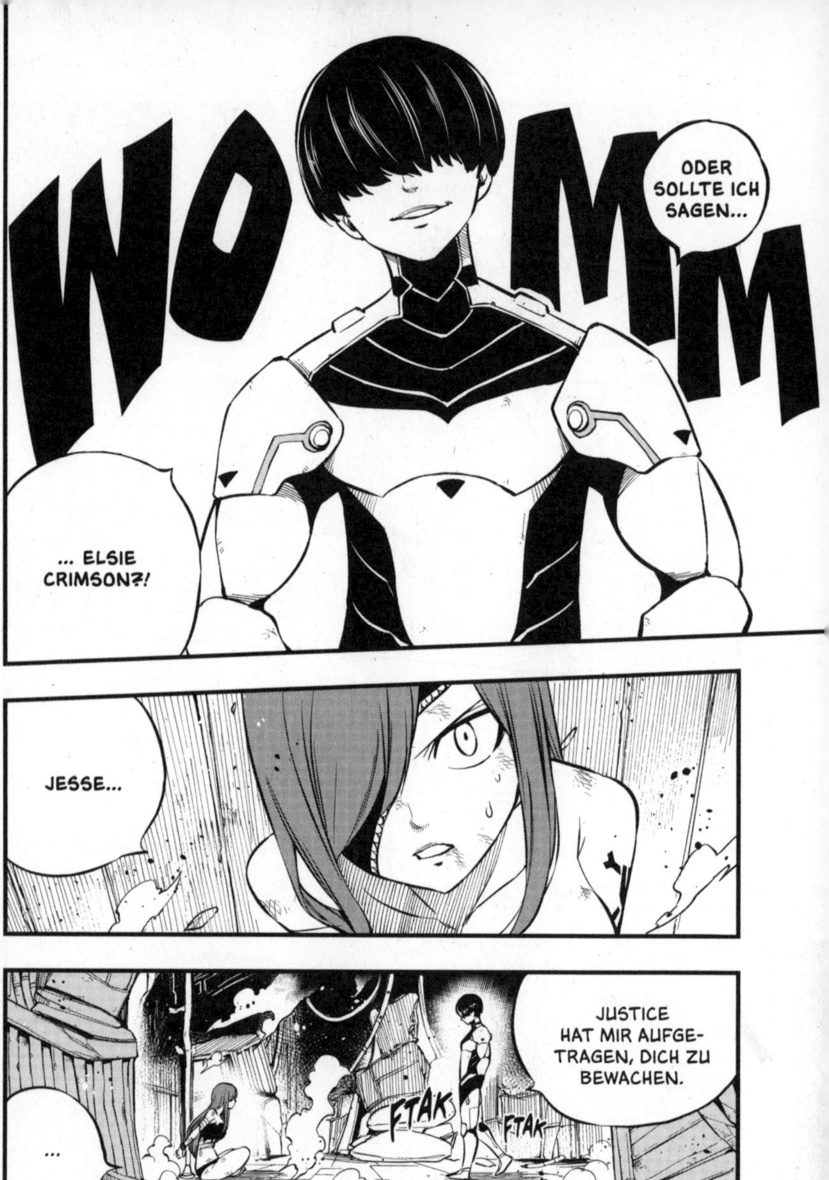
WOMM
ODER SOLLTE ICH SAGEN...
... ELSIE CRIMSON?!
JESSE...
JUSTICE HAT MIR AUFGE-TRAGEN, DICH ZU BEWACHEN.
FTAK
FTAK
...

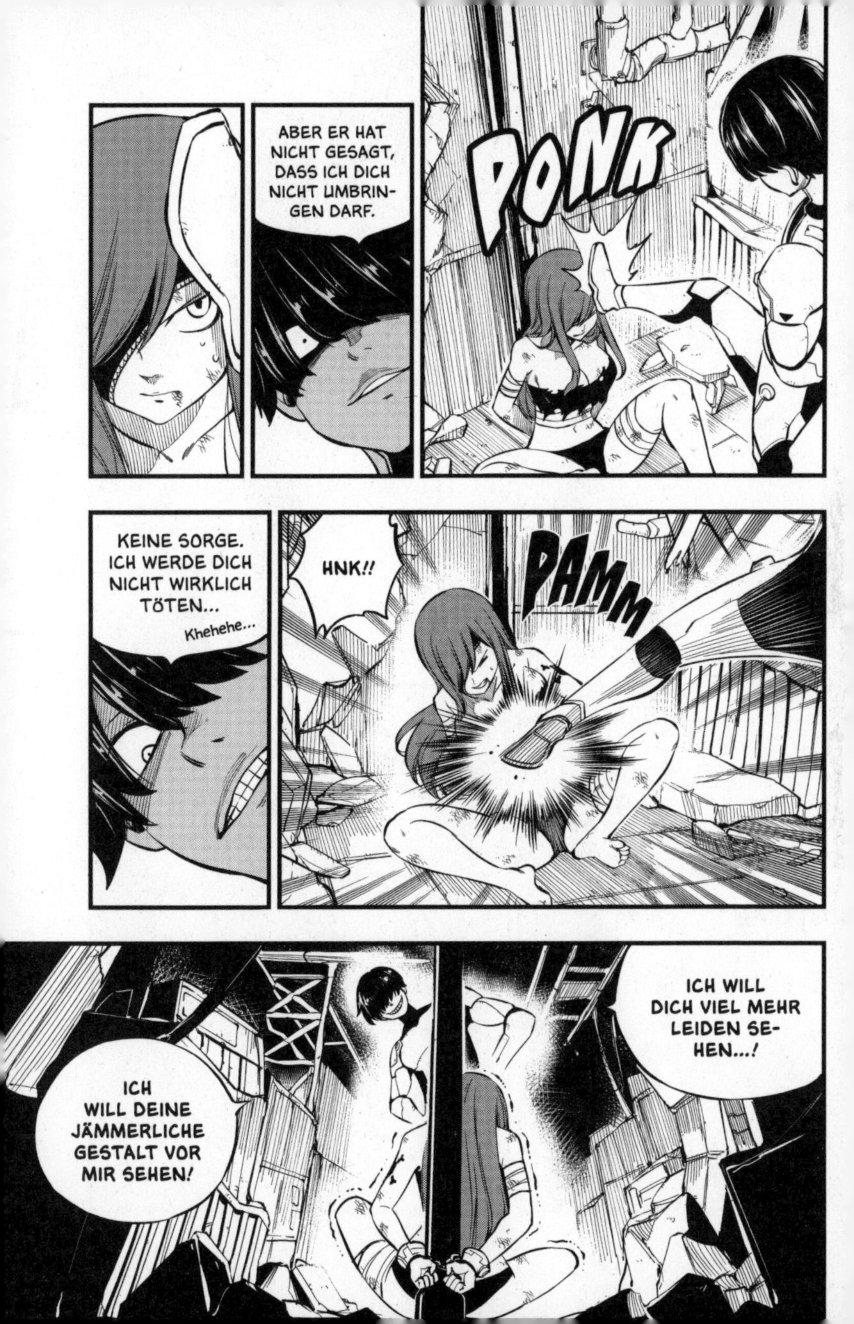
DONK
ABER ER HAT NICHT GESAGT, DASS ICH DICH NICHT UMBRINGEN DARF.
HNK!!
PAMM
KEINE SORGE. ICH WERDE DICH NICHT WIRKLICH TÖTEN...
Khehehe...
ICH WILL DICH VIEL MEHR LEIDEN SEHEN...!
ICH WILL DEINE JÄMMERLICHE GESTALT VOR MIR SEHEN!

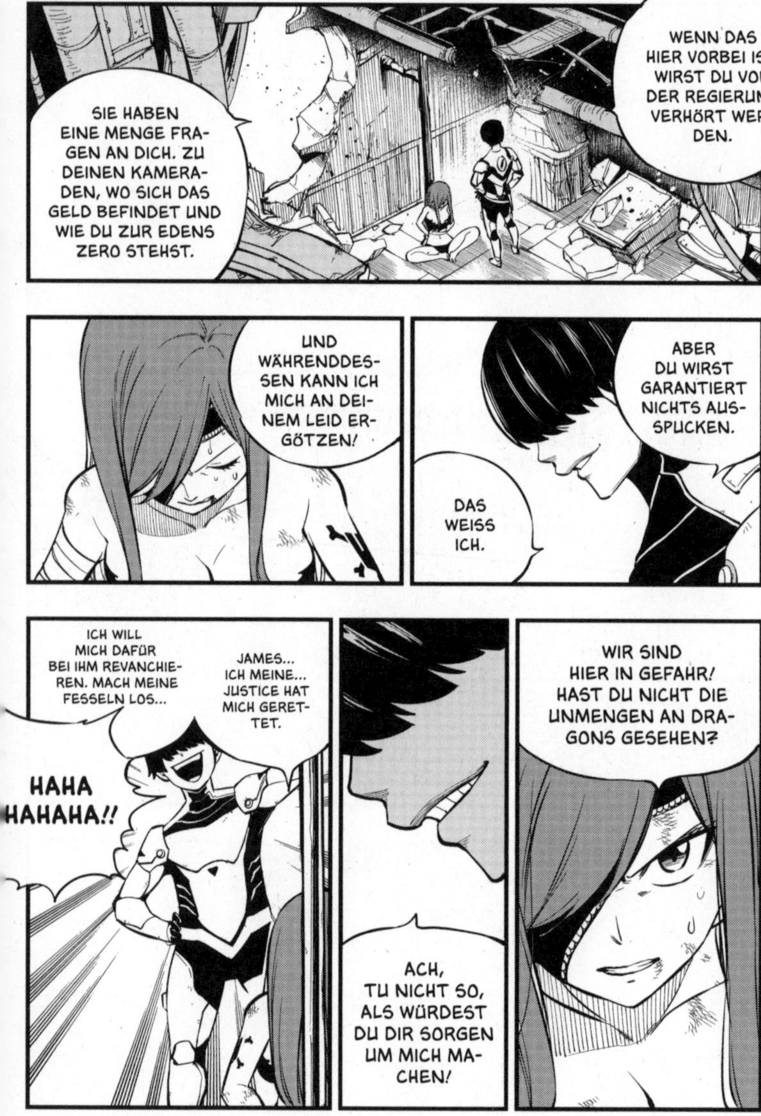
WENN DAS HIER VORBEI IST, WIRST DU VON DER REGIERUNG VERHÖRT WERDEN.
SIE HABEN EINE MENGE FRAGEN AN DICH. ZU DEINEN KAMERADEN, WO SICH DAS GELD BEFINDET UND WIE DU ZUR EDENS ZERO STEHST.
ABER DU WIRST GARANTIERT NICHTS AUSSPUCKEN.
DAS WEISS ICH.
UND WÄHRENDDESSEN KANN ICH MICH AN DEINEM LEID ERGÖTZEN!
WIR SIND HIER IN GEFAHR! HAST DU NICHT DIE UNMENGEN AN DRAGONS GESEHEN?
ACH, TU NICHT SO, ALS WÜRDEST DU DIR SORGEN UM MICH MACHEN!
HAHA HAHAHA!!
JAMES... ICH MEINE... JUSTICE HAT MICH GERETTET.
ICH WILL MICH DAFÜR BEI IHM REVANCHIEREN. MACH MEINE FESSELN LOS...

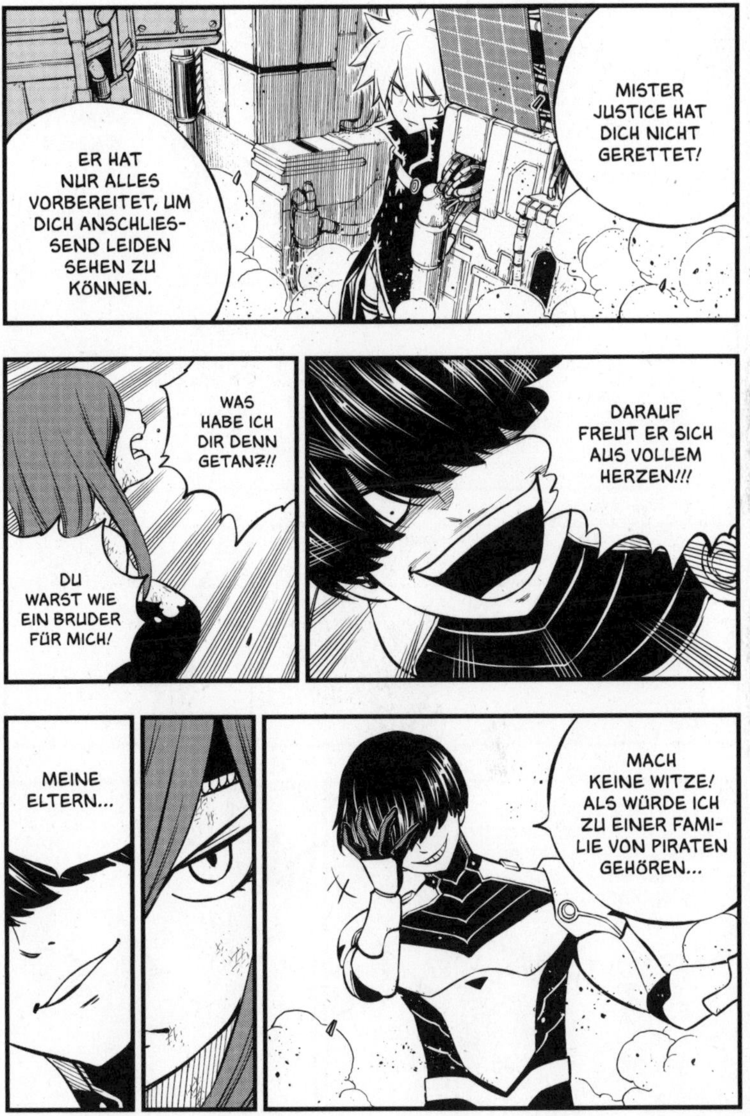
MISTER JUSTICE HAT DICH NICHT GERETTET!
ER HAT NUR ALLES VORBEREITET, UM DICH ANSCHLIES-SEND LEIDEN SEHEN ZU KÖNNEN.
DARAUF FREUT ER SICH AUS VOLLEM HERZEN!!!
WAS HABE ICH DIR DENN GETAN?!!
DU WARST WIE EIN BRUDER FÜR MICH!
MACH KEINE WITZE! ALS WÜRDE ICH ZU EINER FAMI-LIE VON PIRATEN GEHÖREN...
MEINE ELTERN...

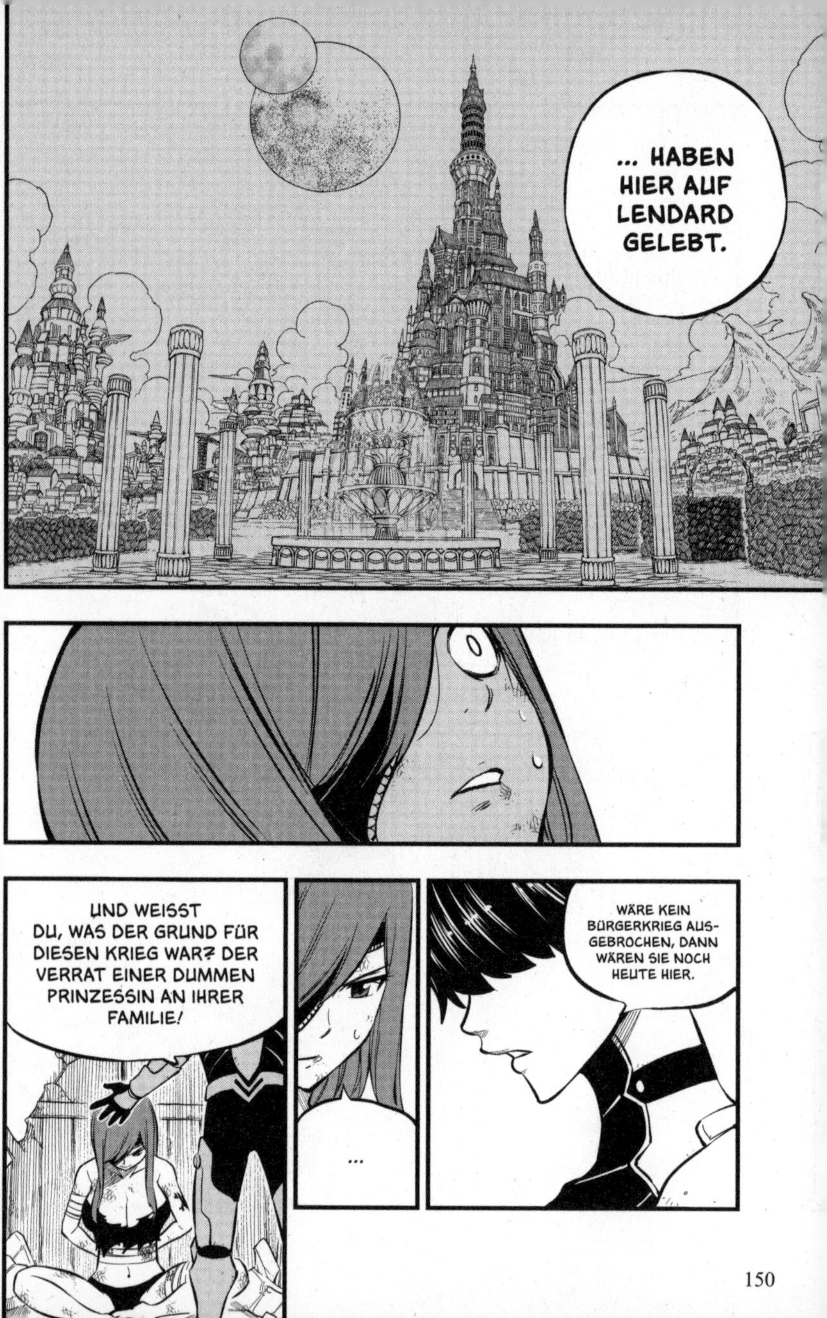
... HABEN HIER AUF LENDARD GELEBT.
WÄRE KEIN BÜRGERKRIEG AUS-GEBROCHEN, DANN WÄREN SIE NOCH HEUTE HIER.
...
UND WEISST DU, WAS DER GRUND FÜR DIESEN KRIEG WAR? DER VERRAT EINER DUMMEN PRINZESSIN AN IHRER FAMILIE!

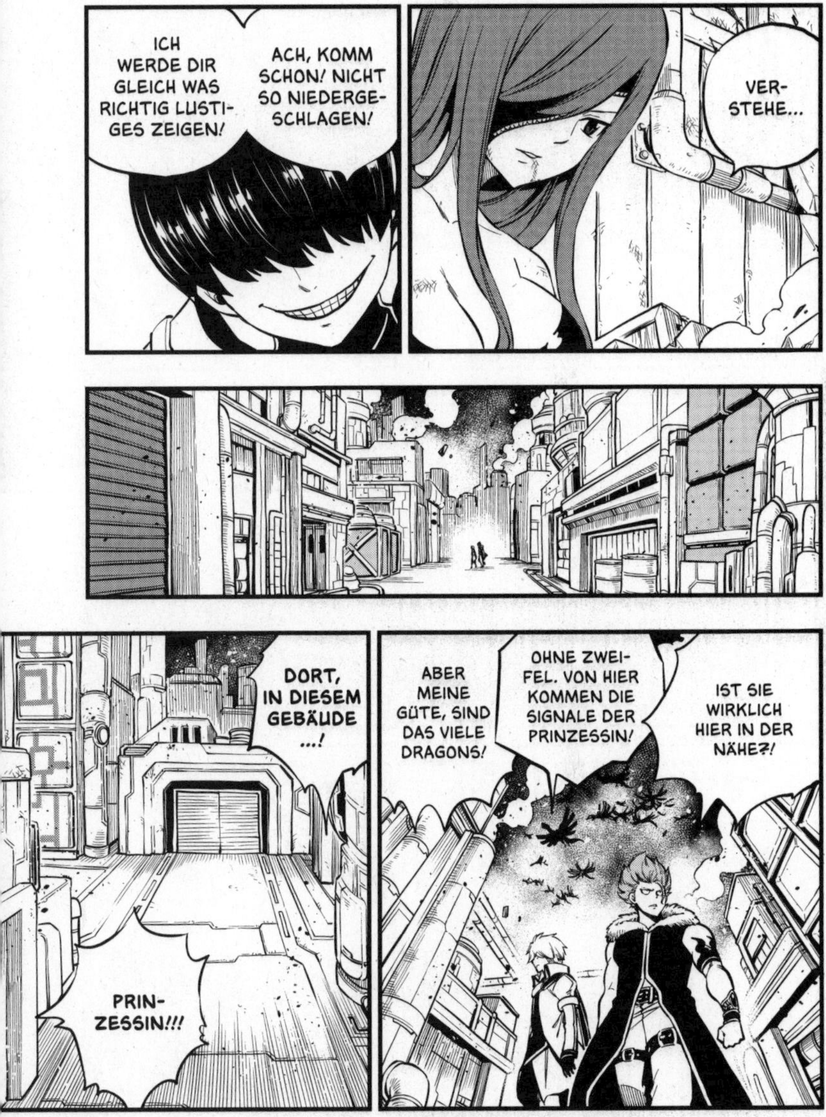
VER-STEHE...
ACH, KOMM SCHON! NICHT SO NIEDERGE-SCHLAGEN!
ICH WERDE DIR GLEICH WAS RICHTIG LUSTI-GES ZEIGEN!
IST SIE WIRKLICH HIER IN DER NÄHE?!
OHNE ZWEI-FEL. VON HIER KOMMEN DIE SIGNALE DER PRINZESSIN!
ABER MEINE GÜTE, SIND DAS VIELE DRAGONS!
DORT, IN DIESEM GEBÄUDE ...!
PRIN-ZESSIN!!!

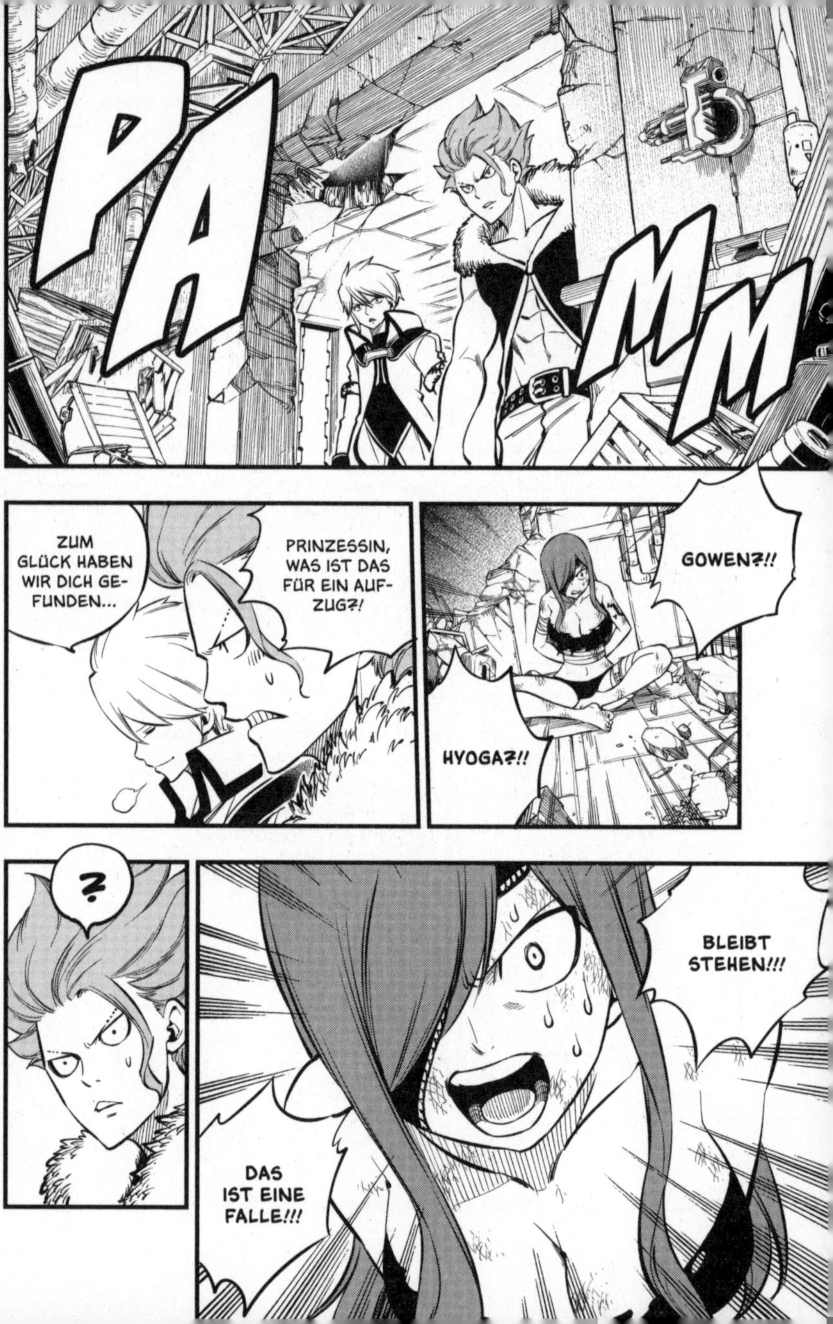

PAMM
PRINZESSIN, WAS IST DAS FÜR EIN AUFZUG?!
ZUM GLÜCK HABEN WIR DICH GEFUNDEN...
GOWEN?!!
HYOGA?!!
BLEIBT STEHEN!!!
?
DAS IST EINE FALLE!!!

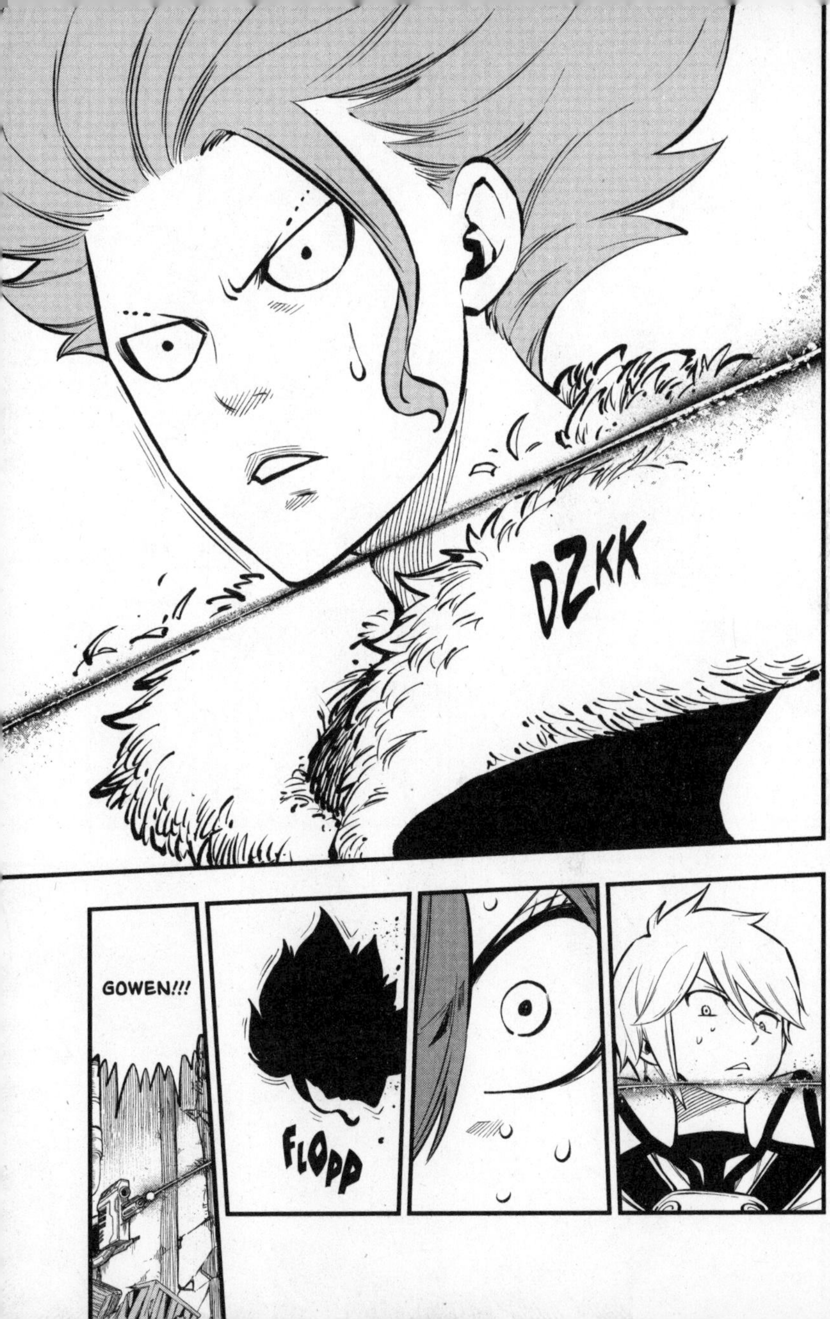
DZKK
GOWEN!!!
FLOPP

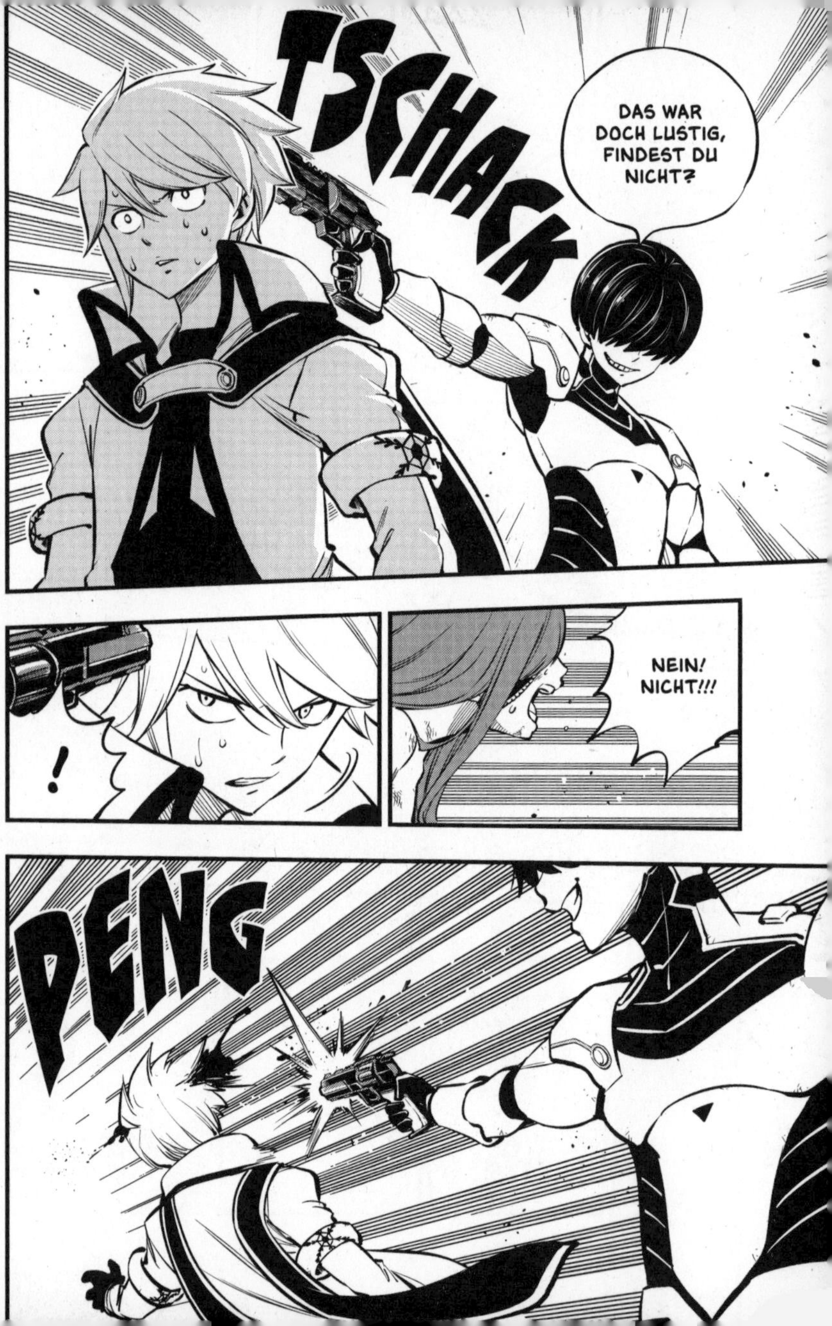
TSCHACK
DAS WAR DOCH LUSTIG, FINDEST DU NICHT?
NEIN! NICHT!!!
!
PENG

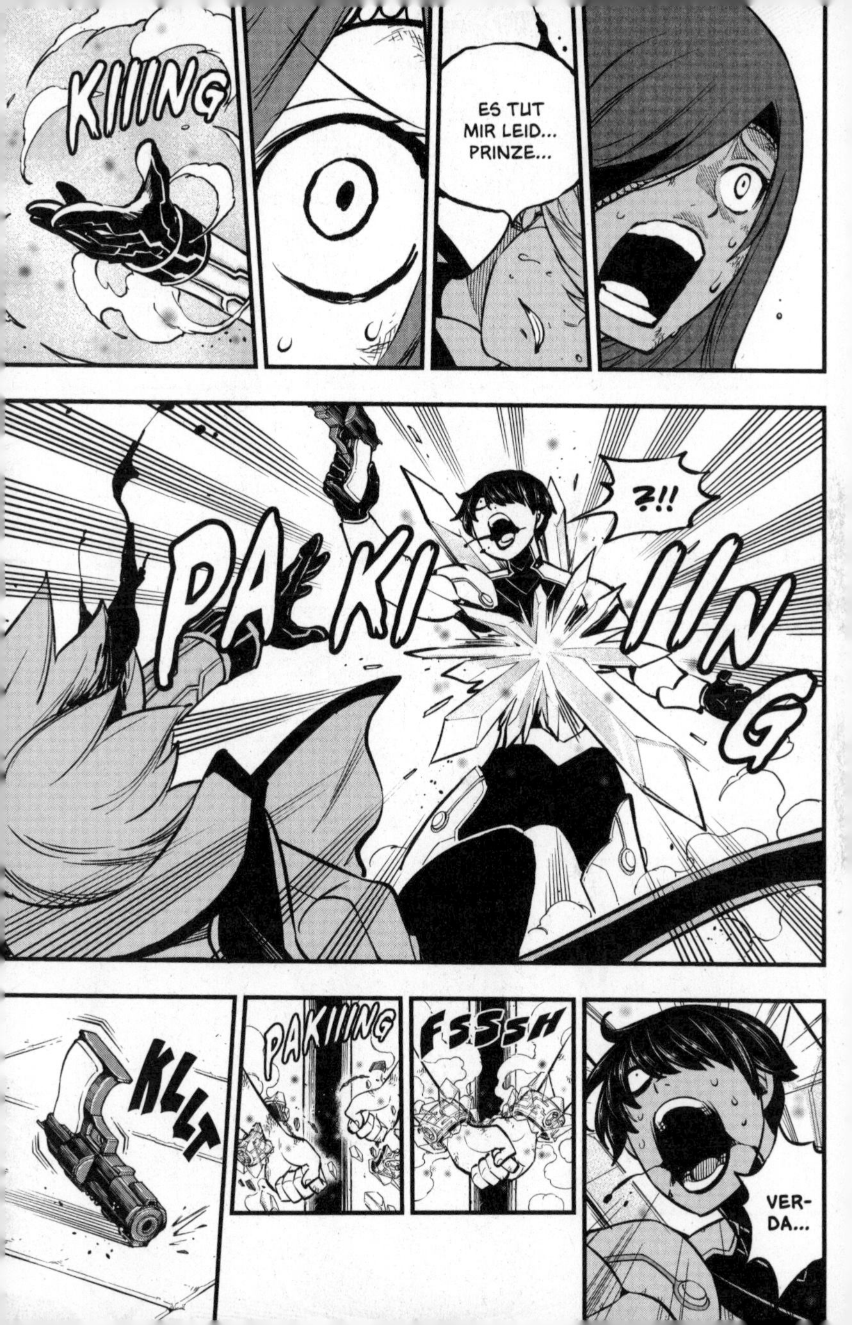
ES TUT MIR LEID... PRINZE...
KIIING
?!!
PA KI IIN G
PAKIIING
FSSSH
KLLT
VER-DA...

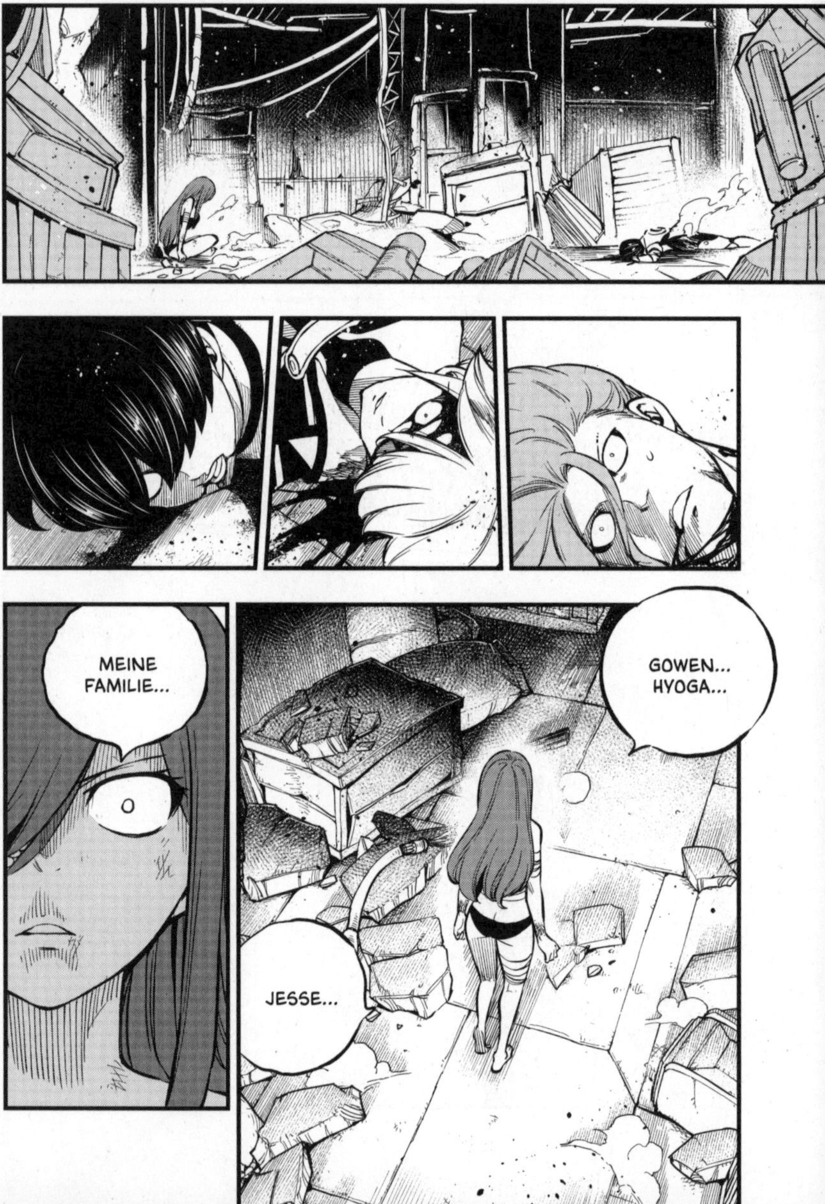
GOWEN...
HYOGA...
MEINE
FAMILIE...
JESSE...

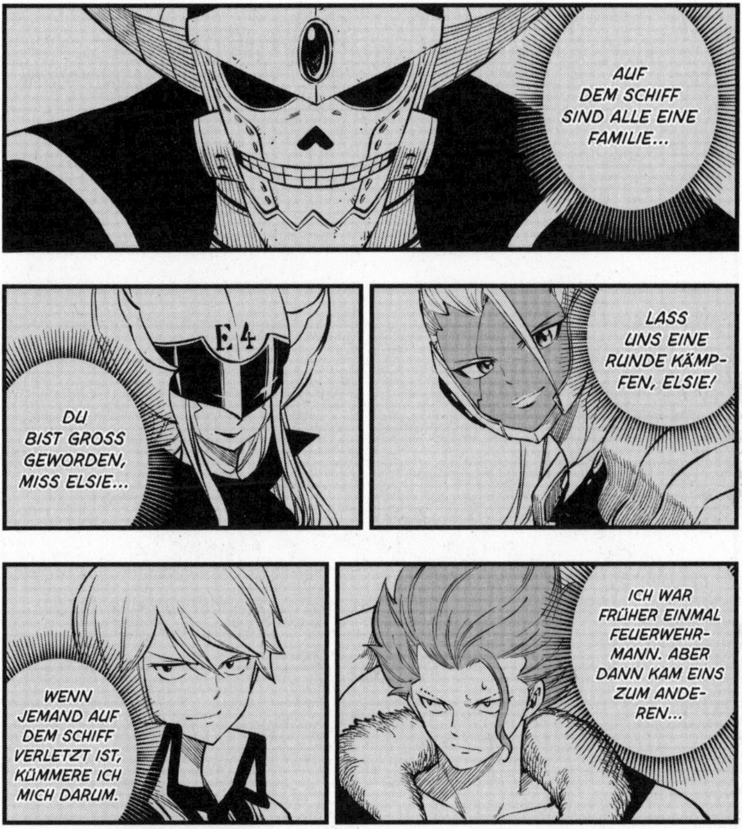
AUF DEM SCHIFF SIND ALLE EINE FAMILIE...
LASS UNS EINE RUNDE KÄMPFEN, ELSIE!
DU BIST GROSS GEWORDEN, MISS ELSIE...
ICH WAR FRÜHER EINMAL FEUERWEHRMANN. ABER DANN KAM EINS ZUM ANDEREN...
WENN JEMAND AUF DEM SCHIFF VERLETZT IST, KÜMMERE ICH MICH DARUM.
MEINE GESAMTE FAMILIE...
... WURDE AUSGELÖSCHT...

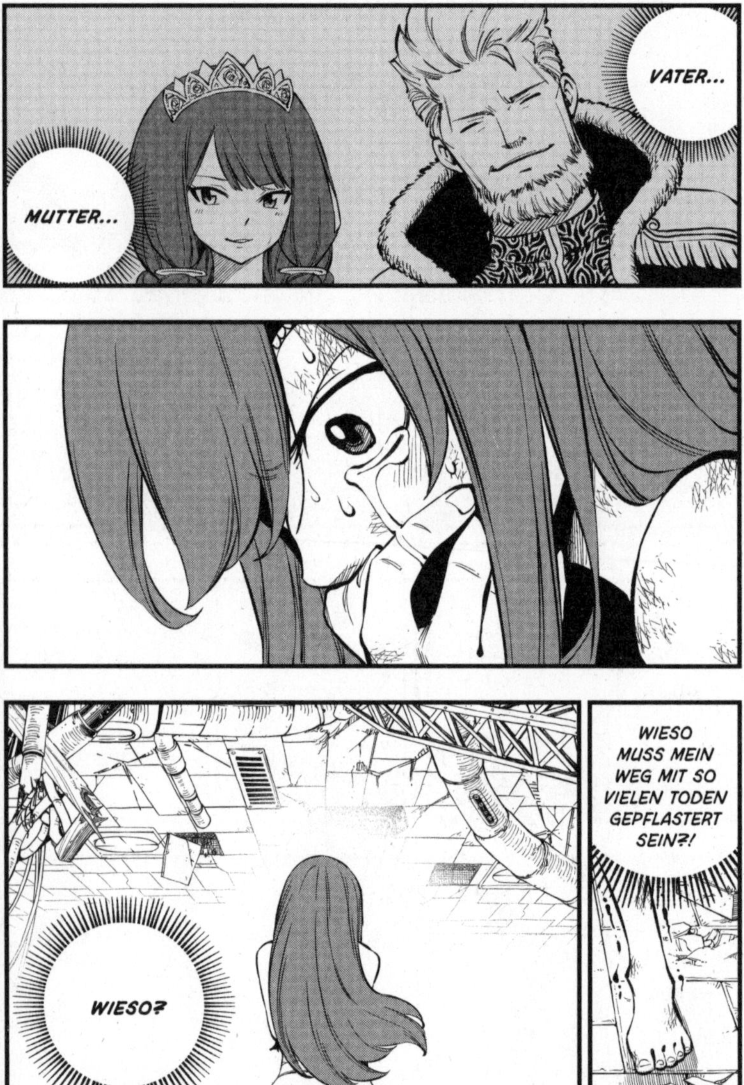
VATER...
MUTTER...
WIESO MUSS MEIN WEG MIT SO VIELEN TODEN GEPFLASTERT SEIN?!
WIESO?

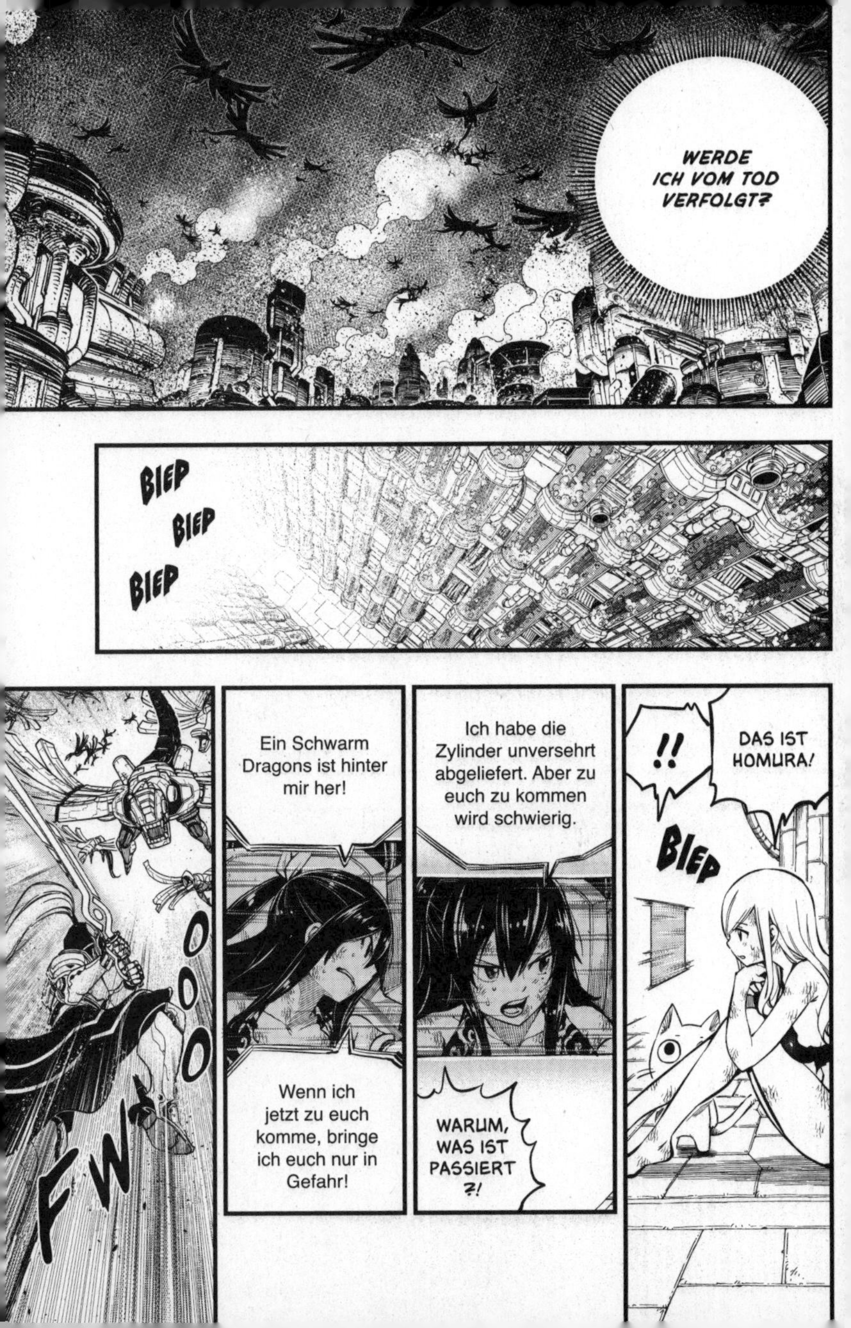

WERDE ICH VOM TOD VERFOLGT?
BIEP
BIEP
BIEP
DAS IST HOMURA!
!!
BIEP
Ich habe die Zylinder unversehrt abgeliefert. Aber zu euch zu kommen wird schwierig.
WARUM, WAS IST PASSIERT?!
Ein Schwarm Dragons ist hinter mir her!
Wenn ich jetzt zu euch komme, bringe ich euch nur in Gefahr!
FWOOOO

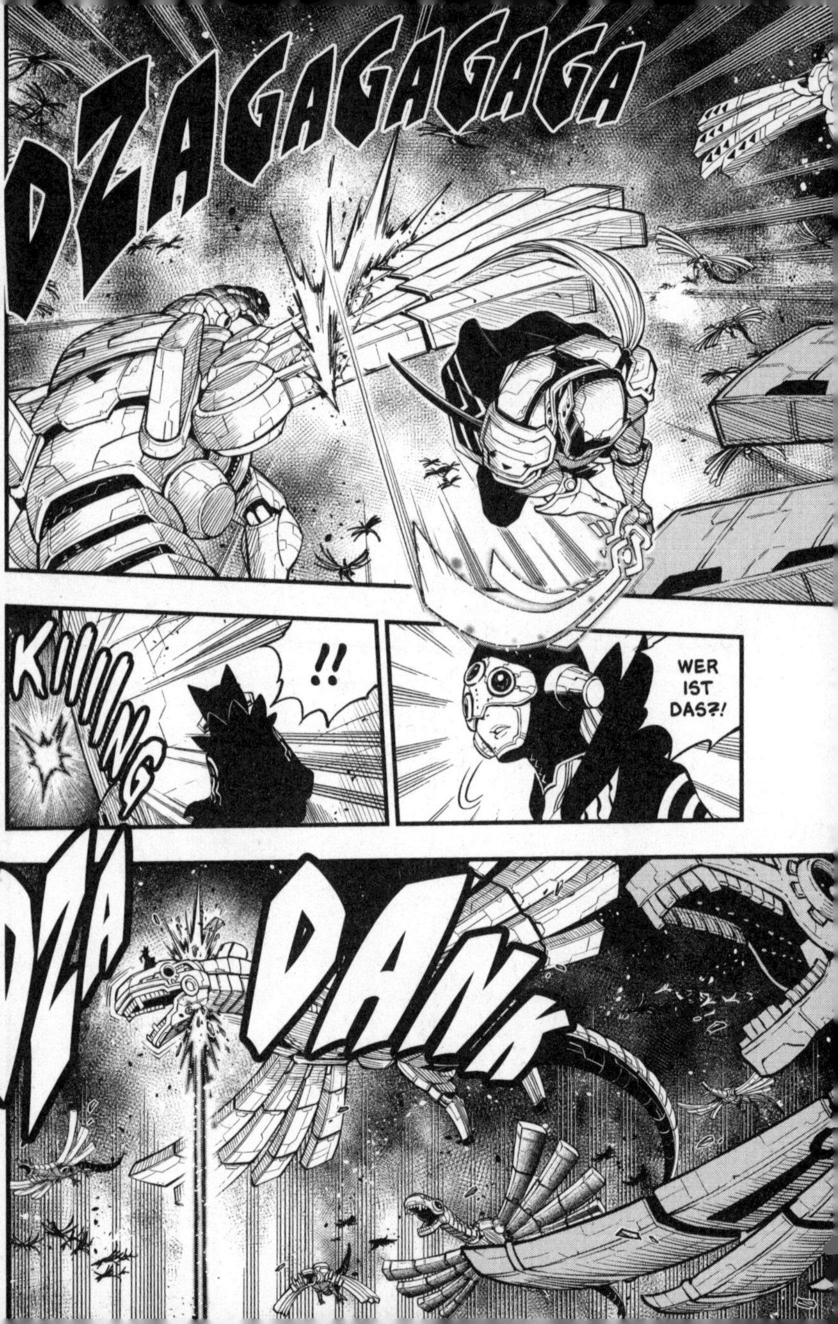

DZAGAGAGAGA
KIIIING
!!
WER IST DAS?!
DZÁ
DANK

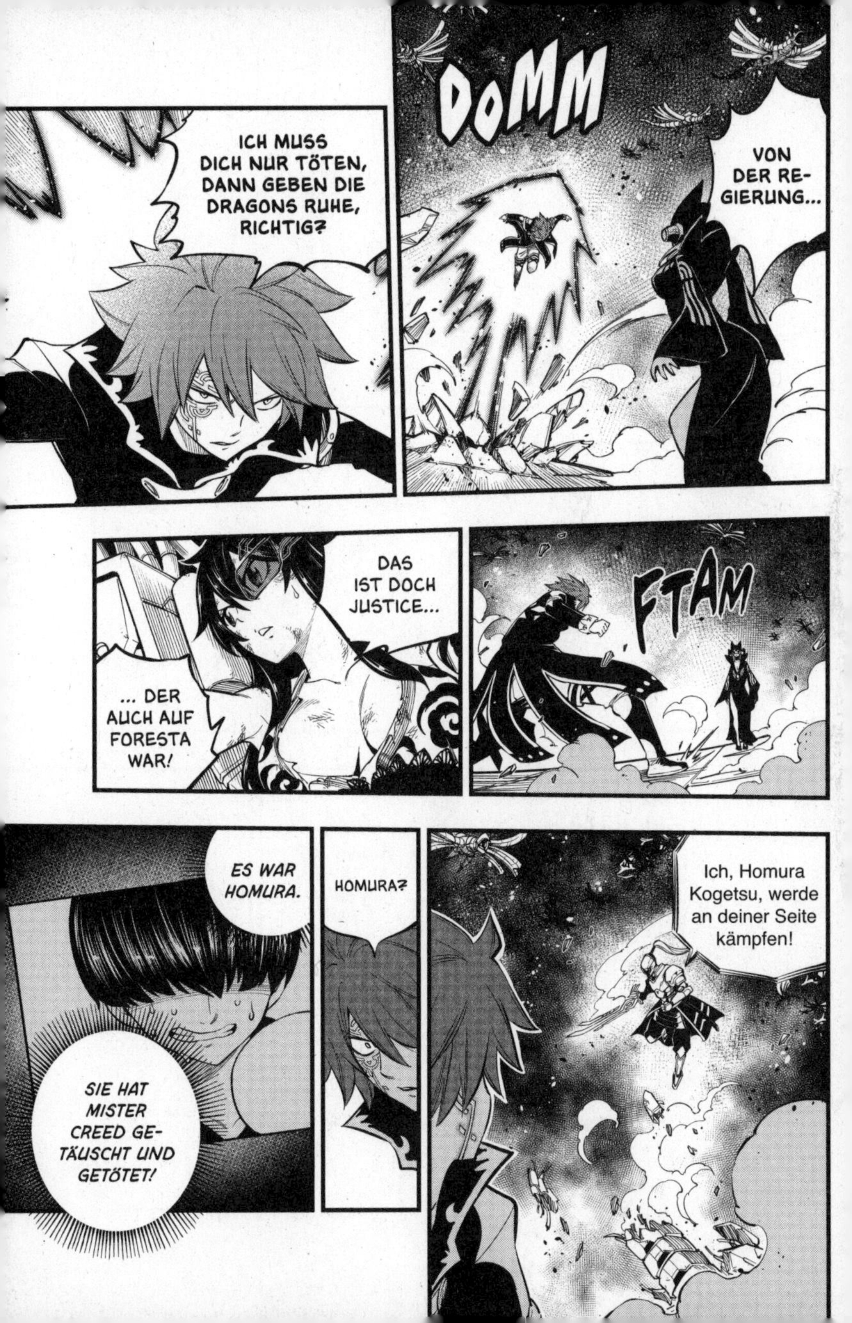
DOMM
VON DER REGIERUNG...
ICH MUSS DICH NUR TÖTEN, DANN GEBEN DIE DRAGONS RUHE, RICHTIG?
FTAM
DAS IST DOCH JUSTICE...
... DER AUCH AUF FORESTA WAR!
Ich, Homura Kogetsu, werde an deiner Seite kämpfen!
HOMURA?
ES WAR HOMURA.
SIE HAT MISTER CREED GETÄUSCHT UND GETÖTET!

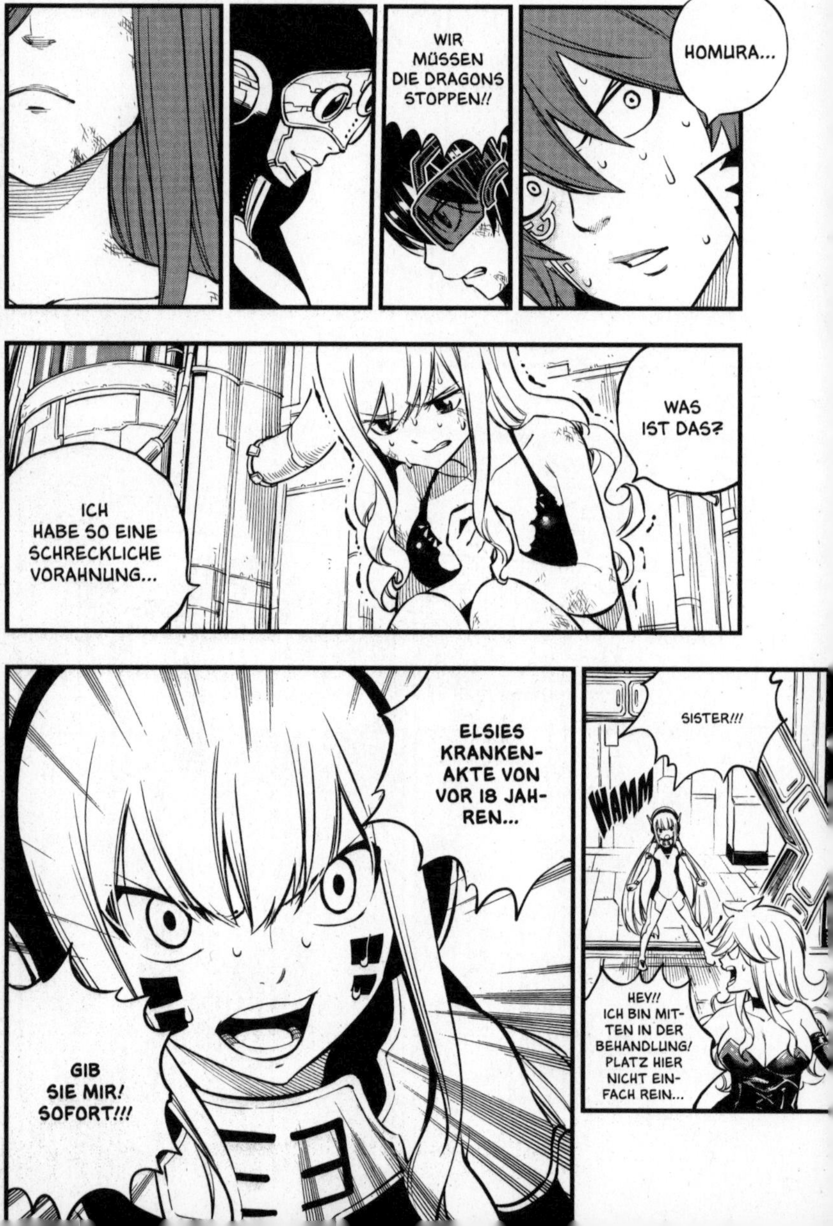
HOMURA...
WIR MÜSSEN DIE DRAGONS STOPPEN!!
WAS IST DAS?
ICH HABE SO EINE SCHRECKLICHE VORAHNUNG...
SISTER!!!
WAMM
HEY!! ICH BIN MITTEN IN DER BEHANDLUNG! PLATZ HIER NICHT EINFACH REIN...
ELSIES KRANKENAKTE VON VOR 18 JAHREN...
GIB SIE MIR! SOFORT!!!

EDENS ZERO

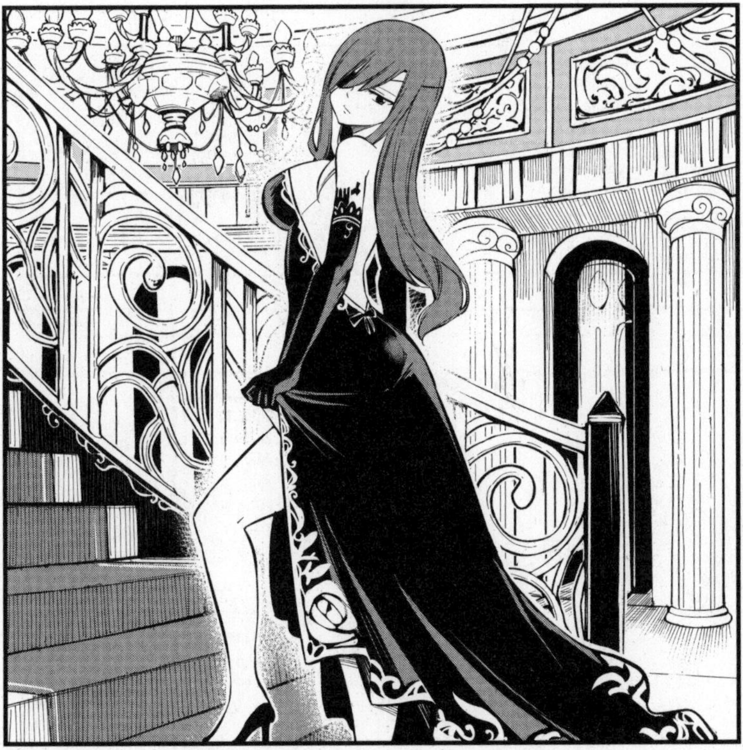

KAPITEL 212: MÖBIUS

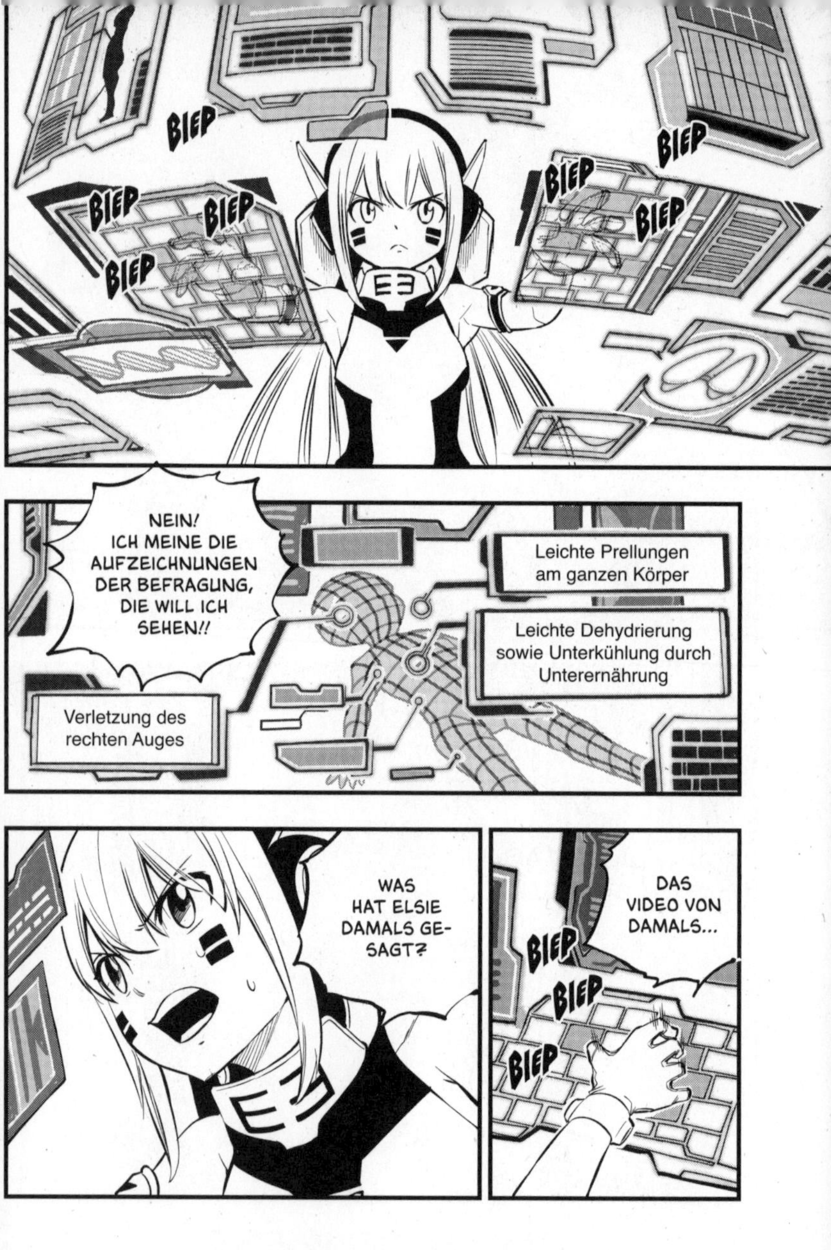
BIEP
BIEP
BIEP
BIEP
BIEP
BIEP
BIEP
NEIN! ICH MEINE DIE AUFZEICHNUNGEN DER BEFRAGUNG, DIE WILL ICH SEHEN!!
Leichte Prellungen am ganzen Körper
Leichte Dehydrierung sowie Unterkühlung durch Unterernährung
Verletzung des rechten Auges
WAS HAT ELSIE DAMALS GE-SAGT?
DAS VIDEO VON DAMALS...
BIEP
BIEP
BIEP

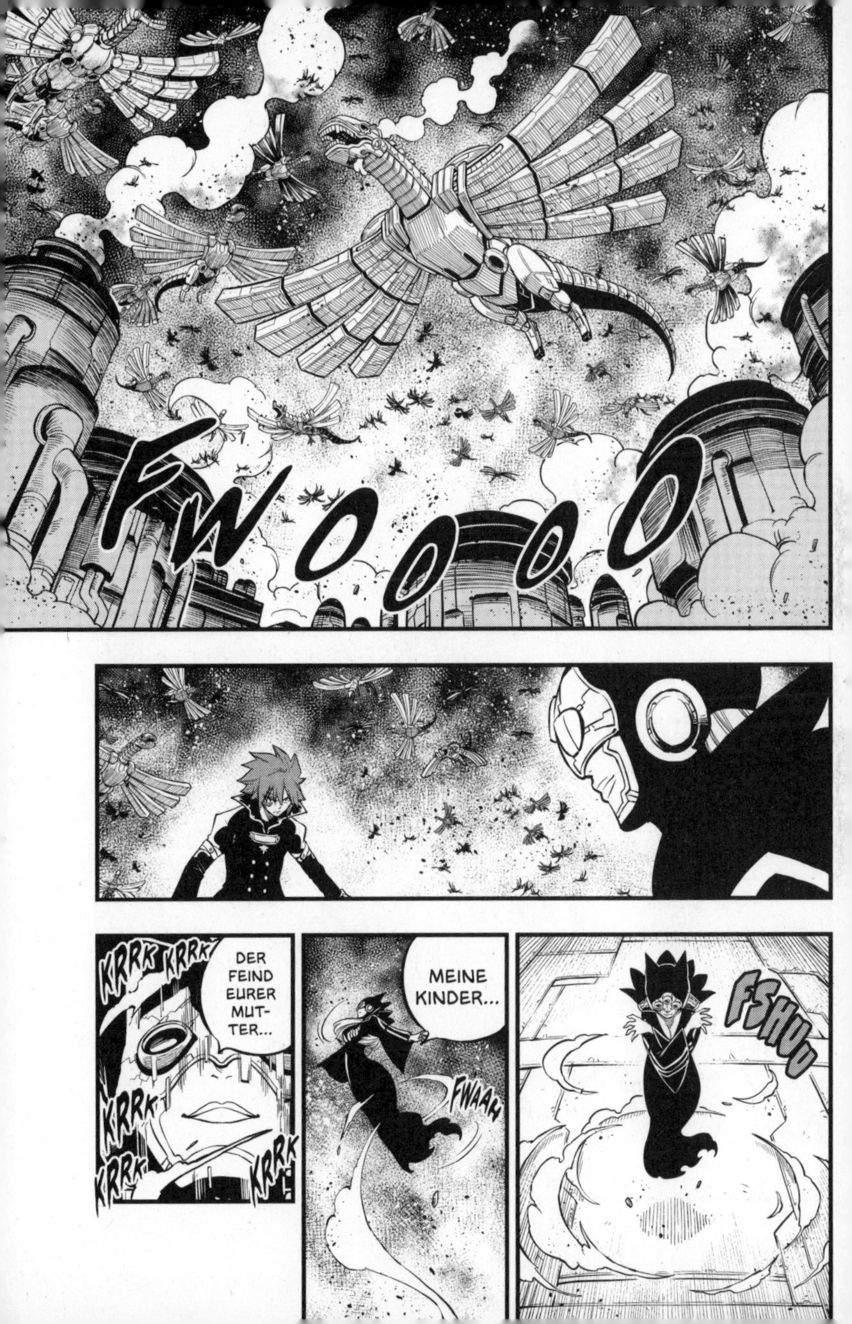
FWOOOOO
KRRK KRRK
DER FEIND EURER MUT-TER...
KRRK
KRRK
KRRK
MEINE KINDER...
FWAAH
FSHUU

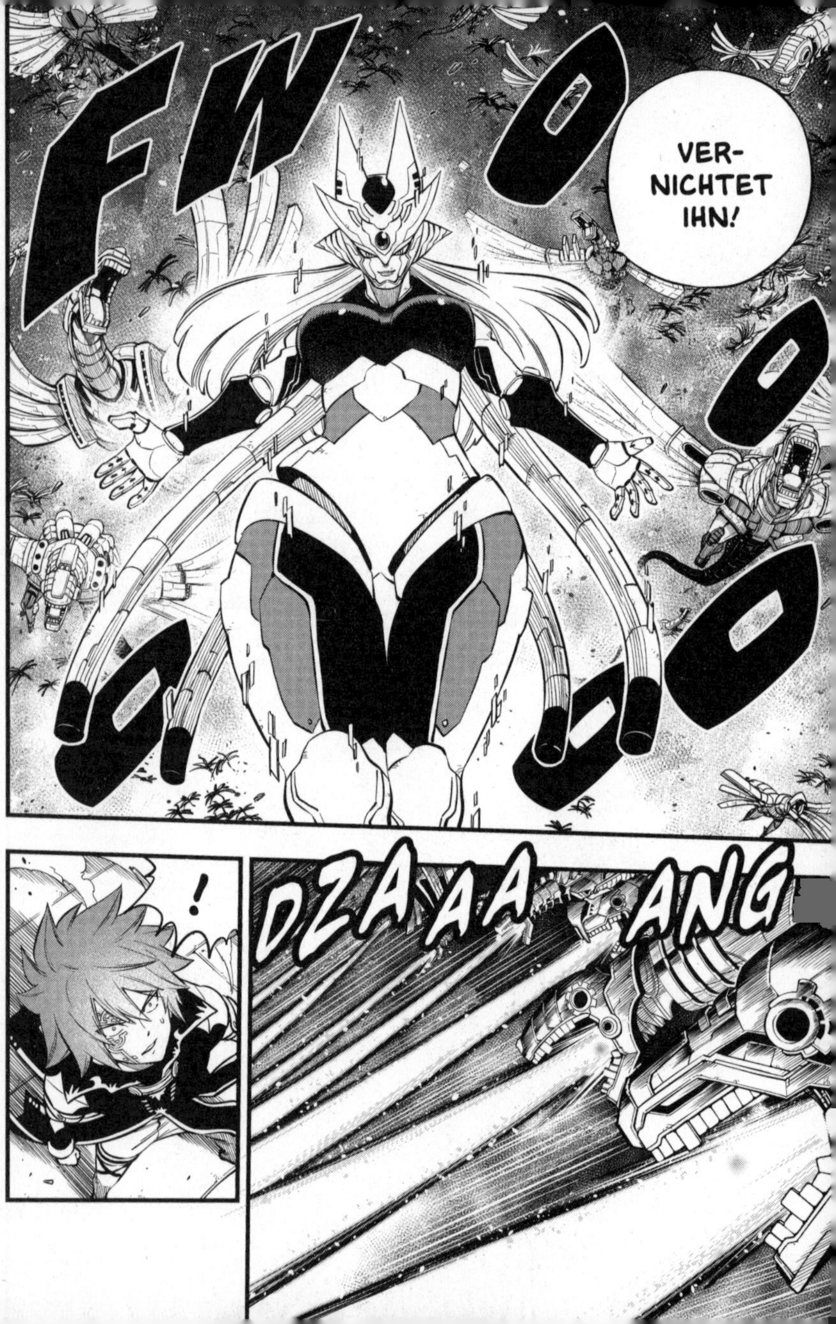
FWOOOOO
VER-
NICHTET
IHN!
!
DZAAAANG

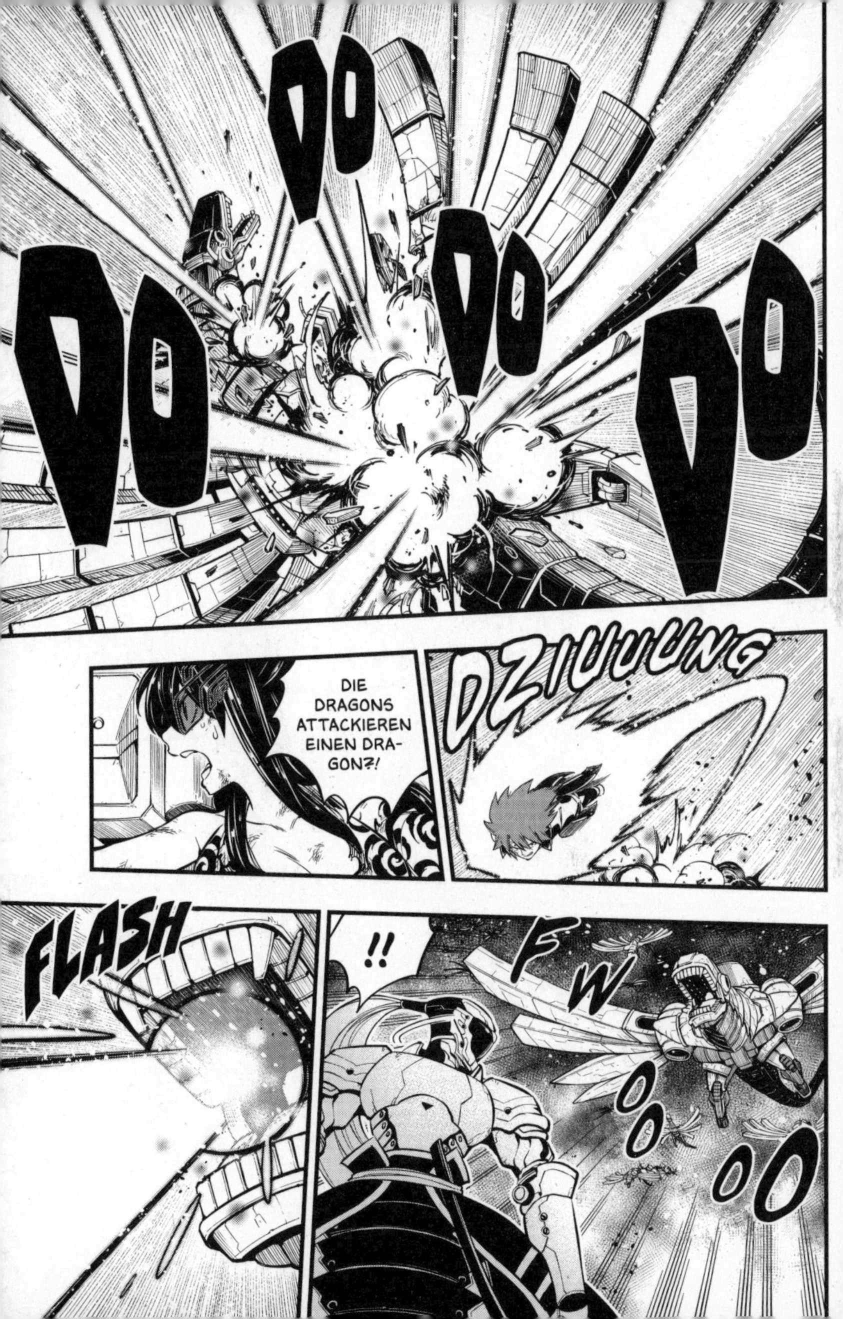
DO
DO
DO
DO
DZIUUUNG
DIE DRAGONS ATTACKIEREN EINEN DRA-GON?!
FWOOOO
!!
FLASH

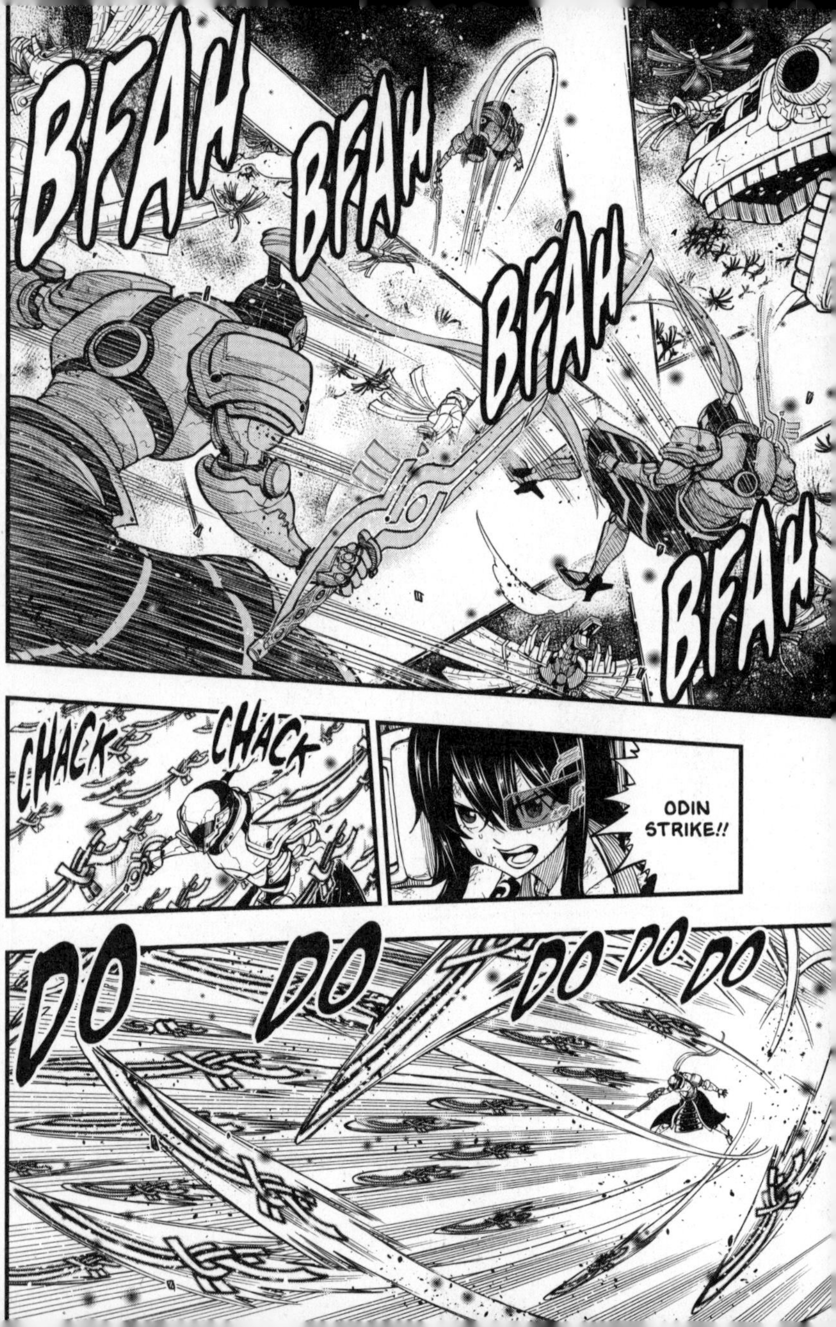
BFAH
BFAH
BFAH
BFAH
CHACK CHACK
ODIN STRIKE!!
DO DO DO DO DO

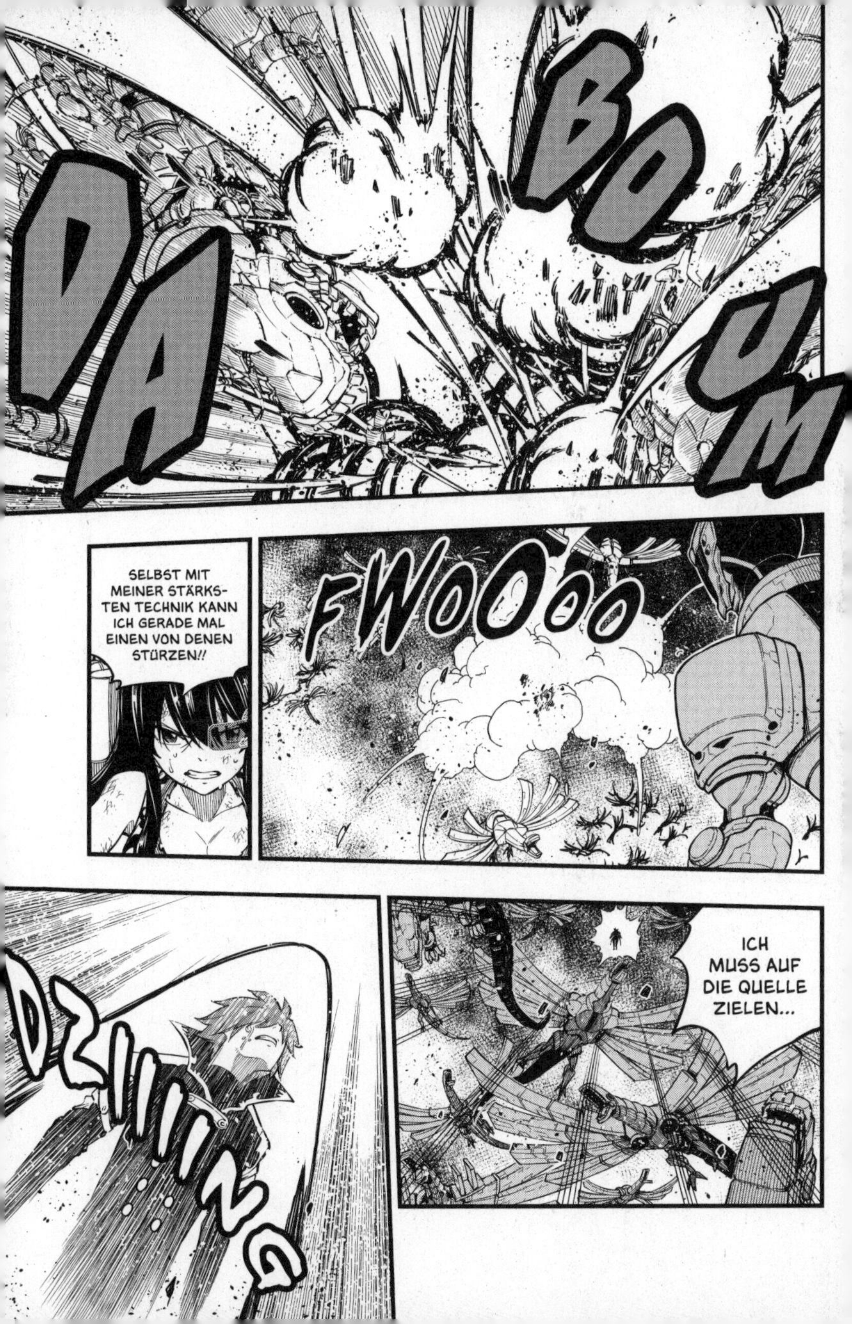
BOOOM
DA
SELBST MIT MEINER STÄRKSTEN TECHNIK KANN ICH GERADE MAL EINEN VON DENEN STÜRZEN!!
FWOOOO
ICH MUSS AUF DIE QUELLE ZIELEN...
DZIIIING

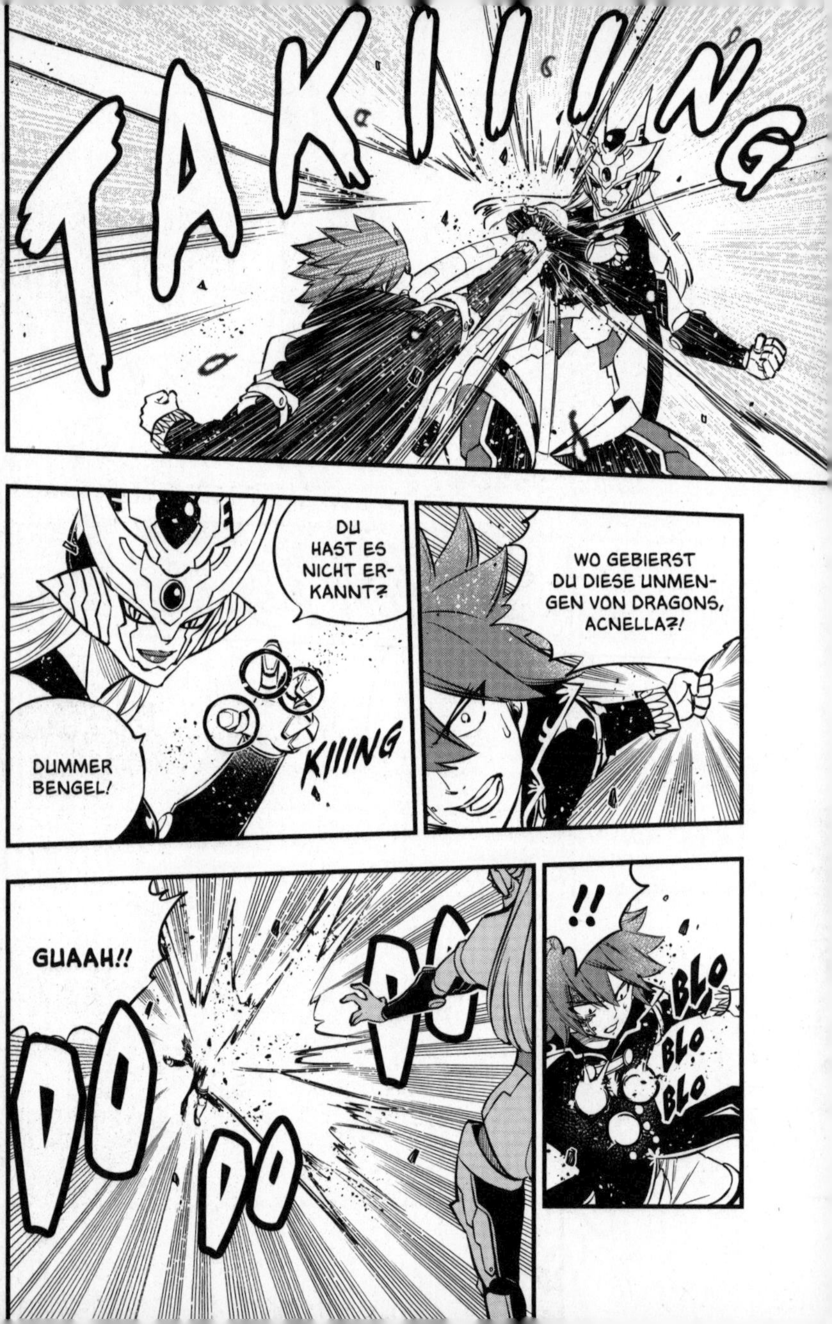
TAKIIING
DU HAST ES NICHT ER-KANNT?
WO GEBIERST DU DIESE UNMEN-GEN VON DRAGONS, ACNELLA?!
DUMMER BENGEL!
KIIING
!!
GUAAH!!
DO DO DO
BLO BLO BLO BLO

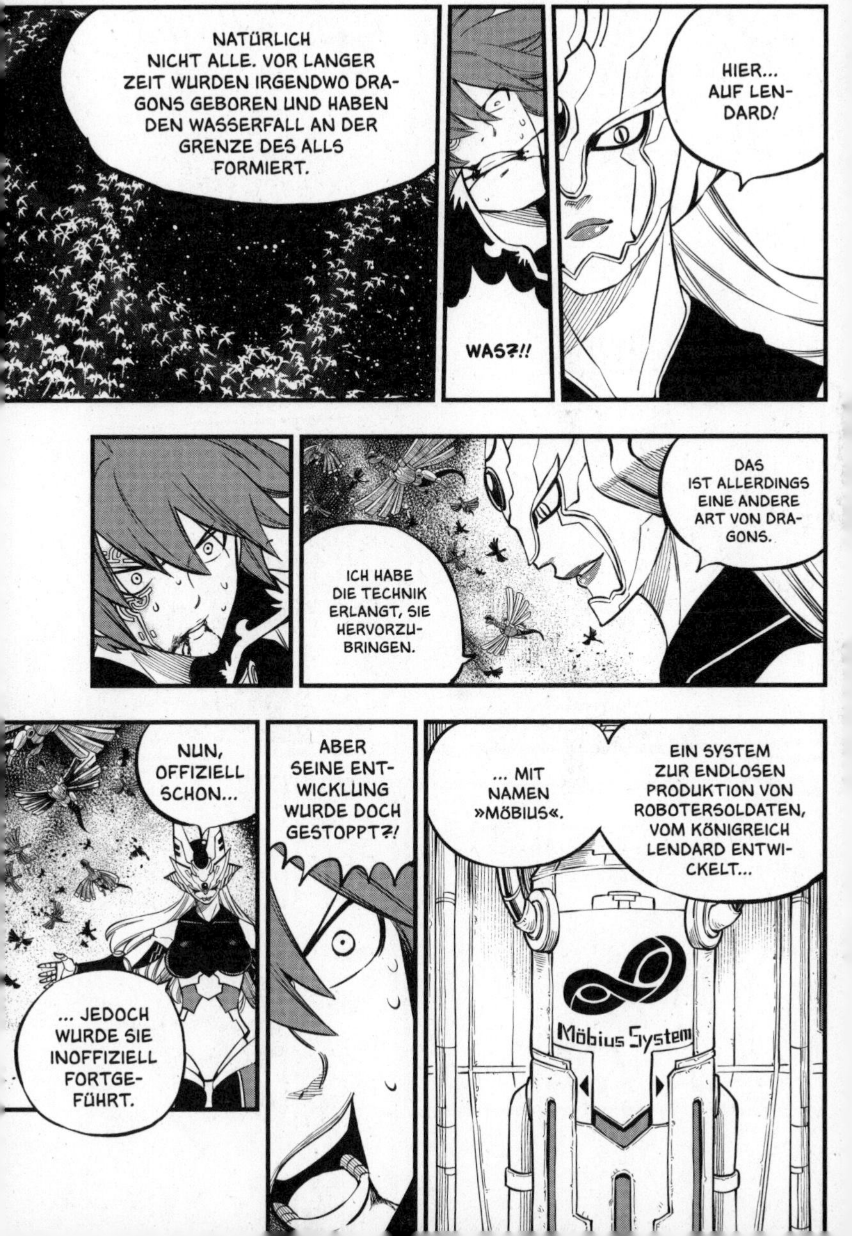
NATÜRLICH NICHT ALLE. VOR LANGER ZEIT WURDEN IRGENDWO DRAGONS GEBOREN UND HABEN DEN WASSERFALL AN DER GRENZE DES ALLS FORMIERT.
WAS?!!
HIER... AUF LENDARD!
ICH HABE DIE TECHNIK ERLANGT, SIE HERVORZUBRINGEN.
DAS IST ALLERDINGS EINE ANDERE ART VON DRAGONS.
NUN, OFFIZIELL SCHON...
... JEDOCH WURDE SIE INOFFIZIELL FORTGEFÜHRT.
ABER SEINE ENTWICKLUNG WURDE DOCH GESTOPPT?!
EIN SYSTEM ZUR ENDLOSEN PRODUKTION VON ROBOTERSOLDATEN, VOM KÖNIGREICH LENDARD ENTWICKELT...
... MIT NAMEN »MÖBIUS«.
Möbius System

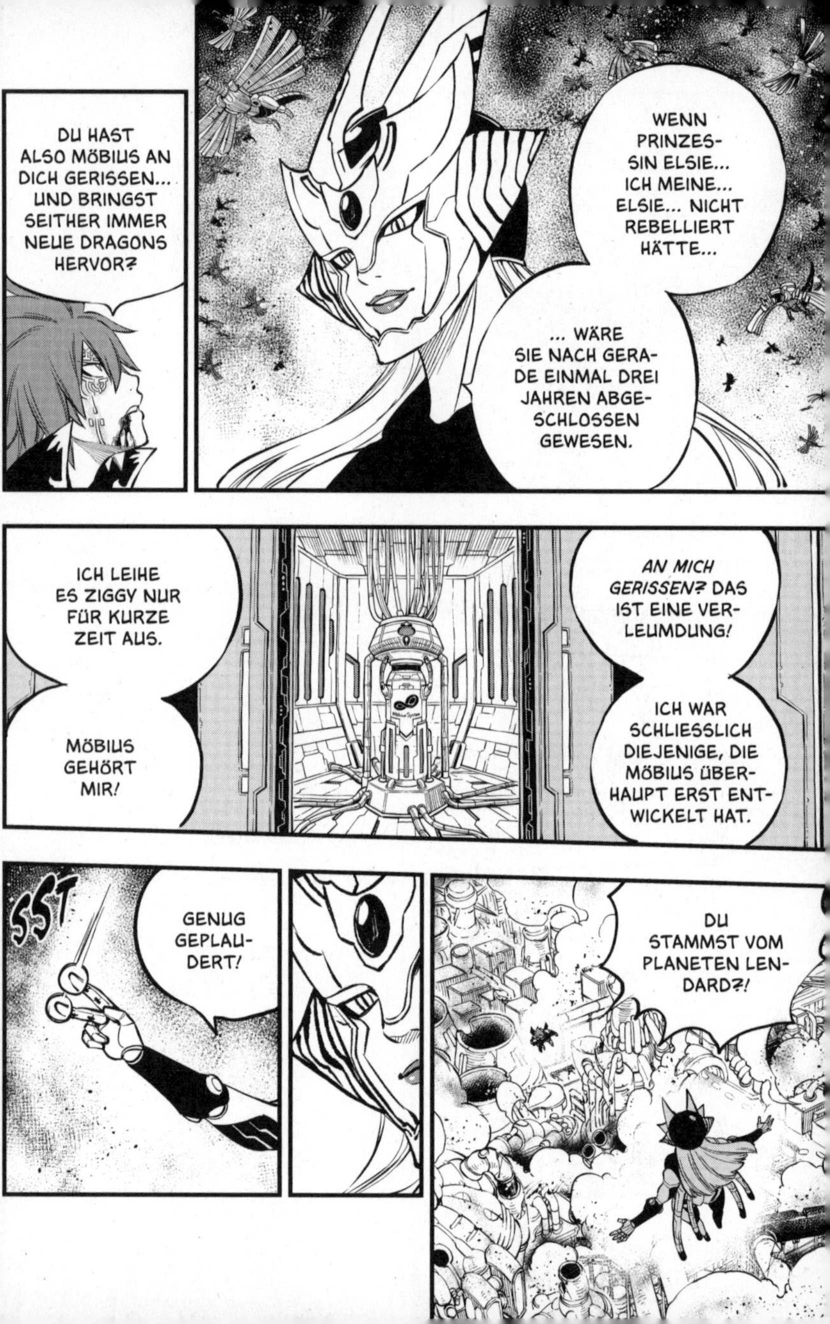
WENN PRINZES-SIN ELSIE... ICH MEINE... ELSIE... NICHT REBELLIERT HÄTTE...
... WÄRE SIE NACH GERA-DE EINMAL DREI JAHREN ABGE-SCHLOSSEN GEWESEN.
DU HAST ALSO MÖBIUS AN DICH GERISSEN... UND BRINGST SEITHER IMMER NEUE DRAGONS HERVOR?
AN MICH GERISSEN? DAS IST EINE VER-LEUMDUNG!
ICH WAR SCHLIESSLICH DIEJENIGE, DIE MÖBIUS ÜBER-HAUPT ERST ENT-WICKELT HAT.
ICH LEIHE ES ZIGGY NUR FÜR KURZE ZEIT AUS.
MÖBIUS GEHÖRT MIR!
DU STAMMST VOM PLANETEN LEN-DARD?!
SST
GENUG GEPLAU-DERT!

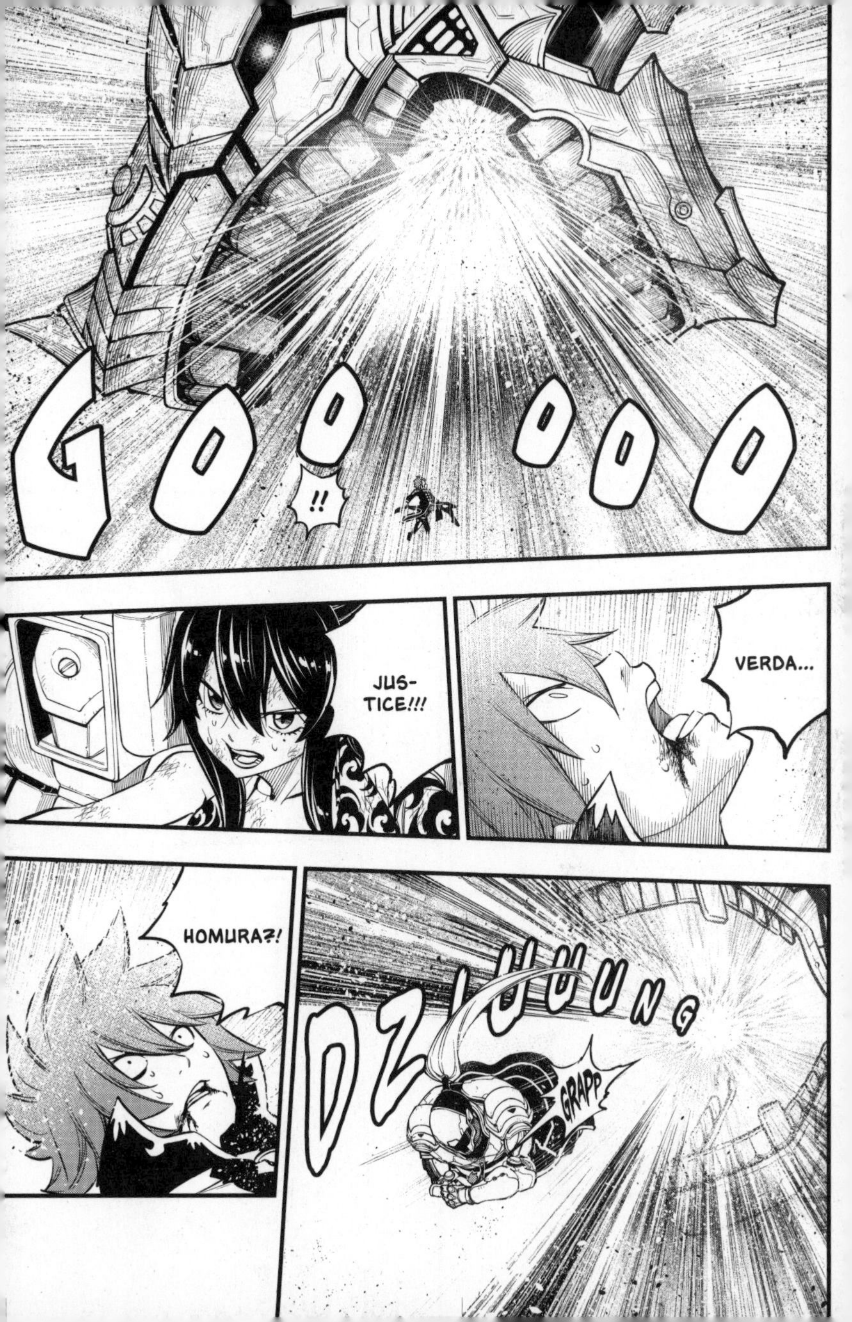
GOOOOO
!!
VERDA...
JUS-
TICE!!!
DZIUUUNG
GRAPP
HOMURA?!

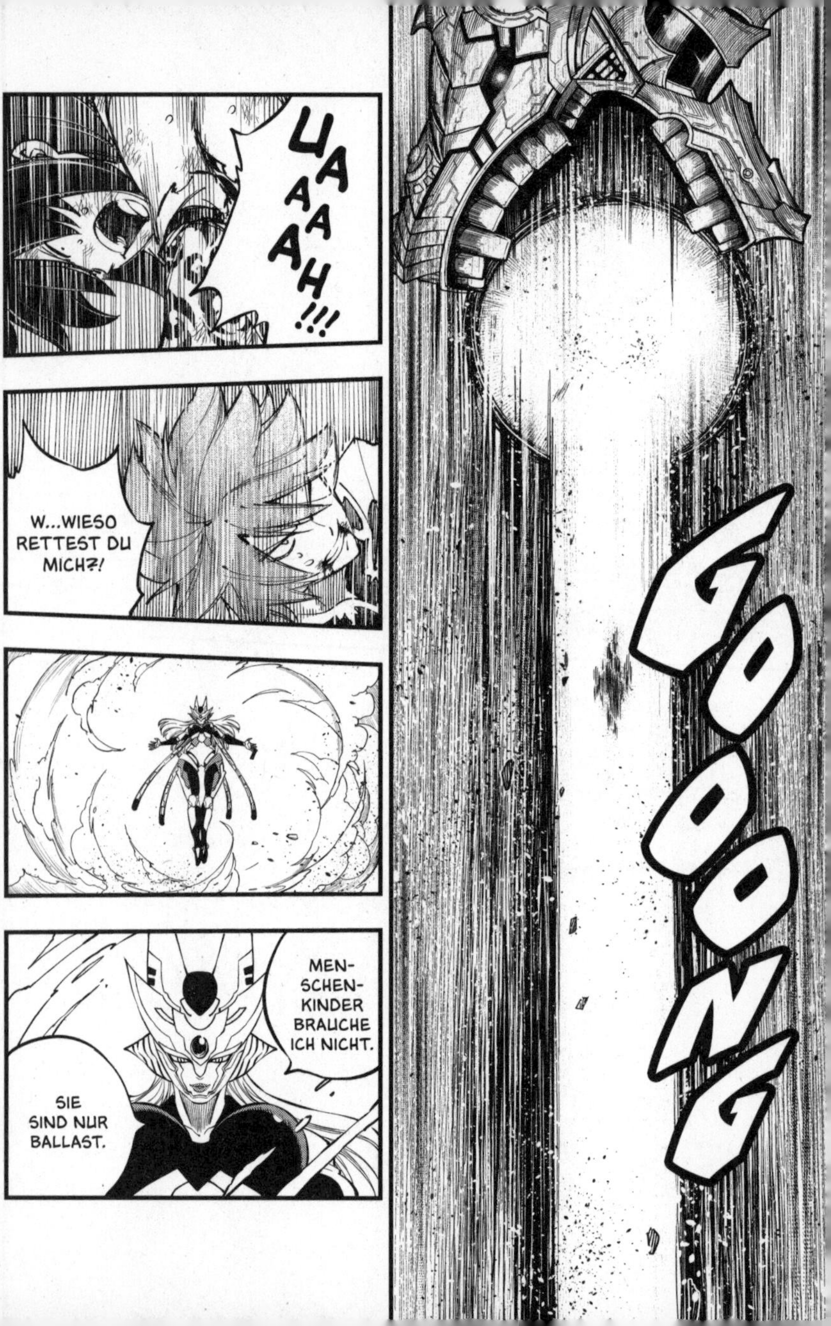
GOOONG
UAAAAH!!!
W...WIESO RETTEST DU MICH?!
MEN-SCHEN-KINDER BRAUCHE ICH NICHT.
SIE SIND NUR BALLAST.

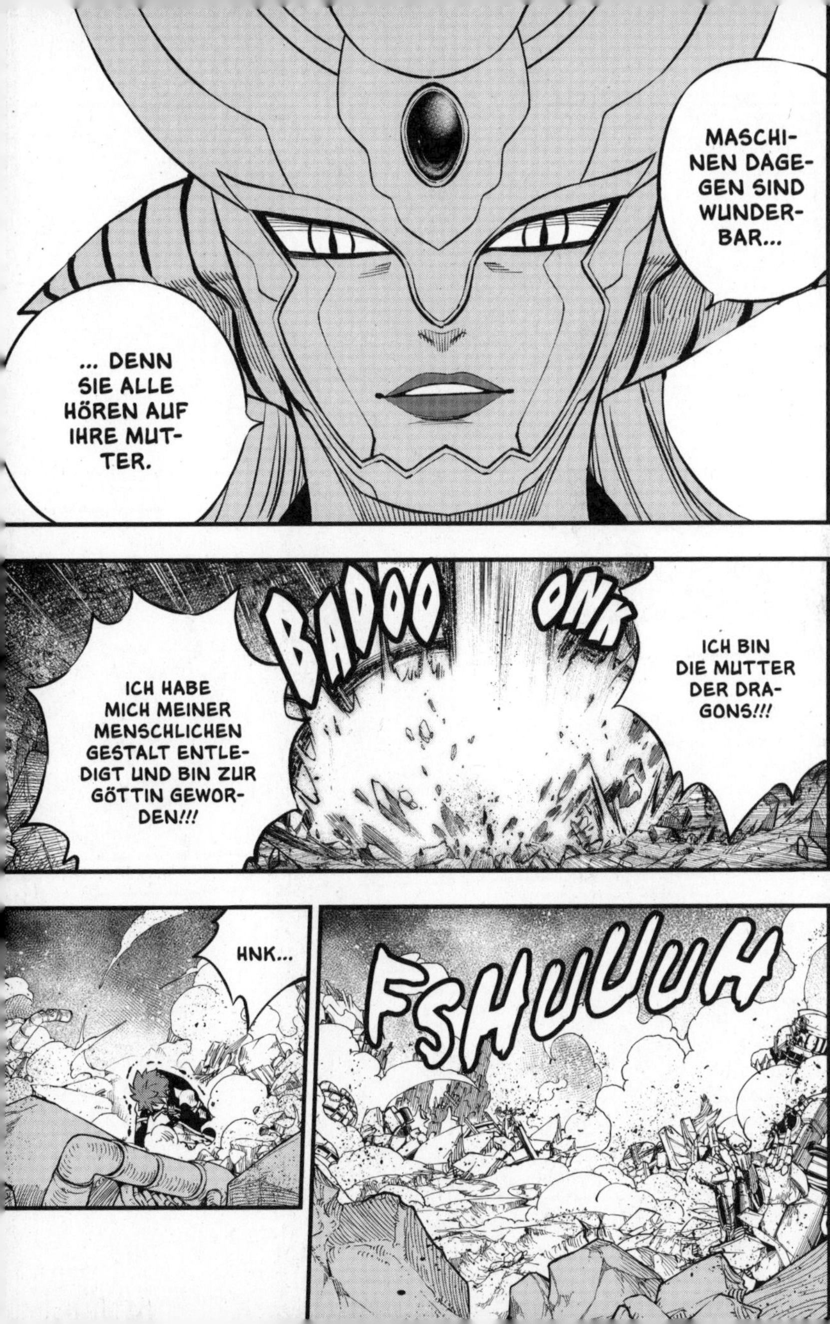
MASCHINEN DAGEGEN SIND WUNDERBAR...
... DENN SIE ALLE HÖREN AUF IHRE MUTTER.
BADOOONK
ICH BIN DIE MUTTER DER DRAGONS!!!
ICH HABE MICH MEINER MENSCHLICHEN GESTALT ENTLEDIGT UND BIN ZUR GÖTTIN GEWORDEN!!!
FSHUUUH
HNK...

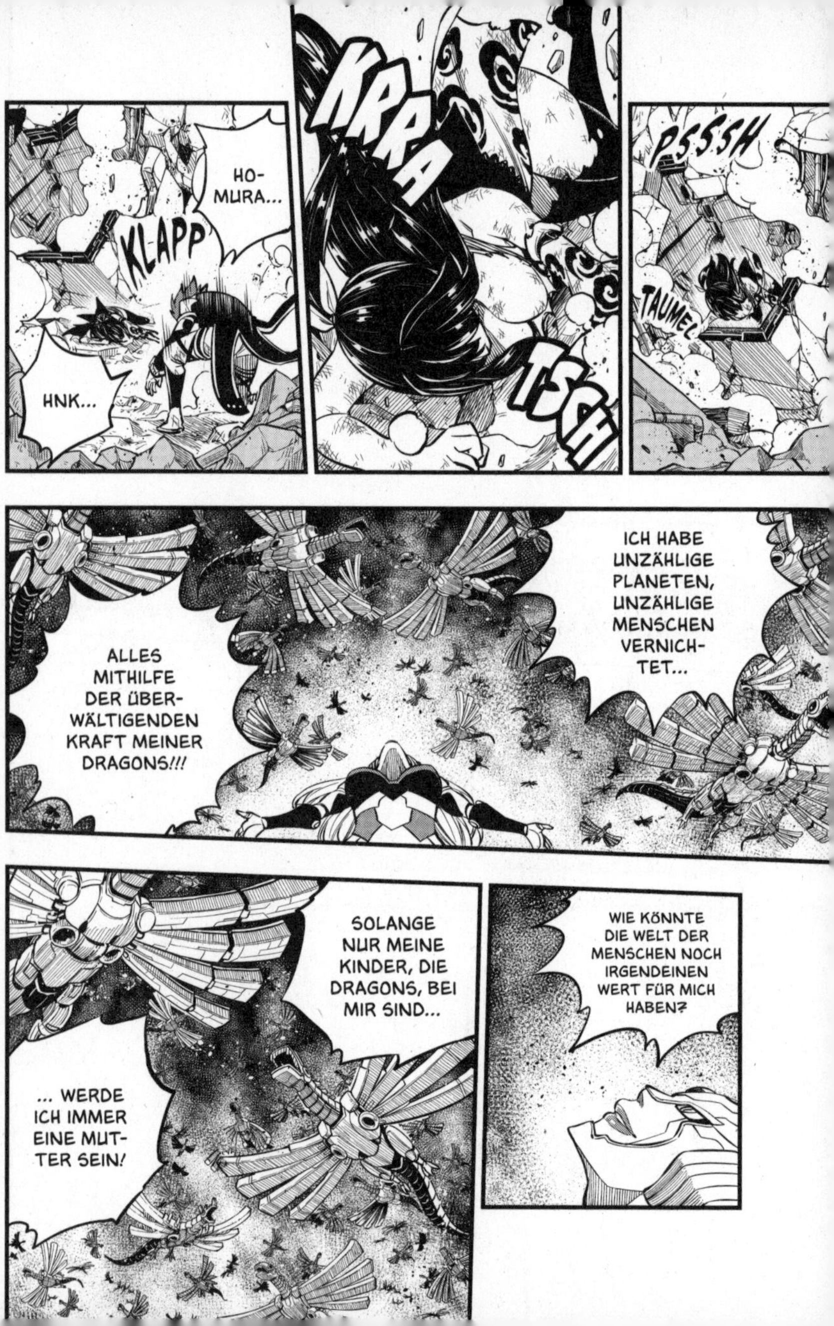

HO-
MURA...
KLAPP
HNK...
KRRA
TSCH
PSSSH
TAUMEL
ICH HABE UNZÄHLIGE PLANETEN, UNZÄHLIGE MENSCHEN VERNICH-TET...
ALLES MITHILFE DER ÜBER-WÄLTIGENDEN KRAFT MEINER DRAGONS!!!
WIE KÖNNTE DIE WELT DER MENSCHEN NOCH IRGENDEINEN WERT FÜR MICH HABEN?
SOLANGE NUR MEINE KINDER, DIE DRAGONS, BEI MIR SIND...
... WERDE ICH IMMER EINE MUT-TER SEIN!

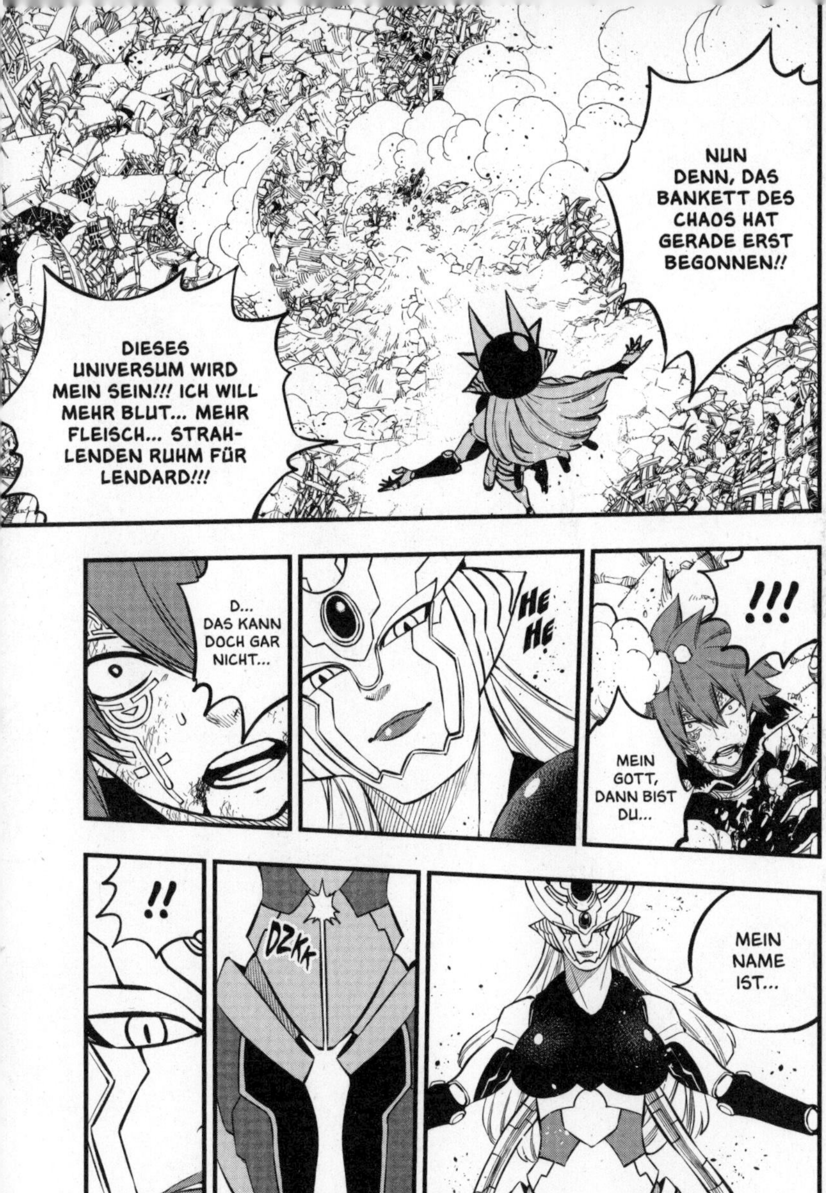
NUN DENN, DAS BANKETT DES CHAOS HAT GERADE ERST BEGONNEN!!
DIESES UNIVERSUM WIRD MEIN SEIN!!! ICH WILL MEHR BLUT... MEHR FLEISCH... STRAH-LENDEN RUHM FÜR LENDARD!!!
!!!
MEIN GOTT, DANN BIST DU...
HE HE
D... DAS KANN DOCH GAR NICHT...
MEIN NAME IST...
DZKK
!!

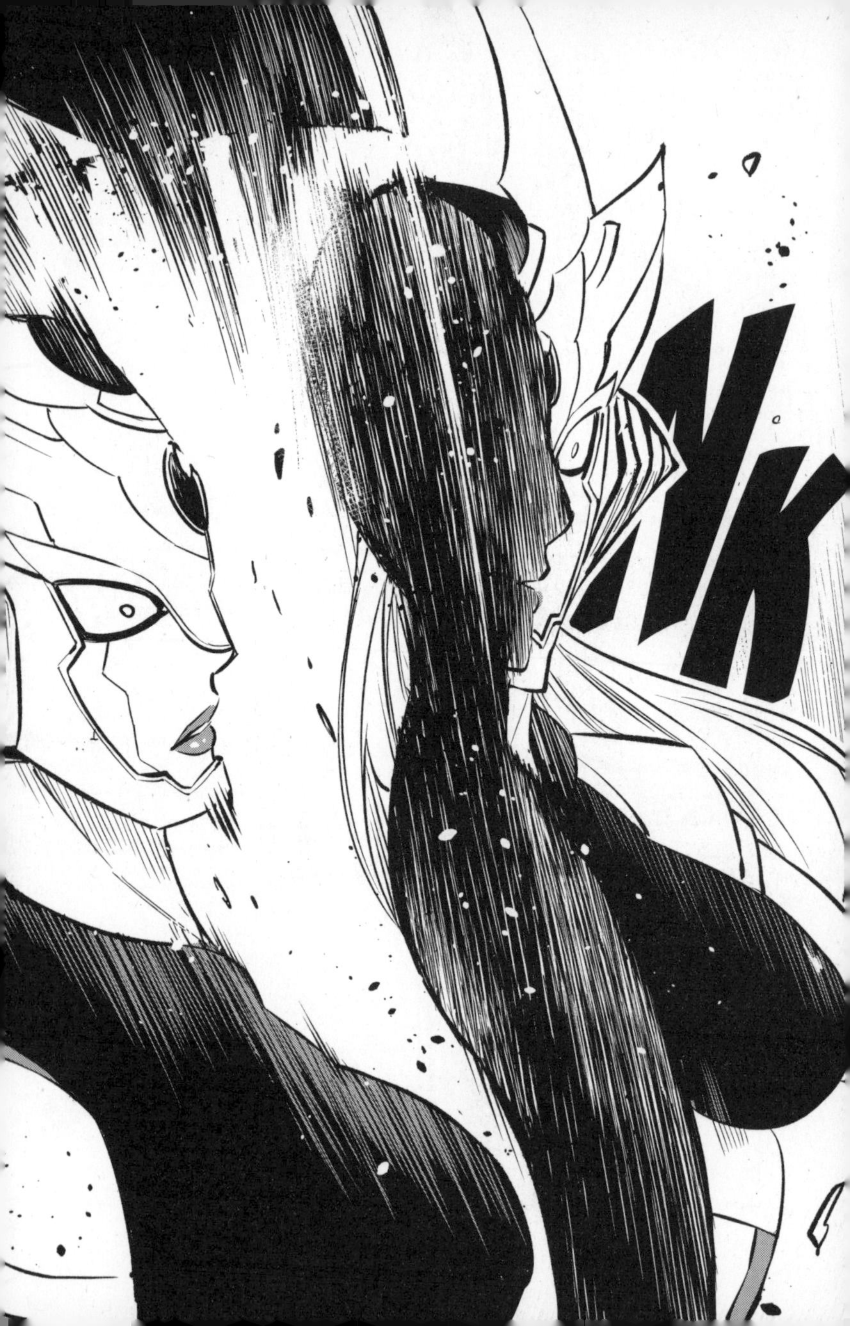
NK

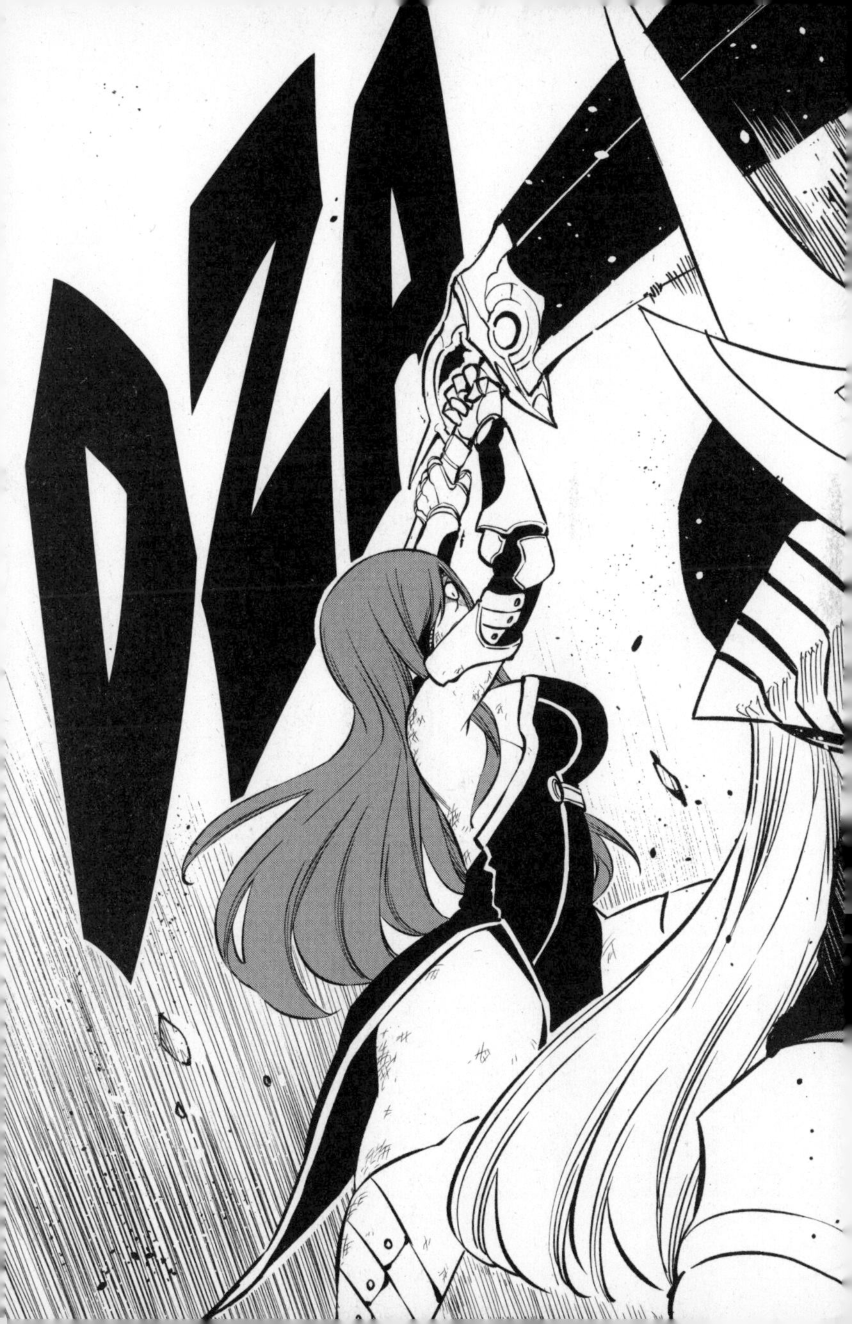

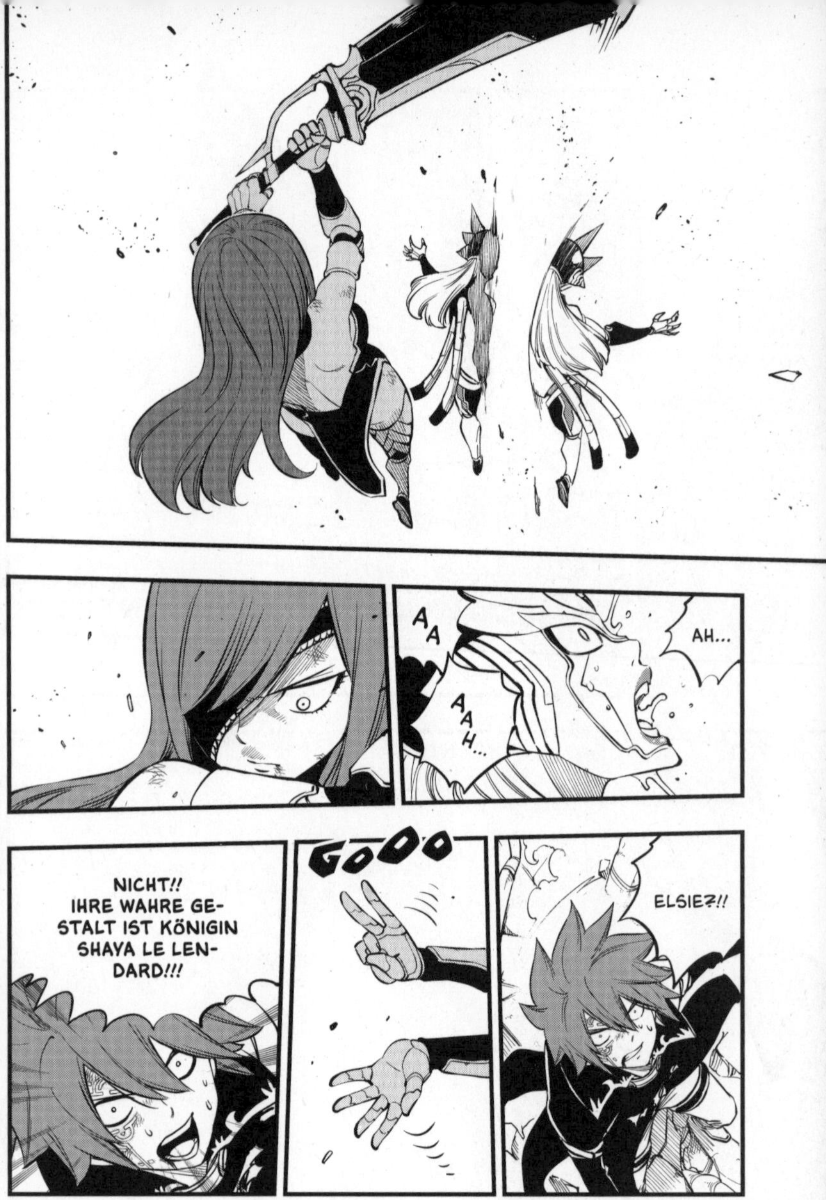
AAAAH...
AH...
NICHT!! IHRE WAHRE GESTALT IST KÖNIGIN SHAYA LE LENDARD!!!
GOOO
ELSIE?!!

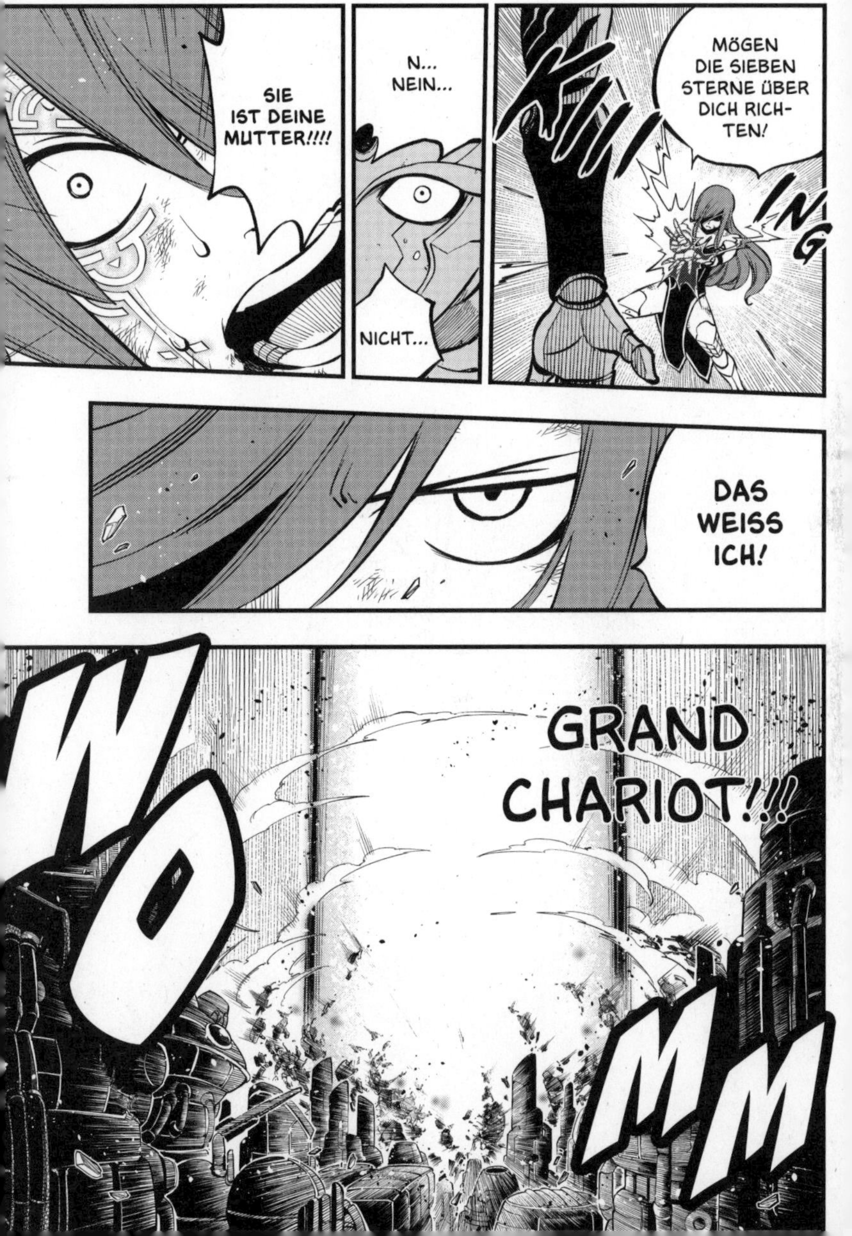
SIE IST DEINE MUTTER!!!!
N... NEIN...
NICHT...
MÖGEN DIE SIEBEN STERNE ÜBER DICH RICH-TEN!
KIIIING
DAS WEISS ICH!
GRAND CHARIOT!!!
WOMMM

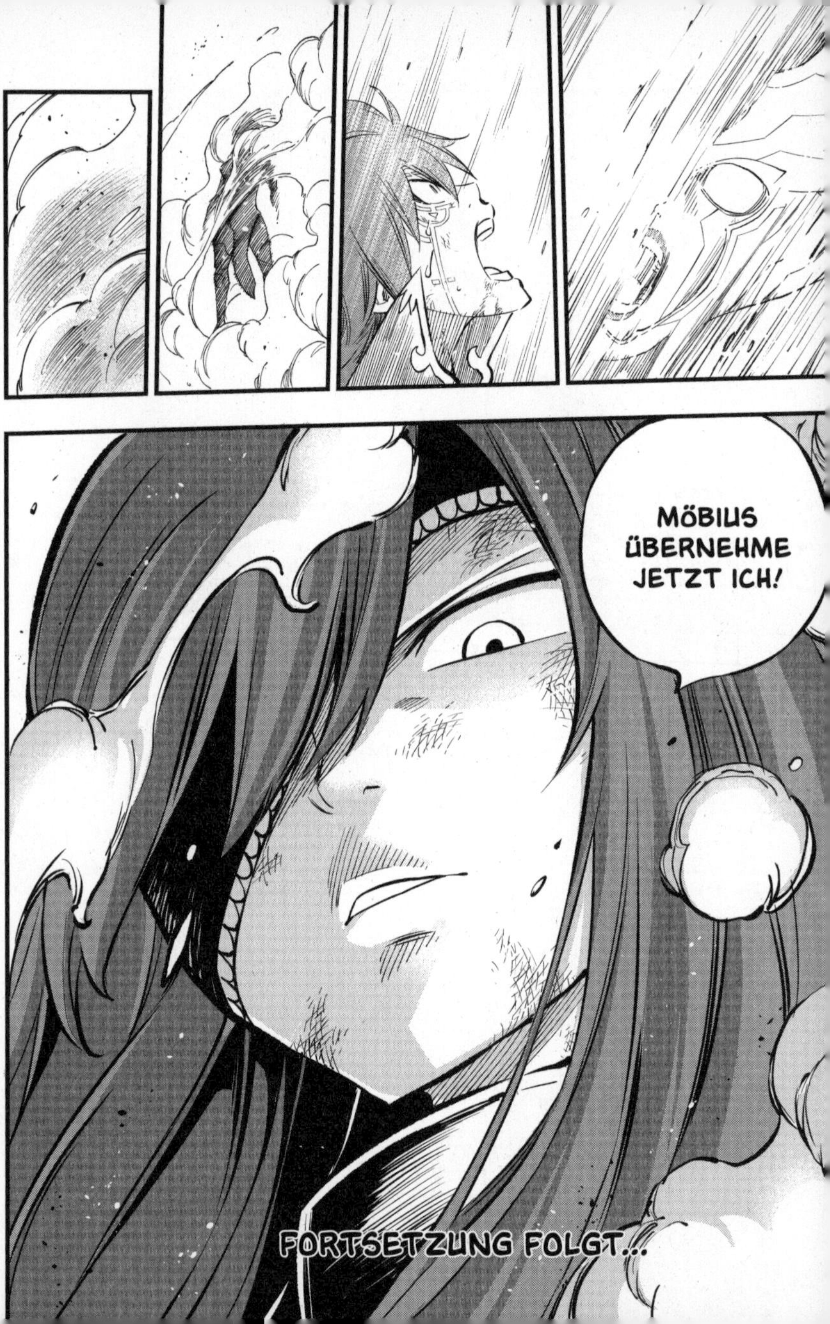
MÖBIUS ÜBERNEHME JETZT ICH!
FORTSETZUNG FOLGT…

EDENS ZERO

NACHWORT

In diesem Band ist nun endlich eine der Szenen enthalten, die ich schon so lange für Edens Zero zeichnen wollte.

Es geht um die Geschichte von Ziggys wahrer Gestalt in der Zukunft, in 20.000 Jahren. Ich bin ein wenig erleichtert, dass ich nun die Szene, die mir seit Beginn der Serie in den Fingern kribbelte, fertigstellen konnte und zugleich hoch motiviert, weil ich nun endlich an der zweiten Hälfte der Geschichte sitze.

Im nächsten Band kommt es zum Entscheidungskampf gegen Ziggy. Die Geschichte wird sich in eine Richtung weiterentwickeln, die ihr wahrscheinlich nicht erwarten werdet!

In einem Interview erzählte ich einmal dass es bei meinem Debütwerk »Rave« so einige Kursänderungen gab. Trotzdem verlief die Story in etwa so, wie vor Beginn der Serie festgelegt. Bei meinem zweiten Werk »Fairy Tail« hatte ich, abgesehen von der Vergangenheit der Hauptfiguren, kaum etwas vorab geplant, als ich die Arbeit an der Serie aufnahm. Die Story entwickelte sich, indem ich sie durch Postskriptum auf Postskriptum stimmig machte. Jede Woche dachte ich: »Okay, jetzt sieht die Story so aus. Was wird nächste Woche kommen?« Ich erdachte die Reihe also, indem ich mich quasi selbst voranscheuchte. Die vorliegende Serie »Edens Zero« hat ein wenig von beiden meinen vorigen Werken. Sie entsteht sozusagen in hybrider Form.

Was das Gesamtschema und das zugrundeliegende Konzept sowie die wahre Gestalt von ████ betrifft, so steht vieles schon fest. Anderes dagegen nicht.

Mit anderen Worten: Ziggys Figur, seine wahre Gestalt – die hatte ich vorab geplant. Cures Geschichte jedoch hat sich erst während des Zeichnens ergeben. Irgendwie habe ich das Gefühl, ich hätte ihn etwas aktiver gestalten sollen... Allerdings wäre die Zahl der Charaktere dadurch noch weiter gestiegen, und irgendwie möchte ich die Menge der Figuren unter Kontrolle haben.

So auch die Identität von God Acnella. Auch sie stand schon ziemlich lange fest, wenn auch nicht von Beginn an. Anfangs sollten eigentlich mehr Kampfhandlungen zwischen ihr und Elsie vorkommen, aber dem Tempo der Story zuliebe habe ich das Ganze etwas schlichter gehalten.

Auf diese Weise wird das Konzept der Geschichte also immer wieder aufs Geratewohl geändert. Mother, die in den folgenden Bänden weiter Gestalt annehmen wird, hat eine ziemlich spannende Story. Darauf könnt ihr euch schon mal freuen!

EDENS ZERO

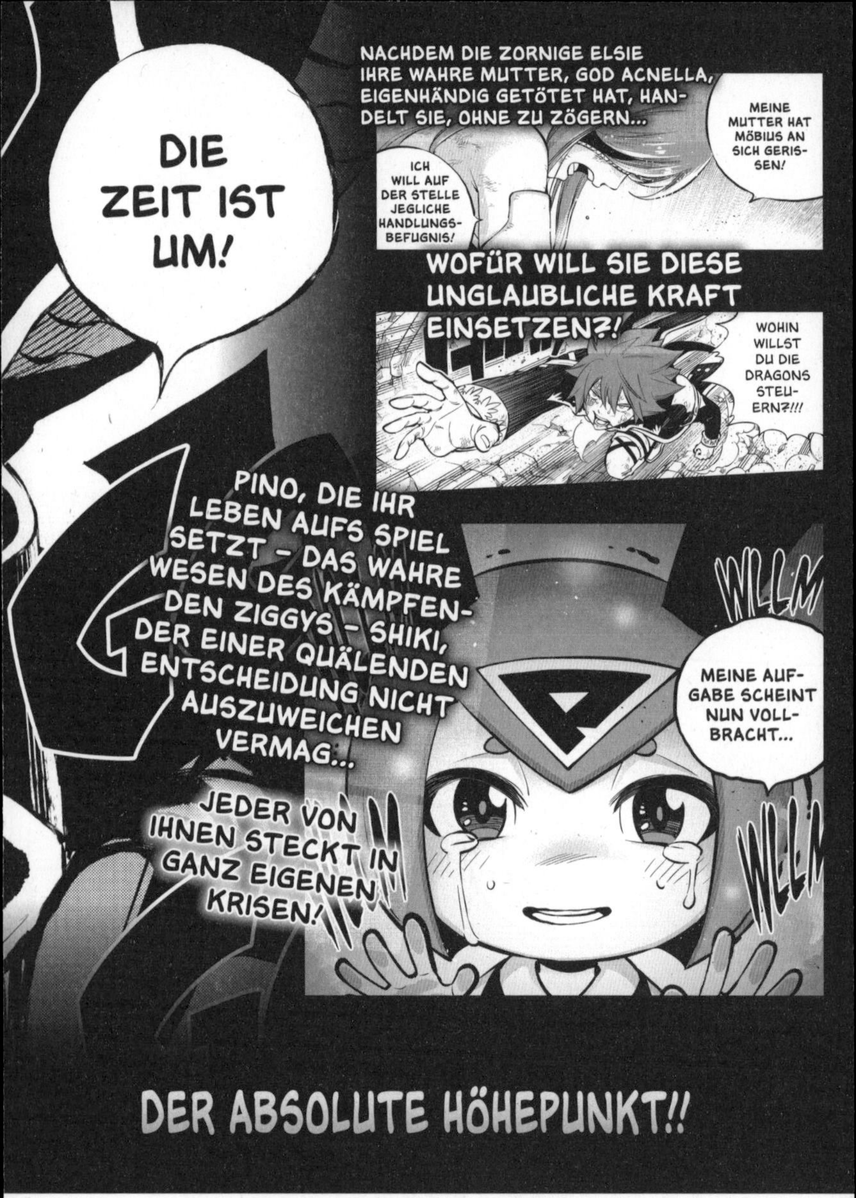

… ERSCHEINT VORAUSSICHTLICH
IM HERBST 2024!

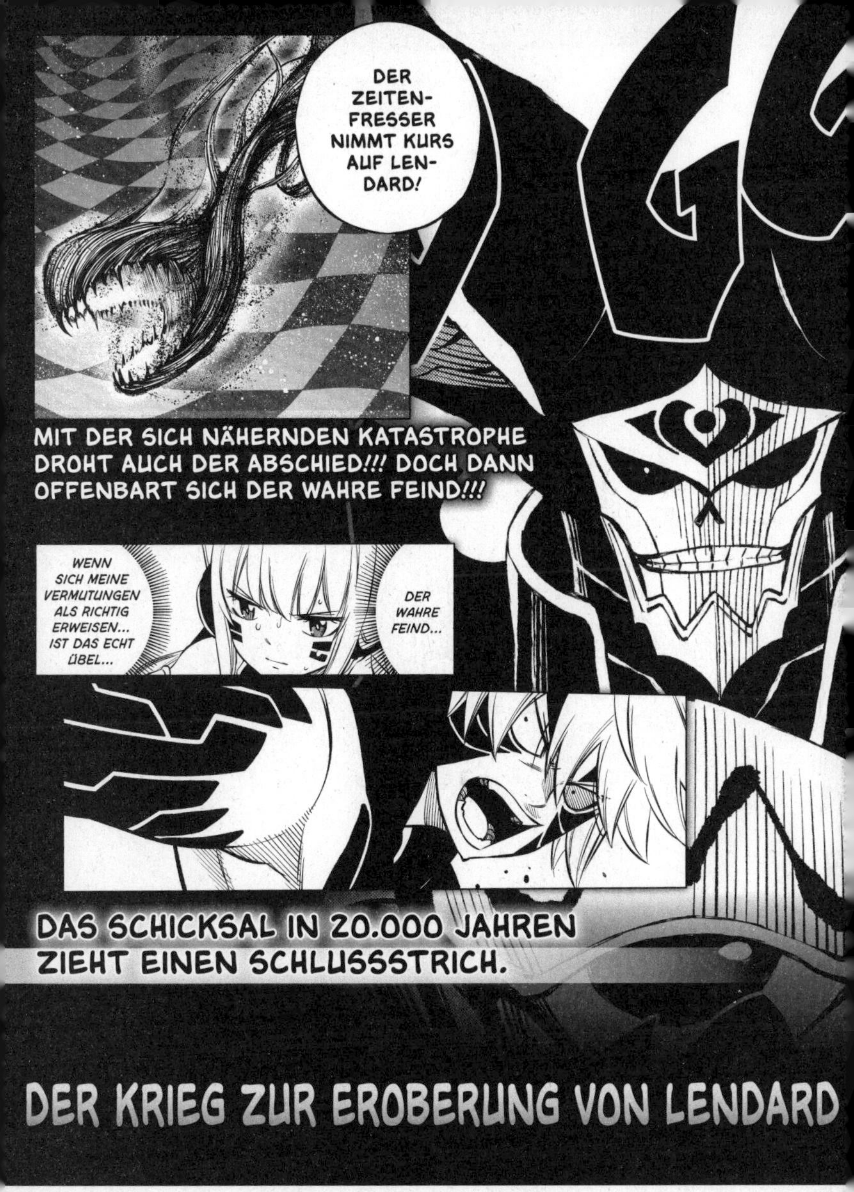

EDENSZERO BAND 25

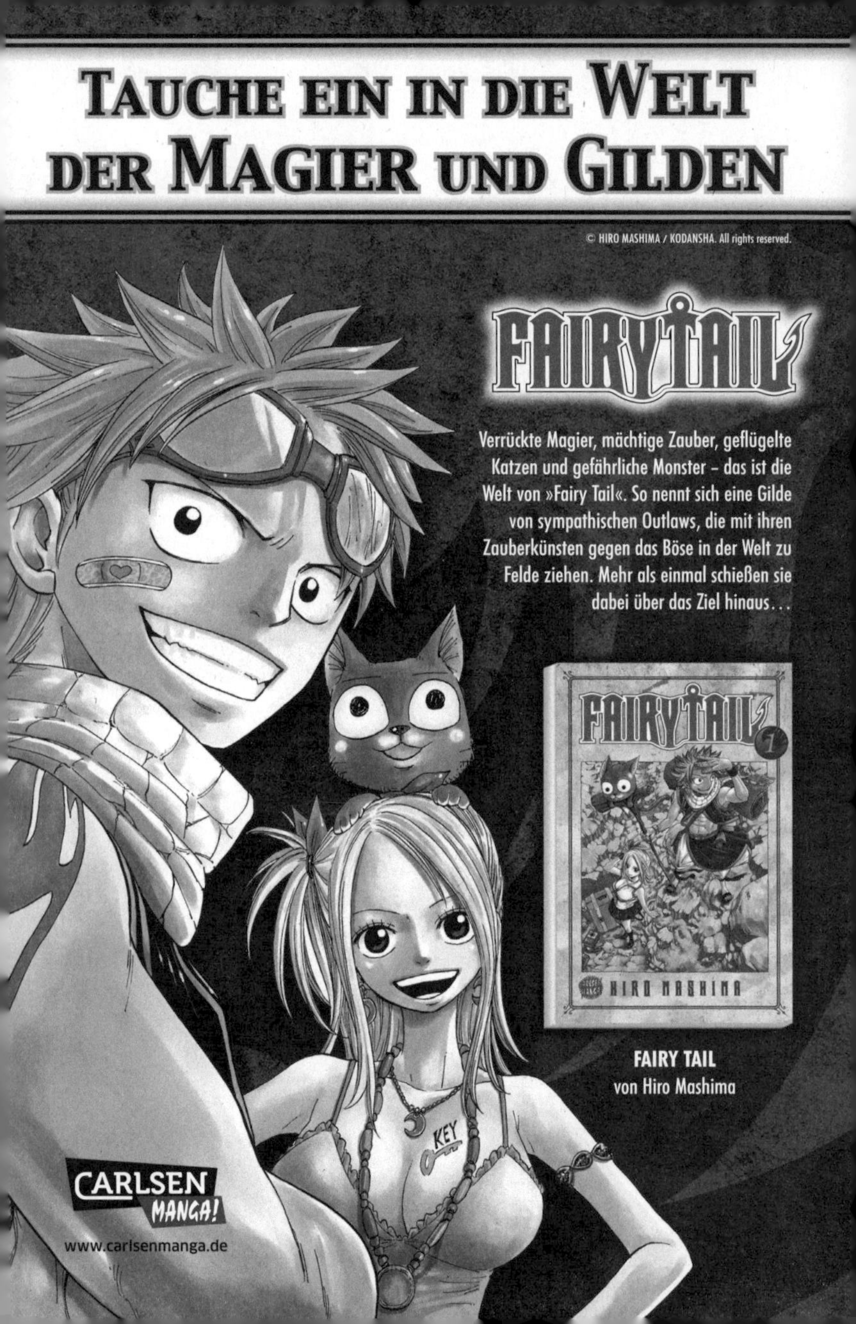
TAUCHE EIN IN DIE WELT
DER MAGIER UND GILDEN
© HIRO MASHIMA / KODANSHA. All rights reserved.
FAIRY TAIL
Verrückte Magier, mächtige Zauber, geflügelte Katzen und gefährliche Monster – das ist die Welt von »Fairy Tail«. So nennt sich eine Gilde von sympathischen Outlaws, die mit ihren Zauberkünsten gegen das Böse in der Welt zu Felde ziehen. Mehr als einmal schießen sie dabei über das Ziel hinaus…
FAIRY TAIL
1
HIRO MASHIMA
FAIRY TAIL
von Hiro Mashima
KEY
CARLSEN
MANGA!
www.carlsenmanga.de

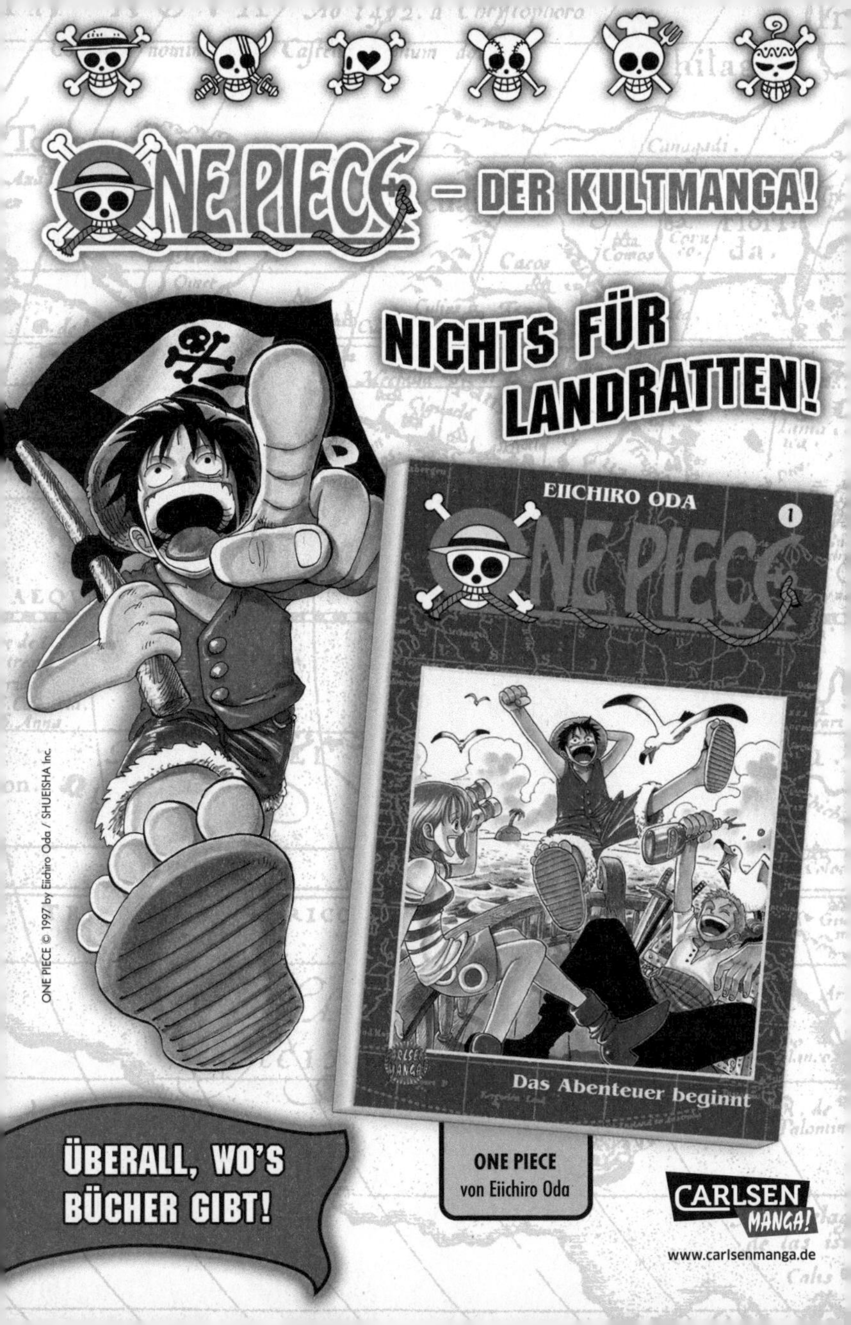
ONE PIECE – DER KULTMANGA!
NICHTS FÜR LANDRATTEN!
EIICHIRO ODA
ONE PIECE
1
Das Abenteuer beginnt
ÜBERALL, WO'S BÜCHER GIBT!
ONE PIECE
von Eiichiro Oda
CARLSEN MANGA!
www.carlsenmanga.de
ONE PIECE © 1997 by Eiichiro Oda / SHUEISHA Inc.

reiche Serien

Boruto
von Masashi Kishimoto, Ukyo Kodachi und Mikio Ikemoto

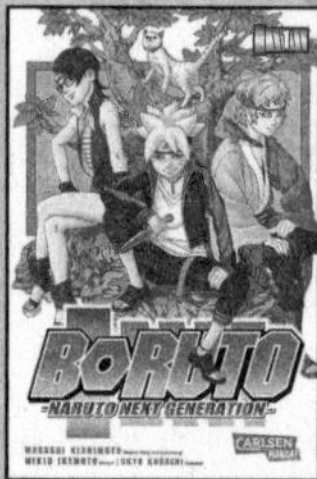

Narutos Sohn Boruto gilt als Wunderkind und ist genauso rebellisch wie einst sein Vater. Er bittet Sasuke ihn zu trainieren, um ein besserer Ninja als Naruto zu werden…

Naruto
von Masashi Kishimoto

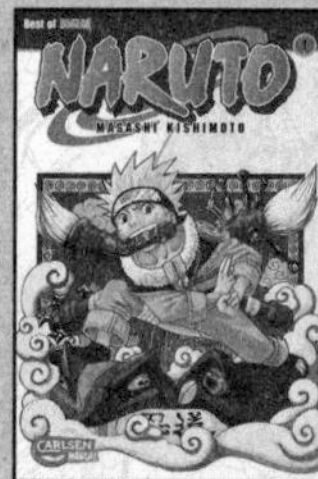

Naruto will der beste Ninja der Welt werden. Weil in ihm ein mächtiges Geheimnis schlummert, wird er von vielen bösen und gefährlichen Ninja verfolgt…

Fairy Tail
von Hiro Mashima

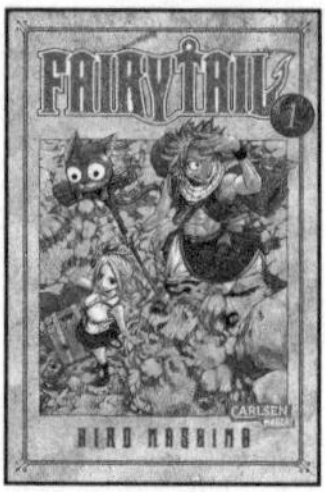

Verrückte Magier, geflügelte Katzen und gefährliche Monster – das ist die Welt von »Fairy Tail«. So nennt sich eine Gilde von sympathischen Outlaws, die mit ihren Zauberkünsten gegen das Böse in der Welt kämpfen, dabei aber mehr als einmal über das Ziel hinausschießen.

Edens Zero
von Hiro Mashima

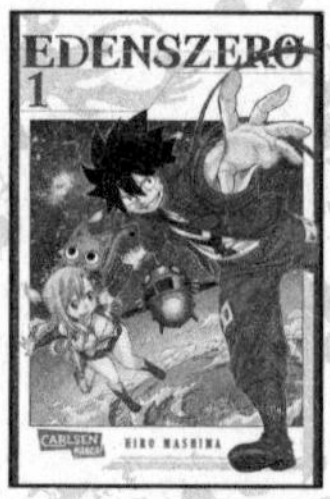

Im Reich der Träume, dem Vergnügungspark Granbell, lebt Shiki allein unter Robotern, doch dann treffen die ersten Gäste seit 100 Jahren ein: Rebecca und ihre blaue Katze Happy. Die drei verstehen sich auf Anhieb gut und werden Freunde… Allerdings birgt dieses kleine Aufeinandertreffen große Veränderungen für ihr Schicksal!

Assassination Classroom
von Yusei Matsui

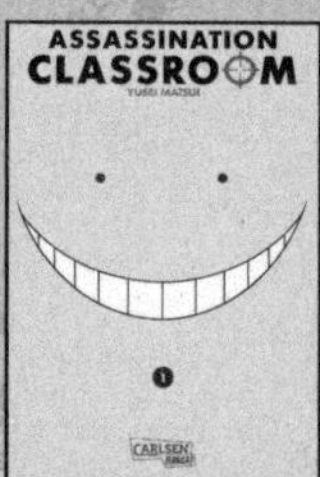

Ein übermächtiges Tentakelmonster mit Smileygesicht droht die Erde zu zerstören. Aber erst nächstes Jahr … Bis dahin unterrichtet das Monster die Klasse 9-E der Kunugigaoka Junior Highschool.

Soul Eater Massiv
von Atsushi Ohkubo

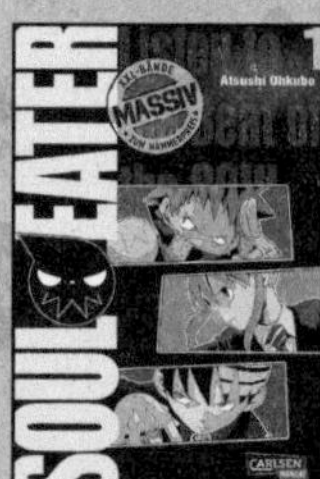

Maka ist Waffenschmiedin in einer spezieller Ausbildung. Ihre Sense namens Soul Eater hat ein Eigenleben und nimmt außerhalb des Kampfes die Gestalt eines ultracoolen Jungen an.

MANGA HEROES

Action

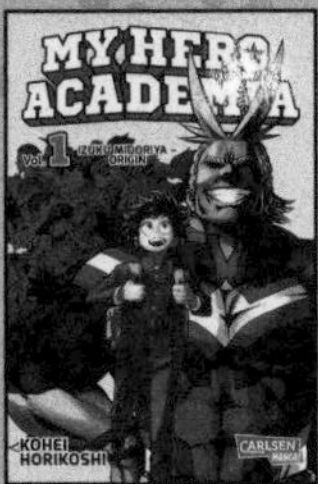

My Hero Academia

von Kohei Horikoshi

In der Welt von Izuku Midoriya besitzt 80% der Bevölkerung Superkräfte. Doch wie und wo könnten die Helden lernen, ihre Fähigkeiten, die sogenannten »Macken« (jp. Kosei) effizienter zu nutzen? Natürlich an der MY HERO ACADEMIA!

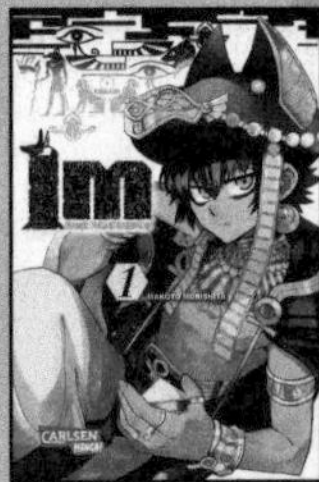

IM – Great Priest Imhotep

von Makoto Morishita

Der Hohepriester Imhotep aus dem antiken Ägypten weilt wieder unter den Lebenden. Im modernen Japan gestrandet, ist er ein Jäger, der die Menschen vor dem uralten Übel der Magai bewahren soll – gottgleichen Wesen, die nach der Vernichtung der Menschen trachten.

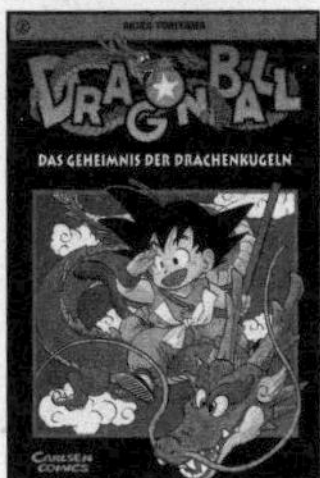

Dragon Ball

von Akira Toriyama

Der Legende nach gibt es sieben »Dragon Balls« auf der Welt. Bringt man alle zusammen, so erscheint der mächtige Drache Shenlong und erfüllt einen Wunsch. Nicht auszudenken, was passiert, sollten die »Dragon Balls« in falsche Hände geraten ...

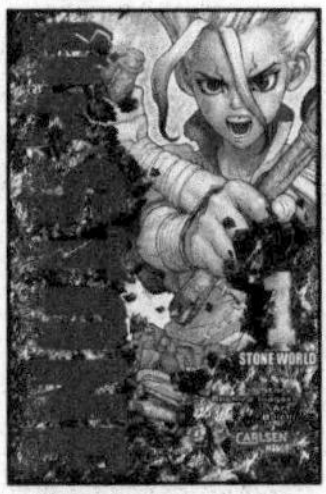

Dr. Stone

von Riichiro Inagaki und Boichi

Ein Augenblick, und die Menschheit erstarrt auf mysteriöse Weise zu Stein. Als die beiden Highschool-Schüler Senku und Taiju mehr als dreitausend Jahre später erwachen, beschließen sie, die menschliche Zivilisation im Alleingang neu aufzubauen!

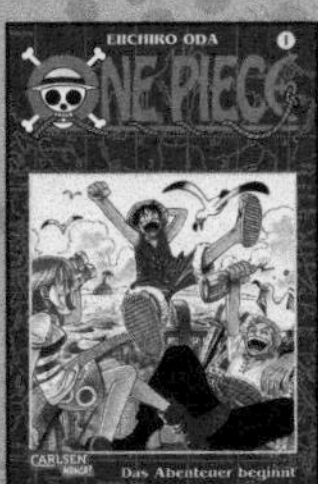

One Piece

von Eiichiro Oda

Monkey D. Ruffy und seine lustige Piraten-Crew sind auf der Suche nach dem größten Schatz der Welt: dem One Piece! Klar, dass sie da nicht die einzigen Piraten auf den Meeren sind...

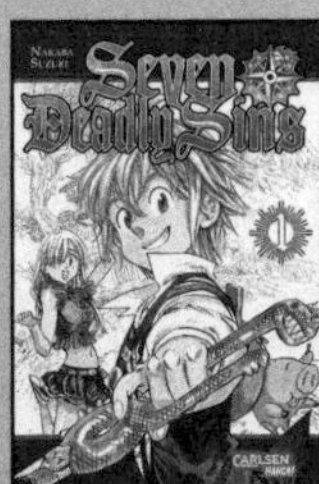

Seven Deadly Sins

von Nakaba Suzuki

Die »Seven Deadly Sins« gelten als die schlimmsten Verbrecher Britannias, Prinzessin Elisabeth macht sich dennoch auf die Suche nach ihnen, denn sie braucht dringend ihre Hilfe...

»EDENS ZERO« ist eine japanische Serie, und in Japan wird von »hinten« nach »vorn« und von rechts nach links gelesen. Man muss diesen Manga also »hinten« aufschlagen und Seite für Seite nach »vorn« weiterblättern. Auch die Bilder auf jeder Seite und die Sprechblasen innerhalb der Bilder werden von rechts oben nach links unten gelesen, so wie in der Grafik gezeigt. Viel Spaß mit »EDENS ZERO«!

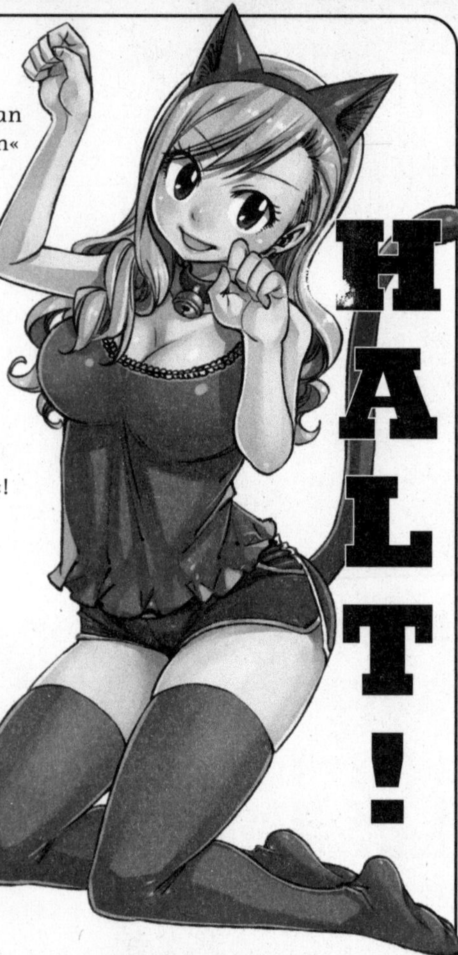

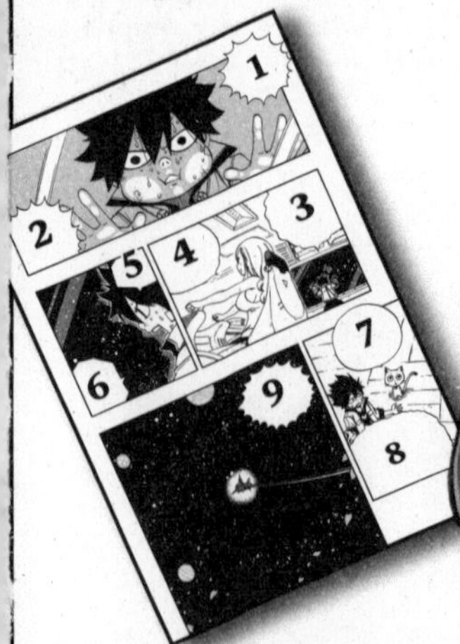

CARLSEN MANGA! NEWS jeden Monat neu per E-Mail
www.carlsenmanga.de · www.carlsen.de
CARLSEN MANGA · Deutsche Ausgabe / German Edition

Aus dem Japanischen von Nadja Stutterheim

First published in Japan in 2022 by KODANSHA Ltd., Tokyo
Publication rights for this German edition arranged through Kodansha Ltd.
Redaktion: Patricia Janzen · Textbearbeitung: Steffen Haubner · Produktionsmanagement: Tobias Hametner
 · ISBN: 978-3-551-77769-0

FSC www.fsc.org
MIX
Papier | Fördert gute Waldnutzung
FSC® C083411
Klimaneutrales Produkt